정교회의 이콘 신학

LA THÉOLOGIE DE L'ICÔNE DANS L'ÉGLISE ORTHODOXE

L. OUSPENSKY

La Théologie de l'icône dans l'Église Orthodoxe

Copyright©1980 Les Éditions du Cerf

Translated by PARK Noyang

Korean Translation Copyright©2012 Korean Orthodox Editions
All rights reserved

정교회의 이콘 신학

초 판 1쇄 발행　　2012년 12월 6일
개정판 1쇄 인쇄　　2022년 1월 17일
개정판 1쇄 발행　　2022년 1월 17일

지 은 이　　레오니드 우스펜스키
옮 긴 이　　그레고리오스 박노양
펴 낸 이　　암브로시오스 대주교
펴 낸 곳　　정교회출판사
출판등록　　제 313-2010-5호

주　　소　　서울특별시 마포구 마포대로 18길 43
전　　화　　02-364-7020
팩　　스　　02-6354-0092
홈페이지　　www.philokalia.co.kr
이 메 일　　orthodoxeditions@gmail.com

ISBN 978-89-92941-65-3　　03230
정가 18,000원

이 책의 한국어판 저작권은 Cerf와 독점계약한 정교회출판사에 있습니다.
저작권법에 의해 한국 내에서 보호를 받는 저작물이므로 무단 전재 및 무단 복제를 금합니다.

정교회의 이콘 신학

레오니드 우스펜스키
박노양 그레고리오스 옮김

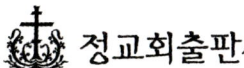
정교회출판사

추천사

　한국에서 정교회의 이콘에 대한 관심이 고조되고 있는 이 시점에서 정교회출판사가 출간하는 정교 서적의 고전, 레오니드 우스펜스키의 『정교회의 이콘 신학』은 이제 한국의 신학 도서 목록에서 큰 공간을 차지할 것이라고 기대됩니다.
　이 책을 '고전'으로 칭하는 것은 결코 우연이 아닙니다. 1960년 『Essai sur la théologie de l'icône』이라는 제목으로 책의 1부가 프랑스어로 출간되었을 때부터, 이콘에 관한 저서들, 연구서들, 그리고 다양한 기사들 중에 우스펜스키의 이 저작을 참고하지 않은 것은 찾아 볼 수 없었습니다. 그만큼 이 저작은 이콘에 관한 한 대단한 권위를 지니고 있습니다.
　이 책의 1부는, 우스펜스키가 서론에서 언급하고 있듯이, 이콘의 역사와 신학에 있어서 더욱 본질적인 내용을 담고 있고, 그 시기와 역사적 배경에 있어서 2부와 뚜렷이 구별되기에, 이렇게 단행본으로 먼저 출간하게 되었습니다. 그리고 2부 또한 곧이어 출간할 수 있길 기대합니다.

이 책은 저자의 평생 작업이었던 정교회 성화를 풍부하게 소개하는 최상의 구성을 갖추고 있습니다. 그의 학술 연구, 미술 창작, 옛 작품의 보수, 조각 작업 등은 모두 정교회의 이콘을 본질적 내용으로 삼고 있습니다. 우스펜스키는 보통 예술사가들이 흥미로워하는 이콘의 고고학적이고 미학적인 가치에 머물지 않고, 더 나아가 이콘의 깊은 신학적 의미에 더욱 큰 관심과 중요성을 부여하고 있습니다. 그래서 성경과 풍부한 교부 전통의 안내를 받아 그리스도교 이콘의 탄생, 그리스도와 테오토코스(성모님)의 첫 이콘들, 이콘의 의미와 내용, 정교회 예배 생활에서 차지하는 이콘의 위치 등을 소개하고, 더불어서 초대 그리스도교 예술의 탄생과 발전, 성화상 논쟁을 중심으로 이콘이 어떻게 교회에서 역사적으로 발전하고 정립되었는지를 알려줍니다.

이 책을 중요하게 생각하는 또 하나의 이유는, 이 책을 통해서 독자들은 자주 접하게 되는 이콘에 대한 다양한 왜곡과 편견, 그릇된 정보를 바로 잡을 수 있기 때문입니다. 대표적인 예를 들어 보겠습니다. 정교 신자가 아닌 많은 그리스도인들은 '정교신자들은 이콘을 숭배한다'고 믿고 있습니다. 이런 분들에게 "그것은 잘못 알고 계신 겁니다"라고 대답해 주면, 그들은 이렇게 질문합니다. "네, 좋습니다. 그런데 숭배하지 않는다면서, 왜 성당이나 집에 이콘을 두고 있습니까? 왜 그렇게 이콘 사용에 집착합니까? 이런 행동이 하느님 외에 다른 것을 우상화해서 섬기지 말라

(출애굽기 20:4)는 십계명과 어떻게 조화될 수 있겠습니까?" 이러한 질문은 이미 성화상 논쟁 때부터, 아니 초기 그리스도교 시대부터 있어 왔고, 교회는 그것에 대해 성경과 교부 전통에 굳게 선 깊은 신학적 통찰을 통해서 답변해 왔습니다. 이 책은 바로 이러한 교회의 답변을 매우 풍부하게 보여주고 있습니다.

정교회의 신학을 접해보지 못한 사람들은 이 책에서 다소 어려운 개념과 내용을 접할 수도 있습니다. 하지만 이콘과 정교회 신앙에 관심을 가진다면 분명 큰 유익을 얻게 될 것입니다. 인내와 사랑을 품고 이 책을 끈기 있게 읽는다면 고귀한 영적 보물을 발견하고 크나큰 영적 기쁨을 누리게 될 것이라고 확신합니다. 또한 정교회의 박노양 그레고리오스 번역자가 한국 독자들이 이 책을 더 잘 이해할 수 있도록 번역하는 데 아주 많은 노력을 기울인 것에 대해서 진심으로 큰 축하의 인사를 드립니다.

한국 정교회는 한국에서 이 책이 출판됨으로써 많은 사람들이 이콘에 대한 더 나은 지식을 얻게 되고, 풍요롭고 훌륭한 정교회 영성을 담고 있는 정교회 이콘의 영적 세계에 들어가는 데 큰 도움을 얻을 수 있기를 진심으로 기원합니다.

† 정교회 한국대교구
조성암 암브로시오스 대주교

† 조성암 대주교

서 론

정교회는 전례와 교부 사상뿐만 아니라 거룩한 예술(art sacré)의 영역에서도 풍요로움을 순수하게 잘 간직해 왔다. 이콘(icône)에 대한 공경(vénération)은 여기서 매우 중요한 위치를 점한다. 왜냐하면 이콘은 하나의 단순한 형상(image)[01]이나 장식이나 성경에 대한 삽화가 아니기 때문이다. 그것은 그 이상의 어떤 것이다. 그것은 복음 메시지와 비견될 만한 어떤 것이며, 전례 생활의 한

---

[01] 역자주) '이마쥬'(Image)라는 단어는 '이콘'(icône, 희랍어 εικον의 음역)이라는 희랍어의 불어 번역이다. 그러나 언제나 그렇듯이, 이 두 단어 사이에는 설명하기 힘든 뉘앙스의 차이가 있다. 더욱이 현대 예술 전반에서 'image'라는 단어가 지칭하는 다양한 의미를 고려할 때 더욱 그렇다. 아무튼 정교회에서 이 단어가 차지하는 신학적 함의는 결코 작지 않다. 단적인 예로 하느님께서 인간을 자신의 'image' 즉 'icône'에 따라 창조했다는 사실에서 정교회의 모든 신학적 인간론이 출발한다. 이러한 신학적 맥락을 염두에 두고 이 단어를 이해해 주기를 바란다. 여기서는 특별히 그리스도교 신앙과 관련된 예술적 형상화의 결과물로서의 모든 형상(形象)을 지칭하는 것으로, 때로는 이콘과 별 구별 없이 쓰이기도 하고 때로는 이콘과 구별되는 교회 예술 일반과 관련되어 사용되기도 한다. 불어 단어 'image'는 늘 '형상'으로 번역할 것이며, 이것과 다른 의미로 번역될 경우에는 불어를 병기하겠다. 그러므로 불어표기가 따라붙지 않는 '형상'이라는 단어는 늘 'image'의 번역임을 염두에 두자. 반대로 본문의 'icône'은 음역하여 '이콘'으로 번역하기로 한다.

부분으로 통합된 것으로서의 예배의식 속의 한 대상이다. 이것은 교회가 형상에 부여하는 중요성을 잘 설명해 준다. 그러나 아무 형상이나 다 그런 것은 아니다. 그것은 교회가 자신의 역사 속에서, 또 이교(異敎)와 이단 세력들과의 투쟁 속에서 형성해 낸 특별한 형상, 또한 교회가 이콘 반대 운동 시기 수많은 순교자와 고백자의 피값으로 지켜낸 형상, 즉 정교의 이콘에 부여되는 바의 중요성이다.

   교회는 이콘을 정교회의 가르침의 여러 측면 중의 어느 하나로 보지 않는다. 오히려 전체로서의 정통 신앙(orthodoxie) 그 자체의 표현으로 본다. 그러므로 교회와 교회 생활 밖에서는 거룩한 형상을 이해할 수도 설명할 수도 없다. 거룩한 형상으로서의 이콘은 기록된 전통, 구전 전통과 어깨를 나란히 하는 교회 전통의 발현 가운데 하나이다. 그리스도, 동정녀, 천사들, 성인들의 이콘에 대한 공경은 제7차 세계공의회(787년)에서 정식화된 그리스도교 신앙의 한 교리이다. 그것은 교회의 근본 교리인, '인간이 되신 하느님'이라는 신앙고백으로부터 흘러나온다. 인간이 되신 하느님을 표현한 형상은 결코 환상이 아니라 그분이 진정으로 성육(成肉)하셨음을 증언한다. 그래서 정당하게도 이콘은 종종 '형상을 통한 신학'(théologie en image)이라 불린다. 이것은 교회의 전례의식에서도 표현된다. 다양한 이콘의 축일 성가들, 예를 들면 8월 16일에 기념되는 '거룩한 얼굴' 축일(Fête de la Sainte Face)에 불려지는 스티히라(stichère), 까논(canon)들, 특별히 정교 승리 주일(Dimanche du Triomphe de l'Orthodoxie)의 전례는 형상이 갖는 의미의 그 깊이를 잘 드러내 준다. 그러므로 형상의 내용과 의미가 성경 연구처럼 신학 연구의 한 부분이 될 수 있다는 것은 이해할 만하다.

정교회는 세속화에 대항해서 거룩한 예술을 보호하기 위해 언제나 투쟁했다. 공의회들, 성직자들, 평신도들의 목소리를 통해서, 정교회는 세속 예술 고유의 어떤 낯선 요소들이 거룩한 형상에 침투하는 것에 대항해서 그것의 순결성을 위해 투쟁해 왔다. 종교 영역에서 사상이 신학의 가장 높은 수준에 항상 이르는 것은 아닌 것과 마찬가지로 예술적 창작 또한 항상 정통 이콘의 수준에 이르렀던 것은 아님을 잊지 말아야 한다. 이것이 바로 우리들이 각각의 형상을, 비록 그것이 아무리 오래된 것이고 또 아름답다 해도, 무오류의 권위로 간주할 수 없는 이유이다. 더욱이 그것이 우리 시대와 같은 퇴조의 시대에 그려진 것이라면 더더욱 그렇다. 형상은 교회의 가르침과 부합될 수도 있고, 반대로 그것에 부합되지 않아서 가르침을 전하기는커녕 오히려 기만할 수도 있다. 달리 말하면, 교회의 가르침은 말뿐만 아니라 형상을 통해서도 왜곡될 수 있다. 그렇기 때문에 교회는 교회 예술의 예술적 가치를 위해서가 아니라 가르침의 정통성을 위해서, 그것의 미적 가치를 위해서가 아니라 가르침의 진리성을 위해서 투쟁해왔다.

이 책의 목표는 이콘 자체의 발전과 더불어 역사적 관점에서 이콘의 의미들이 어떻게 발전해 왔는가를 보여주는 것이다. 이 책의 1부는 1960년에 『이콘 신학을 위한 에세이』(Essai sur la théologie de l'icône)라는 제목으로 파리에서 불어로 출판한 것을 축약 수정하면서 그 본질적인 부분들을 유지했고, 2부는 잡지『Messager de l'Exarchat du Patriarche russe en Europe occidentale』에 러시아어로 몇 차례에 걸쳐 연재한 것을 모아 번역 편집한 것이다.

차 례

추천사 · 5

서론 · 9

1장　그리스도교 형상(形象)의 기원 · 17

2장　그리스도와 동정녀의 첫 이콘들 · 43

3장　초기 몇 세기 동안의 예술 · 65

4장　콘스탄티노스 시대의 그리스도교 예술 · 91

5장　퀴니섹스트 공의회와 이콘에 대한 가르침 · 109

6장　이콘반대주의 직전의 시기 · 127

7장　이콘반대주의 시기 : 역사 개관 · 137

8장　이콘반대주의의 주장과 정교의 응답 · 155

9장　이콘의 의미와 내용 · 207

10장　이콘반대주의 이후 시기 · 275

11장　헤지카즘과 인본주의 : 팔레올로그 시대의 재부흥 · 313

1장
그리스도교 형상(形象)의 기원

'이콘'이란 단어는 희랍어에서 온 것이다. 그것은 '형상'(image), 혹은 '초상'(肖像, portrait)을 의미한다. 비잔틴에서 그리스도교적 형상이 막 형성될 무렵, 사람들은 그리스도, 동정녀, 천사, 성인, 거룩한 역사의 사건들에 대한 모든 표상을 '이콘'이란 단어로 지칭했다. 그것이 그려진 것이든 조각된 것이든[01], 고정된 것이든 옮길 수 있는 것이든, 사용된 기술이 어떠하든 간에 말이다. 그러나 오늘날에 이 용어는 작업대 위에서 그려지거나 조각되거나 모자이크되거나 또 다른 어떤 방식으로 창작된 작품을 지칭하는 데 선호된다. 우리가 고고학이나 예술사에서 이콘이란 단어에 부여하는 의미 또한 이와 같다. 그러나 교회 벽화와 이콘은 다소

---

[01] 현재 통용되는 견해들과는 달리, 정교회는 조각상을 금지하지도 않았고, 더 나아가 그러한 금지 자체가 불가능하다. 왜냐하면 그것은 정교의 가르침에서 어떠한 지주(支柱)도 발견하지 못하기 때문이다.

간 구별된다. 벽화나 모자이크 등은 그 자체로 하나의 독립된 대상이라기보다는 전체 건축의 한 요소이다. 반대로 나무판에 그려진 이콘은 그 자체로 하나의 대상이다. 그러나 원칙적으로 그것들의 의미와 함의는 동일하다. 따라서 우리는 그것들을 그 의미에 따라 구별하지 않고 오히려 그것들의 사용 혹은 지향된 목적에 따라 구별한다. 이렇게 해서, 이콘에 대해 말할 때, 우리는 일반적으로 나무에 그려진 것이든, 벽화든, 모자이크나 조각이든 간에 거룩한 형상을 염두에 둘 것이다. 게다가 '이마쥬'(image)라는 불어 단어는 러시아어의 '오브라즈'(образ)와 똑같이 이러한 포괄적 수용을 잘 표현해 준다.

먼저 그리스도교 예술의 기원과 초기 몇 세기 동안의 예술에 대한 교회의 태도의 다양한 견해 차이를 간단하게 살펴보자. 그것들은 실제로 매우 다양한 평가를 제공한다. 한편에는 다양하고 다채로우며 종종 모순적이기도 한 과학적 관점들이 존재한다. 그것들은 때로는 교회의 입장에 근접해 있기도 하고 때로는 대립되기도 한다. 다른 한편에는 교회의 관점이 있는데, 그것은 단일하고 처음부터 지금까지 변하지 않았다. 정교회는 거룩한 형상이 그리스도교의 초기부터 존재해 왔다고 주장하고 가르친다. 그것은 그리스도교와 대립되기는커녕 반대로 그것의 불가피한 속성이다. 교회는 이콘이 하느님의 성육화의 결과로서, 이 성육신 사건에 토대를 두고 있으며, 결과적으로 그리스도교의 본질에 아주 고유한 것이어서 결코 그것으로부터 분리될 수 없는 것이라고 주장한다.

이러한 교회의 주장을 반박하는 여러 관점이 특별히 18세기부터 널리 퍼졌다. 영국 학자 에드워드 기번(Edward Gibbon, 1737-1794)은 초대 그리스도인들은 형상의 사용에 대해 상상할 수 없는 혐오감을 가졌었다고 주장했다. 그에 따르면, 이러한 혐오는 그 유대교적 뿌리에서 기인한다. 기번은 최초의 이콘들이 4세기에 가서야 나타난다고 생각했다. 이러한 견해는 학파를 형성했고, 기번의 생각들은 이러저러한 형태로 오늘날까지 지지되고 있다.

일단의 그리스도인들 특히 유대교로부터 들어온 그리스도인들이 구약의 금지에 의거해서 그리스도교에서 형상의 가능성 자체를 부정했으며, 더욱이 그리스도교 공동체가 여전히 그 영향력이 만만치 않은 이교주의에 둘러싸여 있었기에 더욱 그럴 수 있었을 것이라는 사실은 의심의 여지가 없다. 이러한 그리스도인들은 이교(異敎)에 대한 불결한 경험을 생각하면서 예술적 창작을 통해서 우상 숭배가 확산되지나 않을까 우려했을 것이고, 그래서 더더욱 그들의 종교성을 보존하려고 노력했을 것이다. 이콘 반대주의(iconoclasme)[02]는 형상에 대한 의식(儀式)들 못지않게 오래되었음에 틀림없다. 이것들은 전부 이해하기 어렵지 않다. 그러나 앞으로 살펴보겠지만, 교회에서 결정적인 역할을 하지는 못했다.

---

02 역자주) 이 단어는 종종 성상파괴주의로 번역된다. 그러나 당시 이콘에 대해 반대했던 흐름에는 성상 파괴라는 과격한 방식을 거부했던 흐름도 있었으며, 어떤 이들은 성상을 그 내용에 따라 차별적으로 고려에 넣었던 흐름도 있었다. 중요한 것은 겉으로 드러난 과격한 파괴의 양상보다는 그들이 이콘을 거부했던 신학적 교리적 이유들이며, 그러한 관점에서 볼 때, 이콘에 대한 신학적 오류와 일관성의 부재에 근거하는 제반 흐름을 다 포괄할 수 있는 번역어로 '성상파괴주의'보다는 '이콘반대주의'가 더 정확할 것이라고 생각한다.

현대의 학문은 '교부(敎父)'들로 간주되는 몇몇 고대 저자들[03]이 예술에 반대해 저술한 작품을 근거로 하여 형상에 대한 초기 그리스도인들의 혐오를 설명한다. 이에 대해 좀더 구체적으로 설명할 필요가 있다. 왜냐하면 '교부'라는 교회의 용어를 사용할 때, 이 용어의 의미로부터 벗어나서는 안 되기 때문이다. 현대 학자들의 주장에 있어서 중요한 위치를 차지하는 고대 저술가들 중 몇몇(테르툴리아누스, 오리게네스, 유세비오스 등)에 대해 교회는 마땅한 공경을 표시함에도 불구하고 그들을 완전히 정통 신앙에 서 있다고 간주하지는 않는다.[04] 이렇게 해서 사람들은 교회가 자신의 것으로 인정하지 않았던 태도를 오히려 교회에 귀속시키는 우를 범한다. 어쨌든 우리는 이 저술가들의 글이 개인적인 신념을 표현한 것이며 교회의 형상에 대해 적대적이었던 몇몇 흐름을 반영한다는 것을 인정할 수 있다. 그러나 그들은 '교부(교회의 아버지)'로 간주될 수 없다. 이것은 결코 말싸움을 위한 것이 아니다. 예컨대 이 저술가들을 '교부'로 간주함으로써, 사람들은 그들의 태도를 교회의 태도와 동일시하고, 그들이 마치 교회의 대변자나 되는 것처럼 생각하게 될 것이기 때문이다. 그것으로부터 사람들은 교회 자신이 우상 숭배를 우려하여 형상에 반대했다는 결

---

03 특별히 Tertullien(160-240/250), Clément d'Alexandrie(150-216), Origène(185/186- 254/255), Eusèbe de Césarée(265-339/340) 등과 덜 유명한 저자로는 Minutius Felix(2, 3세기), Arnobe(255/260-327), Lactance(240 /250-?) 등이 있다.

04 테르툴리아누스는 변증가, 고백자로서의 위대함에도 불구하고 그의 생애를 몬타누스주의 운동으로 마쳤고, 몇몇 형상을 공박한 그의 저작 『De Pudicitia』는 그가 이미 교회를 떠난 후 쓰여졌다. 오리게네스는 제5차 세계공의회에서 그의 몇몇 교리 때문에 정죄되었고, 반(半)아리우스주의자였던 유세비오스 또한 오리게네스주의를 추구했었다.

론을 끌어낸다.

대표적인 예를 인용해 보자. "그리스도교 예술은 교회 밖에서 탄생했고, 적어도 초기에는 거의 교회의 의지에 반(反)하여 발전되었다. 유대교로부터 비롯된 그리스도교는 유대교가 그랬던 것처럼 당연히 우상 숭배에 적대적이었다." "이렇게 볼 때, 그리스도교 예술을 낳은 것은 교회가 아니다. 교회가 예술 영역에 대해 오랫동안 무관심으로 일관할 수 없었다는 사실은 어느 정도 분명하다. 예술을 수용하면서, 어떤 면에서 교회는 의심의 여지없이 그것을 인정했다. 그러나 그것은 신자들에 의해서 주도된 것이었다."[05] 형상들이 예배에 도입된 것은 교회의 통제를 벗어난 현상으로 간주되고, 잘 봐줘야 이러한 그리스도교의 '이교화' 앞에서 교회 책임자들이 보여준 우유부단함과 주저함 때문에 생긴 현상으로 간주된다. 비록 교회 안에 예술이 출현했지만, 그것은 교회의 의지에 거슬리는 것이었다는 것이다. 또 클라우저(Klauser)는 "형상 문제에 대한 교회의 입장 변화가 주후 350-400년 사이에 이루어졌다고 말해도 크게 틀리지 않을 것이다"라고 말한다.[06] 이렇게 현대 학자들에 따르면, 한편에는 교직체계(hiérarchie) 혹은

---

05 L. Bréhier, *L'Art chrétien*, Paris, 1928, pp. 13, 16. 동일 선상의 사고들이 유명한 Cabrol의 사전 *Dicctionnaire d'Archéologie chrétienne et de Liturgie* (Paris, 1915) 에서도 볼 수 있다. Ch. Diehl, *Manuel d'Art byzantin*, t.1, 1925, pp. 1, 360 ; 로마 가톨릭 교회의 공식 백과사전인 *Ecclesia*, Paris, 1927, p. 611 ; L. Réau, *L'Art du Moyen âge*, coll. <L'évolution de l'humanité>, Paris, 1935, pp. 2-3 ; V. Lazarev, *Histoire de la Peinture byzantine*(러시아어), Moscou-Léningrad, 1947, t.1, p. 41 ; A. Grabar, *L'iconoclasme byzantin*, Paris, 1957, ch. "L'Eglise et les images". 가장 최근의 문헌들 중, Th. Klauser, "Dieu Äusserungen der alten Kirche zur Kunst", *Gesammelte Arbeiten zur Liturgie-Geschichte*, Münster, 1974, pp. 329-337.

06 *ibid.*, p. 334.

성직자들과 혼동되어 버린 교회가 존재하고, 다른 한편에는 교회의 교직자들에게 형상의 수용을 강요한 신자들이 존재한다. 이렇게 교회를 단지 교직체계와 동일시함으로써, 사람들이 초기 몇 세기 동안 그리스도교가 가지고 있었던 바의 교회의 개념에 모순이 생겼다. 정교회는 이 초기 그리스도교의 교회 개념을 언제나 자신의 것으로 삼아왔는데, 그것은 '교회의 몸을 형성하는 것은 성직자와 신자들 전체'라는 것이다.

이러한 이론은 우리가 다루고자 하는 제반 물적 자료와도 역시 모순된다. 사실, 우리는 첫 몇 세기의 카타콤 안에, 특별히 회중의 모임과 예배를 위한 장소, 그리고 성직자들을 위한 무덤이 있던 장소(예를 들면, 로마의 주교 칼리스투스의 무덤)에 벽화가 존재했다는 사실을 잘 알고 있다. 이 형상들은 신자들뿐만 아니라 물론 성직자들에게도 잘 알려져 있었다. 그러므로 성직자들이 그것들을 보지 못했다고 말하거나 그리스도교가 예술과 양립할 수 없음에도 불구하고 그리스도교는 이 오류에 종지부를 찍을 어떤 조치도 취하지 않았다고 가정하는 것은 쉽지 않다.[07]

몇몇 고대 저술가의 이콘반대주의적 태도와 우리 시대의 그리스도인들 중 몇몇 흐름(특별히 개신교회들)이 성상에 대해서 갖는 편견은 그리스도교적인 형상을 우상과 동일시하는 것에로 인도한

---

07 현대 학문이 과거의 학자들이 주장하는 연대 측정을 따르지 않고, 반대로 고유한 방식으로 카타콤 벽화의 연대를 새롭게 측정하는 경향이 있다는 것은 사실이다. 이렇게, 클라우저는 자신이 발전시킨 주장에 적합하게 새로 연대를 측정할 필요가 있다고 생각해서 그것을 추진 중이다. 예를 들어 『Les Dossiers de l'Archéologie』라는 잡지의 18호(1977)를 보라. 이곳에서 동일한 벽화가 저자들 각각의 과학적 방법들에 근거해서 혹은 2세기 혹은 4세기의 것으로 추정된다.

다. 이러한 혼동은 너무나도 가볍게 고대 교회에서 그 근거를 찾으려고 하는데, 현대 저자들의 의견에 따르면, 고대 교회에서 구약 성경의 금지는 여전히 타당한 것으로 남아 있었다는 것이다. 그러나 정교회의 어떤 신자도 이콘을 우상과 동일시하는 그러한 혼동을 수용할 수 없을 것이다. 실제로 우리는 교회가 자신의 역사 속에서 꾸준히 이 둘 사이에 아주 분명한 한계를 지어왔음을 알고 있다. 그 증거는 고대 저술가들의 저작과 초기 몇 세기 그리고 그 이후 세기를 살았던 성인들의 삶 속에서 풍부하게 발견된다.

고대 저술가들이 형상에 대해 반대했다는 사실을 인정하는 것 자체가(유세비오스의 경우처럼) 역으로 형상의 존재와 역할을 증언해 줄 따름이다. 왜냐하면 존재하지 않거나 아무런 중요성도 가지지 않는 것에 반대해서 투쟁할 수는 없기 때문이다. 그러나 그들 중 대다수는 형상에 반대할 때 주로 이교적인 형상을 겨냥했음이 분명하다. 그래서, 그리스도교 형상에 대해 아주 집요한 반대자로 간주되었던 고대 저술가들 중, 알렉산드리아의 클레멘트 같은 이는 다음과 같이 썼다. "예술은, 조각상이나 그림을 사랑하게 하거나 적어도 그것을 존중 혹은 공경하게 만듦으로써, … 여러분을 속이고 매혹합니다. 그림이 그럴듯합니까? 우리는 예술을 찬양해야 할 것입니다. 그러나 예술이 스스로 진리라고 주장하여 사람들을 속이지 않을 때 그렇게 해야 할 것입니다."[08] 클레멘트

---

08 Clément d'Alexandrie, *Protreptique*, Cl. Mondésert의 서문, 번역 및 주석, Paris, 1949, pp. 121-122.

가 말하는 것은 스스로 진리라고 주장함으로써 사람들을 매혹하고 기만하는 형상들이다. 그러므로 그는 거짓되고 기만적인 예술에 반대할 뿐이다. 다른 곳에서 그는 또 이렇게 말한다. "비둘기나 물고기나 바람 속을 항해하는 배나 폴리크라토스(Polycrate)가 사용하는 칠현금이나 셀류코스(Séleucos)가 자신의 반지에 새겼던 배의 닻 모양의 도장을 지니십시오. 만약 그가 죄인이라면, 그는 사도를 기억할 것이고, 물에서 건짐 받은 어린아이들을 생각하게 될 것입니다."[09] 열거된 형상은 그리스도교 상징이다. 그러므로 클레멘트가 두 가지의 서로 다른 종류의 형상을 다루고 있다는 점이 분명해진다. 하나는 그리스도교에 유용한 것이고, 다른 것은 거짓되고 받아들일 수 없는 것이다. 더 나아가 클레멘트는 '우상의 형상' 혹은 전쟁의 여신의 칼이나 화살 혹은 바쿠스의 컵 등을 자신들의 도장에 새기는 그리스도인들을 비판함으로써 이를 분명히 한다. 그것들은 그리스도교와 양립할 수 없는 표상이기 때문이다. 이 모든 것이 형상에 대한 클레멘트의 지혜롭고도 깨어있는 태도를 증언해 준다. 그는 형상의 일반적인 사용에 관해서 말할 뿐, 그것의 전례적 사용에 대해서는 아무 것도 말하지 않는다는 것은 사실이다. 이와 관련된 그의 사상은 우리로서는 현재 알 수 없다.

그러나 현대 학문이 그리스도교 예술에 대해서 단지 하나의 태도를 일관되게 견지해온 것은 결코 아니다. 우리가 언급한 견해

---

09 Clément d'Alexandrie, *Pédagogue*, Cl. Mondésert et Ch. Matray의 번역, P.G. 8, 156 C, Paris, 1970, p. 125, P.G. 8, 633.

와는 다른 또 하나의 관점이 존재한다. 그래서 한 예술사가는 동일한 고대 저술가들과 더불어 유스티노스 성인과 아테나고라스 성인에 기대어서 다음과 같이 결론 내린다. "변증가(apologiste)들은 형상에 반대하는 그리스도인들의 원리에 대해 아무 것도 말하지 않는다. 단지 그 당시 그것은 매우 제한적이었다는 것을 증언할 뿐이다."[10] 실제로, 그리스도인들이 그 표상들을 허용하지 않았다면, 우리는 초기 몇 세기 동안의 예술적 보고를 그리스도인들이 모이던 장소에서 발견할 수 없었을 것이다. 다른 한편, 만약에 그전에 형상들이 존재하지 않았었다면, 이어지는 몇 세기 동안 형상이 폭넓게 확산된 점을 이해할 수도, 설명할 수도 없을 것이다.

그럼에도 불구하고 형상에 대한 교회의 반대를 증명하기 위해 꾸준히 인용되는 구절이 있다. 그것은 가장 그럴듯한 논증이기도 한데, 306년 경 스페인의 엘비라에서 열린 지역 공의회의 까논(canon) 제36항이 바로 그것이다. "그림이 교회 안에 있어서는 안 되며, 공경 받고 흠숭 받는 것이 교회의 벽에 그려져서는 안 된다고 결정함이 우리에게 복되다." 그럼에도 불구하고 이 까논 또한 흔히 주장되듯이 논의불가한 사항이 아니다. 실제로, 그것은 교회 건축물의 일부를 이루는 벽에 그려진 그림에 관한 것이었고, 반면 다른 종류의 형상에 대해서는 침묵을 지키고 있다. 우리는 이 시기 스페인에는 성물(聖物)과 석관 등에 그려진 수많

---

10 N. Pokrovsky, *Monuments de l'iconographie et de l'art chrétiens*, 2ᵉ éd., SPb. 1900, p. 16(러시아어).

은 형상이 있었다는 사실을 알고 있다. 만약 이 공의회가 이것들을 언급하지 않았다면, 그것은 이 결정이 실천적인 차원의 이유로 인한 것이지 거룩한 형상의 원리 자체에 대한 부정에 기인한 것은 아니라고 볼 수 있다. 엘비라 공의회(우리는 그 정확한 일자조차 알지 못한다)가 디오클레티아누스 박해기에 열렸다는 것을 잊어서는 안 된다. 이 까논 제36항을 오히려 "공경 받고 흠숭 받아야 할 것"을 세속화로부터 보존하려는 시도로 이해해야 하지 않을까? 다른 한편 엘비라 공의회는 전체적으로 여러 영역에서 벌어진 남용을 재정립하려는 목적을 가지고 있었다. 형상을 향한 공경에도 그러한 경향이 없었겠는가?

교회에 있어서 결정적으로 중요한 것은, 이콘을 위한, 혹은 그것에 반대한 이러저러한 증언들의 고대성(연대기적 요소)이 아니라, 오히려 그 증언이 과연 그리스도교 계시와 일치하는가의 여부이다.

초기 몇 세기 동안 몇몇 흐름에 있었던 형상에 대한 거부는 형상을 향한 태도에 기인한 일련의 혼동에 의해 설명된다. 이 혼동은 그림에 있어서건, 말에 있어서건 간에 동일하게 적합한 언어의 부재에 기인한다는 것은 의심의 여지가 없다. 예술에 대한 태도의 이 양면성과 다양성에 대해 대답하려면, 어떠한 오해도 허용하지 않는 예술의 형식과 언어적 표현을 발견해야만 했다. 실제로 예술 영역의 상황은 신학적, 전례적 영역의 상황과 마찬가지의 실정이었다. 이러한 명확성과 통일성의 결핍은 피조물이 자신을 초월하는 것을 수용하고 동화시키고 표현함에 있어서 겪을 수밖에 없는 어려움에 기인하는 것이었다. 더 나아가, 그리스도께서는 자신의 성육화를 위해서 유대-그리스-로마 문명을 선택하셨다는 것을 우리는 염두에 두어야 한다. 이 문명에서 하느님의 성육신 현실과 십자가의 신비는 어떤 이들에게는 하나의 스캔들이었고, 또 다른 이들에게는 하나의 어리석음에 불과했었다. 그러므로 그것을 표현하는 형상인 이콘 또한 하나의 스캔들이요 어리석은 것이었다. 그러나 그리스도교의 복음은 분명이 문명에 선포되었다. 사람들이 이 이해할 수 없는 성육신의 현실에 조금씩 익숙해지도록 하기 위해서, 교회는 처음에 직접적인 형상(images directes)보다는 그들에게 더 잘 다가갈 수 있는 다른 언어로 말하였다. 그리스도교의 초기 몇 세기 동안 수많은 상징(symboles)이 존재했던 주된 이유 중의 하나가 바로 여기에 있다고 볼 수 있다. 바울로 성인이 말하듯이, 그것은 어린아이에게 알맞는 부드러운 음식이었다. 형상이 이콘으로서의 자격을 가진다는 이해는 아주 느리게 그리고 아주 힘겹게 사람들의 의식과 그들의 예술 안에 침투해 들어갔다. 단지 시간과 다양한 역사적 시기의 필요성만이 조금씩 형상의 거룩한 특성들이 분명해지도록 해 주었고, 그에 따라 초기의 상징들이 점차 사라지도록 만들었으며, 그리스도교적 내용을 가리고 있었던 모든 종류의 외적 요소로부터 그리스도교 예술을 정화시켜 주었다.

이렇게 해서, 형상에 대한 몇몇 적대적인 흐름이 교회에 있었음에도 불구하고, 동시에 형상을 인정하는 하나의 본질적인 흐름, 아직 외적으로 분명히 정식화되지는 않았지만 점점 더 지배적으로 되어갔던 흐름이 존재해왔다. 주님께서 지상에 계셨을 때 이미 그분의 이콘이 존재했었으며, 곧 이어 오순절 성령 강림 후에 동정녀의 이콘이 생겨났다고 증언해 주는 교회의 전통은 바로 이 흐름을 잘 표현해 주고 있다. 처음부터 교회 안에는 형상의 의미와 중요성에 대한 분명한 이해가 있었고, 형상에 대한 교회의 태도가 변함없이 동일하다는 점을 이 전통은 증언해 준다. 왜냐하면 이러한 태도는 하느님의 성육신에 대한 가르침으로부터 흘러나오기 때문이다. 형상은 그러므로 그리스도교의 본성 그 자체의 고유한 속성인데, 왜냐하면 그리스도교는 하느님 말씀의 계시일 뿐만 아니라 하느님-인간(Dieu-Homme)이신 예수 그리스도에 의해 현현된 하느님 형상의 계시이기 때문이다. 교회는 형상이 삼위일체 하느님의 제2위격의 성육신에 근거한다고 가르친다. 그것은, 개신교회가 이해하듯이, 구약과의 단절이 아니며 모순은 더욱 아니다. 반대로 그것은 구약의 직접적인 완성이다. 왜냐하면 신약에서 형상의 존재는 구약에서의 형상에 대한 금지에 의해 암시되기 때문이다. 비록 이것이 매우 이상스럽게 보일지라도, 교회에 있어서 거룩한 형상은 분명히 구약에서의 직접적인 '형상의 부재'로부터 흘러나온다. 형상은 구약의 결과이며 그 귀결이다. 그리스도교 형상의 시원은, 우리가 종종 그렇게 생각하는 것처럼, 이방의 우상이 아니다. 오히려 그것은 성육신 이전의 구체적이고 직접적인 형상의 부재이며, 구약 성경의 여러 상징들이다. 그것은 마치 교회의 시원이 이방 문명이 아니라 하느님의 계시를 받아들이도록 하느님에 의해 선택된 민족인 고대 이스라엘인 것과 마찬가지이다. 교회가 볼 때, 출애굽기(20:4)와 신명기(5:12-19)에 나오는 형상에 대한 금지는 잠정적이고, 교육적이며, 오직 구약 성경에만 관련되는 것이지 그 자체로 원칙적인 금지는 아님이 분명하다. 다마스커스의 요한 성인은, 그들의 굳은 마음 때문에 "나는 좋지 못한 규정도 정해 주었다"(에제키엘 20:25)라고 말함으로써 이 금지를 설명한다.[11] 왜냐하면 직접적이고 구체적인 형상의 금지와 병행해서 상징적인 형상을 만들라는 하느님의 명령이 존재했었으며, 그것은 성막과 그 안에 포함된 모든 것들에 대한 예시들로 그 예시의 가장 미세한 부분까지도 말하자면 하느님에 의해 기술(記述)되었다.

이 주제와 관련된 교회의 교리는, 성경의 금지 규정에 집착해서 그리스도교 형상을 우상과 혼동했던 이콘반대주의자들에 대한 응답으로 쓰여진 다마스커스의 요한 성인의 『거룩한 이콘을 변호함』(Traités à la défense des saintes icônes)이라는 세 편의 글에서 명확하게 표현되었다. 다마스커스의 요한 성인은 이 금지의 의미를 설명한다. 구약 성경의 본문을 복음서 본문과 비교하면서 그는, 그리스도교의 형상은, 우리가 이미 말한 바와 같이, 구약 성경의 귀결이요 완성임을 보여준다. 왜냐하면 그것은 그리스도교의 본질 그 자체로부터 연유하기 때문이다.

그의 논지 전개는 다음과 같이 요약될 수 있다.

구약 성경에서 백성에게 하느님께서 직접적으로 현현하신 것

---

11 2ᵉ *Traité à la défense des saintes icônes*, chap. XV, P.G., 94, 1301 C.

은 오직 음성 안에서, 말씀 안에서이다. 하느님은 스스로를 보여 주지 않으시고, 볼 수 없는 분으로 머물러 계시며, 이스라엘은 그분의 음성을 들을 뿐 어떠한 형상도 보지 못함을 강조하신다. 신명기에서 우리는 읽는다. "주께서 불길 속에서 말씀하셨다. 그러나 너희는 말씀하시는 소리만 들었지 아무런 모습도 보지 못했다. 다만 소리가 있을 뿐이었다."(4:12) 또 "너희는 깊이 명심하여라. 주께서 호렙의 불길 속에서 너희에게 말씀하시던 날 너희는 아무 모습도 보지 못하지 않았느냐?"(4:15) 이어서 즉시 금지 명령이 뒤따른다. "그러니 너희는 남자의 모습이든 여자의 모습이든 일체 어떤 모습을 본떠 새긴 우상을 모시어 죄를 짓는 일이 없도록 하여라. 땅 위에 있는 어떤 짐승의 모습이나 공중에서 날개치는 어떤 새의 모습이나, 땅 위를 기어 다니는 어떤 동물의 모습이나 땅 아래 물 속에 있는 어떤 물고기의 모습도 안 된다. 눈을 하늘로 향하여 해와 달과 별 등 하늘에 있는 모든 천체를 보고 그 앞에 엎드려 예배하고 싶은 유혹에 빠져서도 안 된다. 그런 것들은 너희 하느님 주께서 만천하 다른 민족들에게 주어 섬기게 하신 것들이다."(4:16-19) 이렇게, 하느님께서 피조물에 대해 말씀하실 때, 그분은 그것들을 표상하는 것을 금하신다. 그러나 자기 자신에 대해 말씀하실 때, 하느님께서는, 그분이 볼 수 없는 분이심을 강조하시면서, 마찬가지로 그분의 형상을 만드는 것을 금하신다. 백성은 물론 모세조차도 그분에 관해서는 어떠한 형상도 보지 못했다. 그들은 단지 그분의 말씀을 들었을 뿐이다. 하느님을 보지 못했기에 그들은 하느님을 표상할 수 없었

그림 01. 다마스커스의 요한 성인, 포티스 콘토글루, 그리스, 1958년

다. 그들은 단지 모세가 그랬던 것처럼 하느님의 말씀을 글로 남길 수 있었을 뿐이다. 과연 그들이 비물질적이고 묘사할 수 없는 것, 형식도 양도 가지고 있지 않는 것을 어떻게 표상할 수 있겠는가? 그러나 이스라엘이 말씀은 듣지만 형상은 보지 못했음을 강조하는 성경 본문의 주장 속에서 다마스커스의 요한 성인은 육체 안에 오신 하느님을 보고 또 표상할 수 있게 될 미래의 가능성에 대한 신비스런 암시를 발견한다. "성경의 이 부분에서 신비스럽게 암시된 것은 무엇인가?" 그는 이 같은 질문에 다음과 같이 대답한다. "볼 수 없는 하느님을 표상하는 것이 금지된다는 것은 분명하다. 그러나 몸을 가지지 않으신 분이 인간이 되심을 그대들은 보게 될 것이다. 그러면 그대들은 그의 인간적 면모에 대해 표상을 만들 것이다. 볼 수 없는 분이 인간의 육체를 입으심으로써 볼 수 있는 분이 되실 때, 우리에게 나타나신 분의 모습을 표상하라. 성부와 동일 본질이시요 그분의 형상이신 분이 노예의 형상을 수용하셔서 질(質)과 양(量)으로 제한되시어 육체의 형상을 덧입으실 때, 모든 사람들이 볼 수 있도록 우리에게 나타나시기를 원하셨던 그분을 그려서 보여주어라. 동정녀에게서 나신 그분을 그려라. 요단강에서 세례 받으신 그분을 그려라. 다볼산에서 변모하신 그분을 그려라. … 모든 것을 말씀으로, 색깔로, 책 안에, 화판 위에 그려라."[12] 이렇게, 볼 수 없는 하느님을 표상하지 못하도록 한 금지는 예언이 성취된 후에는 하느님을 표상해야

---

12 *1er Traité*, chap. VIII, P.G. 94, 1237 D-1240 A 와 *IIIe Traité*, chap.VIII, P.G. 94, 1328 D.

할 필요성을 그 안에 함축적으로 포함한다. "너희는 형상을 보지 못했다. 그러므로 그것을 만들지 말라"는 주님의 말씀은 "너희들이 하느님을 보지 못하는 한 그 형상을 만들지 말라"라는 말이다. 볼 수 없는 하느님에 대한 형상은 불가능하다. "왜냐하면 시각을 통해 다가갈 수 없는 것을 어떻게 그린단 말인가!"[13] 그럼에도 불구하고 그러한 형상이 만들어졌다면, 그것은 상상에 근거한 것이요, 그러므로 하나의 발명이요 거짓일 뿐이다.

결과적으로 하느님의 표상에 대한 성경의 금지는 이스라엘 백성의 일반적 운명과 관련된다. 선택된 백성의 과제는 참된 하느님을 섬기는 것이었다. 이 사명은 메시아 사상 안에 또 신약 성경에서 계시될 것에 대한 준비와 예시이다. 이것이 바로 구약에는 단지 상징적인 예시들과 미래에 대한 계시만 있었던 이유이다. 다마스커스의 요한 성인은 말한다. "왜냐하면 율법은 형상이 아니라 형상을 가리는 벽이었기 때문이다. 바울로 사도가 말한 것처럼 '율법은 장차 나타날 좋은 것들의 그림자일 뿐이요, 실체의 형상이 아니기' 때문이다."[14] 달리 말하면, 실체들의 형상 그 자체는 신약 성경이라는 말이다.

모세에게 하느님께서 주신 피조물의 형상에 대한 금지로 말하자면 그것은 오직 하나의 목적을 가진다. 선택된 백성들이 피조물을 섬기지 않도록, 창조주 대신 그것들에 예배드리지 않도록

---

13 *3ᵉ Traité*, chap. IV, P.G. 94, 1321.
14 *1ᵉʳ Traité*, chap. XV, P.G. 94, 1244.

하기 위함이다. "그 앞에 절하며 섬기지 못한다."(출애굽기 20:5, 신명기 5:9) 사실, 백성들의 마음이 우상숭배로 쏠릴 때, 피조물과 그것에 대한 모든 형상은 신적인 것으로 받들어지고 예배될 위험이 있다. 아담의 타락 이후 인간 족속은 물론 지상 세계 전체가 그와 함께 부패에 종속되었다. 이것이 바로 죄로 인해 부패된 인간과 땅에 있는 모든 존재들의 형상이 사람을 진정한 하느님께로 나아가도록 하기보다는 오히려 정반대의 방향 즉 우상 숭배로 이끌 수 있게 되는 이유이다. 우상숭배는 가증스러운 것이고 우상은 만들어져서는 안 된다. 어떤 일이 있어도 구체적인 형상을 삼가야만 했다.

다시 말해, 피조물에 대한 형상은, 주께서 호렙산에서 말씀하셨을 때 백성들이 결코 볼 수 없었던 바의 하느님의 형상을 대신할 수 없다. 이것이 바로 하느님 앞에서 그 어떤 모양을 만들어 내는 것도 불경한 짓이 되는 이유이다. "너희 스스로 더럽히지 않도록 조각된 형상이나 어떤 우상의 표상이나 남자나 여자의 모습이나 땅에 기어다니는 동물의 모습을 만들지 않도록 주의 깊게 너희의 영혼을 살펴라."(신명기 4:16)[15]

그러나 이 금지는 선택된 백성의 특별한 임무와 관련되는 보호 장치이다. 이것은 하느님께서 산 정상에서 모세에게 보여 주신 대로 성막과 철로 녹여 수놓아 만드는 헤루빔을 포함해서 그 안에 있어야할 모든 것을 만들라고 그에게 지시하신 명령에서도 분

---

15 역자주) 70인역 희랍어 구약 성경 번역임

명하게 드러난다.(출애굽기 25:1, 26:1, 31) 무엇보다도 먼저, 이 명령은 예술이라는 수단을 통해서 영적인 실재를 표현할 수 있는 가능성을 보여 준다. 다른 한편, 그것은 아무 데서나 헤루빔을 만들어도 된다는 것을 의미하지 않는다. 왜냐하면 유대인들은 모든 다른 피조물에 대한 형상 앞에서처럼 헤루빔의 형상 앞에서 우상 숭배에 빠질 수 있었기 때문이다. 헤루빔은 참된 하느님의 종들로 오직 성막 안에서만, 그리고 이 존귀함을 부각시키는 장소와 태도 안에서만 표상될 수 있었다.

일반적 규범에 대한 이러한 예외는 이 규범이 절대적인 속성을 가지지 않는다는 것을 보여준다. 다마스커스의 요한 성인이 말한 것처럼 "지혜의 은사를 받았던 솔로몬이 하늘을 표현할 때, 헤루빔들과 사자들과 황소들의 형상을 만들었던 이유"가 바로 여기에 있다.[16] 이 피조물들이 오직 한 분 참된 하느님께 예배드려지던 장소인 성전 주위에 표현되었다는 사실은 이 피조물들이 예배의 대상이었을 가능성이 없다는 것을 명백히 해 준다.[17]

산상에서 보여진 대로 장막을 건축하기 위해서, 하느님께서는 이를 위해 특별히 선택한 사람들을 지목하신다. 그들은 그저 모세의 지시에 따라 그들의 재능을 발휘해서 모든 것을 행할 수 있는 사람이 아니다. 이에 대해 성경이 말하는 것을 보자. "나는

---

16 *1er Traité*, chap. XX, P.G. 94, 1252.
17 고대 유대인들이 성막과 솔로몬 성전에 있었던 조각된 형상을 거부하지 않았음에도 불구하고, 그 이후의 유대인들은 반대로 모든 조각된 형상을 금하라는 율법을 문자 그대로 아주 엄격하게 지키려 한다는 사실을 지적하는 것은 매우 흥미롭다. 이를 위해서는 다음을 보라. E. Namenyi, *L'esprit de l'art juif*, 1957, p. 27.

브살렐을 하느님의 영, 지혜의 영, 총명의 영, 모든 종류의 작업을 다 알 수 있는 영으로 채웠다." 좀 더 뒤에서는 브살렐과 함께 일할 사람들에 대해서 이렇게 말한다. "나는 내가 명한 모든 것을 할 수 있도록 솜씨 있는 모든 사람들의 영에 총명을 넣어주었다."(출애굽기 31:3, 6) 여기서 우리는 하느님을 섬기는 예술은 여타의 예술과 같은 것이 아님을 분명하게 알 수 있다. 그 바탕은 인간의 재능이나 지혜만이 아니라 오히려 하느님의 영의 지혜요 하느님이 부여해 주시는 총명이다. 달리 말하면, 신적인 영감이 전례 예술의 원리 자체라는 것이다. 성경은 여기서 전례 예술과 일반적인 예술 사이에 하나의 경계를 긋는다.

이것은 우리에게 매우 중요하다. 왜냐하면 거룩한 예술의 이 특별한 성격과 신적인 영감은 구약에만 국한된 것이 아니라 이 예술의 원리 그 자체이다. 구약의 원리가 그러했다면 신약에서 또한 그러하다.

그러면 다마스커스의 요한 성인의 설명으로 되돌아가 보자. 만약 구약에서 하느님의 직접적 계시가 단지 말씀을 통해서 주어졌다면, 신약에서는 말씀과 동시에 형상으로 주어졌다. 왜냐하면 볼 수 없는 분이 볼 수 있게 되었고, 표현될 수 없는 분이 표현될 수 있게 되었기 때문이다. 이제, 하느님께서는 더 이상 인간에게 말을 통해서, 예언자들을 매개로 해서 말씀하시지 않는다. 그분은 성육하신 말씀의 위격으로 자신을 보여주신다. 그분은 "사람들 중에 거하신다." 다마스커스의 요한 성인에 따르면, 마태오 복음(13:16-17)에서 주님, 즉 구약에서 말씀하셨던 동일한 하느님께서는, 그분의 제자들뿐만 아니라 그들을 본받아 살며 그 자취를 뒤쫓는 모든 사람들을 경하하며 말씀하신다. "너희의 눈은 볼 수 있으니 행복하고 귀는 들을 수 있으니 행복하다. 나는 분명히 말한다. 많은 예언자들과 의인들이 너희가 지금 보는 것을 보려고 했으나 보지 못하였고 너희가 지금 듣는 것을 들으려고 했으나 듣지 못하였다."[18] 그리스도께서 제자들에게 그들의 눈이 보는 그것을 보기에 복되고 그들의 귀가 듣는 그것을 듣기에 복되다고 말씀하실 때, 그것은 누구도 보지 못했고 듣지 못했던 그 무엇과 관련된다는 것은 분명하다. 왜냐하면 사람은 언제나 볼 눈과 들을 귀를 가지고 있기 때문이다. 그리스도의 이 말씀은 그분의 기적들을 말하는 것이 아니다. 왜냐하면 구약의 예언자들도 기적을 행했기 때문이다(모세만이 아니라, 엘리야는 죽은 자를 살렸고, 비를 멈추게 했다). 이 말씀은 제자들과 예언자들이 선포했던 그분, 성육하신 하느님을 직접적으로 보고 듣고 있다는 점과 관련된다. 복음서 저자 요한 성인은 말한다. "일찍이 하느님을 본 사람은 없다. 그런데 아버지의 품 안에 계신 외아들로서 하느님과 똑같으신 그분이 하느님을 알려주셨다."(요한 1:18)

이렇게 신약의 구별되는 특징은 말씀과 형상 사이에 존재하는 밀접한 관계이다. 이것이 바로 교부들과 공의회들이 형상에 대해 말할 때 "우리가 들은 바 그대로, 우리는 만군의 주께서 계신 성, 우리 하느님의 성에서 그것을 보았다"라는 시편 47편 9절의

---

18 *2ᵉ Traité*, chap. XX. P.G. 94, 1305-1308. Cf. *3ᵉ Traité*, chap. XII, *ibid.*, col. 1333.

말씀[19]을 인용하면서 "우리가 들은 바 그대로 우리는 그것을 보았다"라고 주저함 없이 강조했던 이유이다. 사람이 보는 것과 듣는 것은 이제부터 분리될 수 없다. 다윗과 솔로몬이 보고 들었던 것은 신약에서 실현될 것에 대한 예언적 말씀들, 예언적 유형들뿐이었다. 이제, 신약에서 사람은 다가올 하느님 왕국의 계시를 얻는다. 이 계시는 말씀을 통해서 그리고 형상을 통해서 다시 말해 성육하신 하느님의 아들을 통해서 사람에게 주어진다.

사도들은 구약에서는 단지 상징들에 의해 예시되었던 것을 그들의 육안으로 보았다. "몸도 형체도 없는 하느님은 옛적에는 결코 표현될 수 없었다. 그러나 그분이 육체로 임하시고 사람들 사이에 거하시는 지금 나는 하느님의 가시적 측면을 표현한다."[20] 구약의 하느님 관상과 다른 점이 바로 여기에 있다. "나는 하느님의 모양을 관상한다. 야곱이 그러했던 것처럼. 그러나 전혀 다르게, 완전히 다른 방식으로. 왜냐하면 야곱은 비물질적인 영의 눈으로 다가올 것을 예시해 주는 비물질적인 형상을 보았기 때문이다. 그러나 나는 육체 안에 오신 분에 대한 기억을 되살리는 것을 보고 있다."[21] 에제키엘, 야곱, 이사야 등과 같은 예언자들은 다가올 것을 계시해 주는 예형을 영 안에서 보았다. 그러나 지금 사람들은 그들이 계시한 것들의 실현, 다시 말해 성육하신 하느님을 육안으로 보고 있다. 복음서 저자 요한 성인은 그의 첫

---

19 모든 성경 인용은 칠십인역에서 취했다. 역자주) 한국어 공동번역으로는 48편 8절이다.
20 *1er Traité*, chap. XVI, P.G. 94, 1245.
21 *1er Traité*, chap. XXII, P.G. 94, I, 1256, A-B.

번째 서신 서두에서 힘차게 그것을 표현한다. "그것은 태초로부터 계신 것이요, 우리가 들은 것이요, 우리가 우리의 눈으로 본 것이요, 우리가 손으로 만져 본 것이다."

다마스커스의 요한 성인은 이어서 말한다. "이렇게 사도들은 그들의 육안으로 사람이 되신 하느님을 보았다. 그들은 그분의 수난과 기적을 목격했고, 그분의 말씀을 들었다. 그런데, 사도들의 뒤를 따르는 우리들 또한 그들처럼 보고 듣기를 간절히 원한다. 사도들은 그리스도를 얼굴을 맞대고 보았다. 왜냐하면 그분은 육체로 현존하셨기 때문이다. 그러나 그분을 직접적으로 볼 수 없고 또 그분의 말씀을 들을 수 없는 우리는 그럼에도 불구하고 책을 통해서 그분의 말씀을 들으며, 이렇게 해서 우리의 청각을 또 그것을 통해 우리의 영혼을 성화(聖化)시킨다. 우리는 정말 복되다. 그래서 우리는 그분의 거룩한 말씀을 들을 수 있게 해 주고 우리가 성화될 수 있도록 해 주는 그 책들을 존귀하게 여긴다. 마찬가지로, 그분의 형상을 통해서 우리는 그리스도의 육체적 측면과 그분의 기적과 그분의 수난을 관상한다. 이러한 관상은 우리의 시각과 또한 그를 통해 우리의 영혼을 성화시킨다. 우리는 정말 복되다. 그래서 우리는 가능한 범위 안에서 그분의 육체적 면모를 통해 하느님의 영광에 대한 관상으로 우리를 고양시켜 주는 이 형상을 존귀하게 여긴다. … "[22] 결과적으로 말해, 우리의 귀로 듣는 말씀을 매개로 해서 우리가 영적인 것을 파악한

---

22 3ᵉ *Traité*, chap. XII, P.G. 94, 1333과 1336.

다면, 육체에 대한 관상 또한 우리를 영적인 관상에로 인도한다.

다마스커스의 요한 성인의 주석은 그의 개인적인 견해나 교회가 나중에 초기의 교리에 덧붙인 어떤 가르침을 표현하고 있지 않다. 이 가르침은 그리스도교의 교리와 한 몸을 형성한다. 그것은 그리스도의 두 본성 교리나 동정녀에 대한 공경과 마찬가지로 그리스도교의 본질 그 자체를 구성하는 요소이다. 다마스커스의 요한 성인은 이미 처음부터 있어왔던 것을 8세기에 체계화하고 정식화했을 뿐이다. 그는 최대한의 명확성과 투명성을 요구했던 시대적 상황에 대한 응답으로 그것을 수행했다. 그가 『정통 신앙에 대하여』(Sur la foi orthodoxe)라는 저작에서 교회의 보편적 가르침을 체계화하고 정식화한 것처럼 말이다.

구약의 모든 예시는 다가올 구원을 선포했는데, 이 구원은 이제 실현되었고 교부들은 그것을 "인간이 신이 될 수 있도록 하기 위해 하느님께서 인간이 되셨다"는 함축적인 정식으로 요약했다.

이 구속(救贖)의 사역은 그러므로 인간이 되신 하느님이신 그리스도의 위격과, 그분과 나란히 전적으로 신화된(déifiée) 최초의 인간이신 동정녀께 초점을 둔다. 구약의 모든 유형론은 결국 중심이 되는 이 두 인격으로 수렴된다. 그것은 혹은 인간의 이야기를 통해서, 동물을 통해서 혹은 어떤 대상들을 통해서 표현된다. 이삭의 희생제사, 양, 청동 뱀 등은 그리스도를 예시한다. 반면 왕 앞에서 백성을 중보했던 에스더, 천상의 빵이 담긴 금 그릇, 아론의 지팡이 등은 동정녀를 예시한다. 예언자적 상징들의 현실화는 신약의 근본적인 두 형상 안에서, 즉 하느님-인간이신 우리 주님의 형상과 신화된 첫 인간이신 거룩하신 성모님의 형상 안에서 완성된다. 그리스도교와 거의 동시에 출현한 첫 이콘들이 그리스도와 동정녀의 이콘이었던 이유가 바로 여기에 있다. 자신의 전통 안에서 그것을 확인하는 교회는 이콘 신앙의 진정한 극점인 이 두 형상에 기초해서 모든 이콘 이론과 신앙을 확립한다.

인간에게 주어진 하느님 약속의 이 실현은 옛 피조물들과 구약 시대의 인류를 구속된 인류 안에 포괄함으로써 그것들을 또한 성화시키고 조명해 준다. 성육신 사건 이래로 우리는 예언자들과 구약의 족장들도 성육하신 하느님의 피로 구속된 인류의 증인들로 표상할 수 있다. 이 사람들에 대한 형상은 신약 시대의 성인들에 대한 형상과 마찬가지로 우리들을 우상 숭배로 이끌지 않는다. 왜냐하면 우리는 이제 사람 안에 있는 하느님의 형상을 알고, 다마스커스의 요한 성인의 말대로, "우리는 하느님으로부터 분별의 능력을 받았고 그래서 표상될 수 있는 것과 그렇지 못한 것을 알기 때문이다. 정녕 율법은 우리가 신앙으로 의롭게 될 수 있도록 우리를 그리스도에게 인도하는 몽학 선생이었기 때문이다. 신앙이 찾아왔고, 우리는 더 이상 몽학 선생 밑에 있지 않다.(갈라디아 3:24-25, 4:3)"[23] 우리는 인간의 악덕을 표상하지 않는다. 우리는 악마에게 영광을 돌리는 형상을 만들지 않는다. 우

---

23 3e *Traité*, chap. VIII, P.G., 94, 1328.

리는, 오직 선 안에서 용기를 얻고, 악을 피하며, 우리의 영혼을 구하기 위해서, 하느님을 영화롭게 하는 형상, 그분의 거룩한 성인들에 대한 형상을 만들 뿐이다.

형상과 그리스도교 사이의 근본적인 관계는 전통의 원천을 이룬다. 이 전통 안에서 교회는 처음부터 말과 동시에 형상을 통하여 세상에 그리스도교를 설파하였다. 그래서 제7차 세계공의회의 교부들은 "이콘을 만드는 전통은 사도들이 설교하던 시대부터 존재해왔다"[24]고 말할 수 있었다. 형상이 그리스도교에 근본적으로 귀속된다는 점은 어째서 그것이 교회 안에 등장했으며, 어째서 구약의 금지와 몇몇 반대에도 불구하고 아주 당연한 일인 양 침묵 가운데 조용히 그에 합당한 자리를 차지하게 되었는지를 잘 설명해 준다.

---

24   Mansi XIII, 252 B.

2장

그리스도와 동정녀의 첫 이콘들

교회의 전통은 그리스도의 첫 이콘이 그의 지상 삶 동안에 등장했다고 확언한다. 그것은 서방에서는 흔히 '거룩한 얼굴'(la Sainte Face)이라 불리고, 정교회에서는 '인간의 손으로 그려지지 않은 형상'(아히로삐이토스)이라 불린다.

그리스도의 첫 이콘의 기원에 대한 이야기는 8월 16일, 이 이콘 축일의 전례 본문을 통해서 우리에게 전해진다. "당신께서는 당신의 순결한 얼굴을 표상하여 그것을 신실한 아브가르(Abgar)에게 보내셨습니다. 그는 간절히 당신을 보고 싶어했었지요. 당신의 신성으로는 헤루빔조차도 볼 수 없는 당신을 말입니다."[01] 아

---

[01] 저녁 기도 예식의 스티히라 8조. 아브가르 벤 우카마(Abgar V Oukhama)는 티그리스와 유프라테 사이에 있는 작은 나라인 오스로엔(Osroène)의 왕자였다. 이 나라의 수도는 에데사(현재의 오르푸 혹은 로가이아)였다. 이 도시의 연대기는 201년에 이미 오래된 그리스도교 교회가 존재했음을 언급하고 있는데, 이 교회는 홍수로 인해 파괴되었다고 한다. 에데사 왕국은 그리스도교 국가가 된 첫 번째 나라였다.(170-214 사이, 아브가르 9세 왕 치세 시)

침 기도 예식의 한 스티히라(4조)는 이렇게 들려준다. "당신은 당신의 거룩한 손으로 쓰신 편지들을 아브가르에게 보내셨습니다. 그는 당신의 신성한 얼굴 형상이 발하는 능력으로 구원받고 건강해지기를 원했지요." 일반적으로, 특별히 '거룩한 얼굴'에 봉헌된 교회들에서, 아브가르 왕 이야기에 대한 암시는 그 축일의 전례 의식 속에서 매우 빈번하게 등장한다. 그러나 그것들은 세부적인 것으로까지 들어가지는 않고, 사실 그 자체를 말하는 것으로 그친다.[02]

고대 저술가들은 5세기까지 '거룩한 얼굴' 이콘에 대한 어떠한 언급도 하지 않는다. 아마도 그것은 그때까지 이 이콘은 벽 안에

---

02 보다 세부적인 이야기는 8월 전례서(Ménée)에 의해 제공된다. 그것은 다음과 같이 요약된다. 문둥병에 걸린 아브가르 왕은 자신의 문서고 책임자인 하난(Hannan 혹은 Hanania) 편으로 그리스도께 편지를 보낸다. 그 편지에서 왕은 에데사에 와서 자신의 병을 고쳐달라고 그리스도께 부탁한다. 하난은 그림을 잘 그리는 화가였다. 그러므로 그리스도께서 오시기를 거절할 경우에는 초상화를 그려서 가져오라고 명했다. 하난은 그리스도를 발견했지만 그분은 거대한 군중에 둘러싸여 있었다. 그래서 그는 그분을 좀 더 잘 볼 수 있는 커다란 바위 위로 올라가서 그분의 초상화를 그리려고 애써보았다. 그러나 그는 은총 안에서 변화된 그분의 얼굴에서 발하는 헤아릴 수 없는 영광 때문에 잘 그릴 수가 없었다. 하난이 당신의 초상화를 그리고 싶어하는 것을 보시고 그리스도께서 물을 가져오라고 명하셔서 씻고 수건으로 얼굴을 훔쳤다. 그때 이 수건 위에 그분의 얼굴이 찍혔다. 그리스도께서는 그 수건을 하난에게 주시면서 그를 보낸 왕에게 보내는 편지도 함께 주셨다. 그 편지에서 그리스도께서는 에데사에 가는 것을 거절하시는 한편, 자신의 사역이 끝나면 제자들 중 한 사람을 보내겠노라고 아브가르에게 약속하셨다. 아브가르 왕이 그 초상화를 받았을 때, 병의 가장 중한 부분이 치유되었다. 그러나 얼굴에는 아직도 상처가 남아 있었다. 오순절 성령강림 후, 70인 제자 중의 하나인 사도 다대오 성인이 에데사에 가서 왕의 치료를 완수하고 그를 개종시켰다. 아브가르 왕은 도성의 입구 문 위에 세워진 우상을 헐어버리고 대신 이 '거룩한 얼굴'을 걸어 놓았다. 그러나 그의 손자가 다시 이교 신앙으로 돌아가서 이것을 파괴하려 했다. 도시의 주교는 이 초상화를 벽으로 겹겹이 둘러싸 숨겨놓았고, 초상화 앞에는 등불을 밝혀 놓았다. 시간이 지나자 이것은 잊혀졌는데, 페르시아의 왕 코스로에스(Chosroès)가 544년 혹은 545년 경 이 도시를 공략할 때 재발견되었다. 그런데 이때까지도 그 등불이 꺼지지 않았다. 초상화는 조금도 상하지 않았을 뿐만 아니라 그 초상화를 가리려고 덮어둔 기와 안쪽에도 초상화가 새겨져 있었다. 이 사건을 계기로 해서 우리는 지금 두 가지 종류의 '거룩한 얼굴' 이콘을 가지고 있다. 하나는 주님의 얼굴이 새겨진 수건이고, 또 하나는 주님의 얼굴이 새겨진 기와이다.(Keramion, 러시아말로는 "tchrépiyé") 기와 위에 그려진 이콘에 관해 우리가 아는 모든 것은 그것이 시리아의 히에라폴리스(Hierapolis 현재의 Mabbough)에 있었다는 것, 그리고 니케포로스 포카스(963-969) 황제가 그것을 965년이나 968년경에 콘스탄티노플로 옮겨갔을 것이라는 점뿐이다.

숨겨져 있었고, 그것의 존재가 잊혀졌기 때문일 것이다. 우리가 소유하고 있는 가장 오래된 언급은 우리가 '아다이의 교리'(la Doctrine d'Addaï)라고 부르는 한 문서에서 발견된다. 아다이(Addaï)는 에데사의 주교(†541)였다. 그는, 자신의 저작—적어도 이 저작이 진정한 것이라면—에서 의심의 여지없이 지역적인 전통과 우리가 알지 못하는 여러 문서를 사용한다. 아브가르 왕에게 보내진 이콘을 언급하는 가장 오래된 고대 저술가는 6세기의 에바그리오스이다. 그의 『교회의 역사』[03]에서 그는 이 초상화를 두고 "하느님께서 만드신 이콘"(théoteuktos eikôn)이라고 명명한다.

이 이콘, 즉 주님의 얼굴이 그려진 수건 이콘의 기원에 관해 말하자면, 그것은 오랫동안 에데사에서 그 도시의 가장 값진 보물로 잘 보존되었었다. 그것은 근동의 도처에서 폭넓게 알려지고 또 공경 받았다. 8세기 그리스도인들은 에데사 교회의 본을 따라 여러 다른 지역에서도 이 이콘의 축일을 기념했다.[04]

이콘반대주의 기간 동안, 다마스커스의 요한 성인은 이 기적적인 이콘에 대해 언급했고, 787년 제7차 세계공의회의 교부들도 수차에 걸쳐 이 사실을 언급하였다. 콘스탄티노플의 성 소피아 대성당의 성경 봉독자 레오(Léon)는 이 공의회에 참석하였는데, 그가 에데사에서 거주할 동안 이 거룩한 얼굴에 절하였노라고 말했다.[05] 944년 비잔틴 황제 콘스탄티노스(Constantin Porphyrogénète)

---

03 IV, 27, P.G., 86, 2745-2748.

04 나중에, 843년경부터는, 에데사에서도 이 축일은 '정교 승리 축일'(la Fête du Triomphe de l'Orthodoxie)과 동시에 거행되었다.

05 Mansi XIII, 169, 190 sq., 192. A. Grabar, *La Sainte Face de la cathédrale de Laon*, Seminarium

와 로마누스 1세는 에데사로부터 이 거룩한 이콘을 사들였다. 이 이콘은 성대한 예식과 함께 콘스탄티노플로 옮겨져서 파로스의 동정녀 교회(Eglise de la Vierge du Pharos) 안에 모셔졌고, 황제 콘스탄티노스는 한 연설에서 그것을 제국의 수호신으로 칭송했다. 적어도 부분적으로는, 8월 16일에 거행되는 '거룩한 얼굴의 콘스탄티노플 이전 축일'의 전례 의식들이 이 시기로 거슬러 올라간다. 1204년 십자군의 콘스탄티노플 약탈 이후 이 이콘은 종적을 감추어 버렸다.[06]

프랑스에는 라옹(Laon) 대성당의 제의실 안에 지금도 보존되고 있는 '거룩한 얼굴'의 유명한 이콘이 존재한다. 아마도 12세기 경 발칸지역, 특별히 세르비아에 기원을 두고 있을 이 이콘은 1249년에 장차 교황 우르바누스 4세가 될 쟈코부스 판탈레오 트리카시누스(Jacobus Pantaleo Tricassinus)가 시토 수도회의 한 여자 수도원(Montreuil-les-Dames, Laon 교구) 원장이었던 그의 자매에게 그것을 보냄으로써 로마에서 프랑스로 전해지게 되었다.[07]

Kondakovianum, Prague, 1930, p. 24(러시아어).

06 우리는 여기서 단지 교회가 현재 전례 의식을 통해 기념하는 이콘에 대해서만 말한다. 그러나 역사 자료는 6, 7세기에, 특별히 비잔틴 로마 제국과 페르시아의 전쟁에서 커다란 역할을 한 여러 이콘을 언급한다. 그들 중 어떤 것은 로마제국 군대의 깃발을 대체하기도 했다.(A. Grabar, L'iconoclasme byzantin, Paris, 1957, pp. 30) 조지아(Géorgie)에는 6, 7세기의 것으로 추정되는 납화로 된 '거룩한 얼굴 이콘'이 존재한다.(Amiranachvili, Istoriya grouzinskogo iskousstva, Moscou, 1950, p. 126)

07 15세기에 출현한 베로니카 성녀의 한 전설에 따르면, 그녀는 '거룩한 얼굴'이 새겨진 수건을 들고 있었던 것으로 전해진다. 베로니카 성녀의 이야기는 다양한 전승을 가지고 있다. 가장 잘 알려진 것은 일반적으로 프란시스코 형제들에 의해 만들어진 십자가의 길의 네 번째 단계에 등장한다. 사람들이 그리스도를 골고다로 인도할 때, 베로니카라 불리는 한 여인이 수건으로 그분의 땀을 닦아 드렸는데, 이때 그 수건에 그리스도의 얼굴이 찍히게 되었다는 것이다.(이에 관해서는, Seminarium Kondakovianum, t. V, Prague, 1932, pp. 1-15 에 실린 Paul PERDRIZET의 글을 참고할 수 있다)

그림 02. 거룩한 수건(만딜리온), 14세기, 테오파니스 作
스타브로니키타 수도원, 아토스 성산, 그리스

'거룩한 얼굴'의 축일은 전례상으로는 "거룩한 수건이라 불리는 이콘, 사람의 손으로 그려지지 않은 우리 주님 예수 그리스도 이콘의 에데사로부터 콘스탄티노플로의 이전"이라고 불린다. 어쨌든, 이 축일의 전례는 한 장소에서 다른 곳으로 이 이콘이 이전된 것을 기념하는 것으로 제한되지 않는다. 이 전례에서 본질적인 것은 이콘과 그것의 목적이 가지는 교리적 토대이다.

'사람의 손으로 그려지지 않은 형상(이콘)'이라는 표현의 의미는 마르코 복음 14장 58절에 의해 조명된다. 이 형상은 무엇보다도 "성전인 당신의 몸"(요한 2:21)을 통해서 자신을 볼 수 있도록 내어주신 성육하신 말씀이다. 이 순간부터, 모든 형상을 금하는 모세의 율법은 그 의미를 상실하며, 그리고 그리스도의 이콘은 하느님의 성육신에 대한 논박할 수 없는 증거가 된다.[08] 그것은 인간적 개념에 따라 창조된 이콘들을 말하는 것이 아니다. 이 이콘은 인간이 되신 하느님 아들의 참된 얼굴을 표현한다. 그리고 교회의 전통을 따르면 그것은 그분의 얼굴을 직접 보았다는 사실로부터 기원한다. 교회가 '거룩한 얼굴'의 축일에 경배하는 것은 바로 하느님의 이 첫 번째 형상이다.

우리는 위에서 인용한 스티히라가, 다른 전례 본문과 더불어 이 이콘의 역사적 기원을 강조하고 있는 것을 보았다. 중요한 것은 그것이 "우주적 그리스도"나, 어떤 숭고한 이념을 상징하는

---

08 L. Ouspensky-V. Lossky, *Der Sinn der Ikonen*, Bern und Olten, 1952, p. 69.에 있는 V. Lossky, "Der Heiland Acheiropoietos" (참고, 독자들은 이 책의 영역본 *The meaning of Icons*을 참고할 수도 있다.)

하나의 인격화나 추상적인 그리스도와 관련된 것이 아니라는 사실이다. 그것은, 실제로, 제한된 어떤 장소와 구체적인 역사적 시기에 살았던 역사적 인물과 본질적으로 관련된다. "그분의 존엄 안에서 타락한 아담의 첫 번째 형상을 회복시키심으로써, 그 본질에 있어서는 묘사할 수 없는 구세주께서 지상에서 사람들과 함께 보고 만질 수 있는 분으로 사셨다"고 이 축일의 한 스티히라[09]가 우리에게 들려준다.

그러나 우리 연구에 있어서 특별한 중요성을 가지는 것은 전례의 성경 봉독이다. 이 봉독 본문들 전체는 우리가 기념하는 사건의 의미를 잘 드러내 준다. 먼저 성경의 예형(豫形)들을 드러냄으로써, 이 본문들은 신약에서 그 예형들이 완성되었음을 찬미하고 또 그것의 종말론적 의의를 강조한다. 이 본문의 선택은 우리가 이미 다마스커스의 요한 성인을 통해서 알아보았던 것, 다시 말해 교회가 구약의 금지를 이해하는 방식, 이 금지의 의미와 목적 그리고 신약 시대의 형상의 의미와 목적을 드러내준다.

우리는 먼저 저녁 기도 예식의 세 가지 구약 봉독문(parémies)에서 찾아볼 수 있다. 둘은 신명기(첫 번째는 4:6-7, 9-15 두 번째는 5:1-7, 9-10, 23-26, 28, 6:1-5, 13, 18)에서 취해지고, 세 번째는 열왕기상(8:22-23, 27-30)에서 취해진다.[10]

첫 번째 두 구약 봉독문은, 약속의 땅에 들어가기에 바로 앞

---

09 역자주) 저녁 기도 예식의 두 번째 스티히라 1조

10 우리는 이들 봉독 본문은 미네아(Ménée, 월별 예식서)에서가 아니고 성경에서 직접 취한다. 왜냐하면 미네아에서는 그것들이 축약되어 있고, 이콘의 의미와 관련해서 핵심적인 몇몇 구절이 생략되었기 때문이다.

서, 선택된 백성 이스라엘에게 호렙산에서 주어진 율법의 계시에 대해 말한다. 이 구약 봉독문의 의미는 이 약속된 땅에 들어가서 그 땅을 소유하려면 계시된 율법을 준수하고, 다른 신들에 대한 제의(祭儀)와 어떠한 타협, 혼합, 병행도 없이 오직 한 분 참된 하느님만을 예배하는 것이 불가결하다는 사실에 있다. 동시에 보이지 않는 분이신 하느님을 표상하는 것은 불가능함을 상기시킨다. "주께서 불길 속에서 말씀하셨다. 그러나 너희는 말씀하시는 소리만 들었지 아무런 모습도 보지 못했다. 다만 소리가 있었을 뿐이다." 또 "너희는 깊이 명심하여라. 주께서 호렙의 불길 속에서 너희에게 말씀하시던 날 너희는 아무 모습도 보지 못하지 않았느냐?" 등등이 그렇다. 달리 말하자면, 전체 율법과 특별히 다른 '신들'을 예배하지 말고 그것들의 형상을 만들지 말라는 금지는, 약속된 땅의 입구에서 하느님께서 선택된 백성에게 주신 약속이 실현될 수 있기 위한 필수적인 조건들이다. 그러나, 약속된 땅 또한 하나의 예형이다. 그것은 교회와 하느님 나라에 대한 하나의 형상이다.

세 번째 구약 봉독문 또한 신약의 계시에 대한 하나의 예형이다. 그것은 건축한 성전을 봉헌하면서 드린 솔로몬의 기도이다. "그러나 하느님, 하느님께서 이 땅에 사람과 같이 자리 잡으시기를 어찌 바라겠습니까? 저 하늘, 저 꼭대기 하늘도 주를 모시지 못할 터인데 소인이 지은 이 전이야말로 말해 무엇하겠습니까? …" 여기서는 "저 하늘, 저 꼭대기 하늘도" 충분치 않은 분이신 하느님께서 장차 지상에 오실 것이며 시간 안에 오셔서 인간의 역사에 참여하실 것이며, 인간에 의해 건축된 지상의 성전에 출현하실 것이라는 사실과 관련된다.

  이 구약 봉독문들의 의미는 성만찬 전례 때 읽는 사도경에 의해 더욱 구체화된다. 그것은 바울로 성인의 골로사이 1장 12-18절로 다음과 같이 전해 준다. "그리고 기쁜 마음으로 아버지께 감사를 드릴 수 있게 되기를 바랍니다. 아버지께서는 성도들이 광명의 나라에서 받을 상속에 참여할 자격을 우리에게 주셨습니다. 아버지께서는 우리를 흑암의 권세에서 건져내시어 당신의 사랑하시는 아들의 나라로 옮겨 주셨습니다. 우리는 그 아들로 말미암아 죄를 용서받고 속박에서 풀려났습니다. 그리스도께서는 보이지 않는 하느님의 형상이시며 만물에 앞서 태어나신 분이십니다. … "보다시피, 이 본문은 예언의 완성을 드러내준다. "성도들이 광명의 나라에서 받을 상속", "당신의 사랑하시는 아들의 나라", 그것은 바로 교회이며, 예전에 '약속된 땅'이 바로 그 형상이다. 이렇게 해서, 선택된 백성의 순결함을 지키려는 구약의 모든 발전과 이스라엘의 거룩한 역사는 하나의 섭리의 과정, 메시아적인 과정으로, 신약의 교회에 다름 아닌 그리스도의 몸의 지상 출현에 대한 준비로 나타난다. 이 준비의 과정 속에서, 형상의 금지는 이전에는 보이지 않았던 분(하느님)의 출현, 신-인간(Dieu-Homme)이신 예수 그리스도에 의해 계시된 "보이지 않는 하느님의 형상"에로 인도된다. 이 축일의 성찬 전례에서 우리는 듣는다. "옛날 모세는 간구를 통해서 희미하게나마 뒤에서 하느님의 영광을 관상할 수 있었지만, 그러나 새 이스라엘은 지금 당신을 명백하게 얼굴과 얼굴을 맞대고 바라봅니다.'"[11]

　마지막으로 '거룩한 얼굴' 축일의 아침 기도 예식과 성찬 전례 때에 봉독하는 루가 복음 9장 51-56절, 10장 22-24절을 검토해 보자. "예수께서 하늘에 오르실 날이 가까워지자 예루살렘에 가시기로 마음을 정하시고 심부름꾼들을 앞서 보내셨다. 그들은 길을 떠나 사마리아 사람들의 마을로 들어가 예수를 맞이할 준비를 하려고 하였으나 그 마을 사람들은 예수께서 예루살렘에 가신다는 말을 듣고는 예수를 맞아들이지 않았다. 이것을 본 제자 야고보와 요한이 '주님, 엘리야가 한 것처럼 저희가 하늘에서 불을 내리게 하여 그들을 불살라 버릴까요?' 하고 물었으나 예수께서는 돌아서서 '너희는 어떠한 영에 속해 있는 줄 모르고 있다. 사람의 아들이 온 것은 사람을 멸망시키려는 것이 아니라 구원하려는 것이다'라고 그들을 꾸짖고 나서 일행과 함께 다른 마을로 가셨다. … 바로 그때에 예수께서 성령을 받아 기쁨에 넘쳐 이렇게 말씀하셨다. ' … 아버지께서는 모든 것을 저에게 맡겨 주셨습니다. 아들이 누구인지는 아버지만이 아시고 또 아버지가 누구신지는 아들과 또 그가 아버지를 계시하시고 택한 사람만이 알 수 있습니다.' 그리고 예수께서 돌아서서 제자들에게 따로 말씀하셨다. '너희가 지금 보는 것을 보는 눈은 행복하다. 사실 많은 예언자들과 제왕들도 너희가 지금 보는 것을 보고자 했으나 보지 못하였고 너희가 듣는 것을 듣고자 했으나 듣지 못하였노라.'"

---

[11] 역자주) 까논의 네 번째 오디(ode)의 두 번째 뜨로빠리온(tropaire).

보다시피, 형상과 관련하여 사도경과 복음서의 본문들이 의미하는 것과 첫 번째 두 구약 봉독문이 의미하는 것은 서로 대립된다. 예전에는 "너희는 … 아무런 모습도 보지 못했다"라고 했지만, 지금은 "너희가 지금 보는 것", 다시 말해, "보이지 않는 하느님의 형상", 즉 그리스도를 "보는 눈은 행복하다"고 한다. 바로 이와 같은 이유로 이 복음서 본문의 뒷부분은 오직 제자들만 들었다. 실제로는, 제자들뿐만 아니라 예수 주위의 많은 사람들이 인간이신 예수를 보았다. 그러나 오직 사도들만이, 이 인간의 아들 안에서, 이 '종의 형상' 아래서, "아버지의 영광의 빛나는 광채"이신 하느님의 아들을 보았다. 우리가 보았다시피, 다마스커스의 요한 성인은 복음서 본문의 이 마지막 말씀을 구약의 금지에 대한 폐지로 이해했으며, 우리에게 이 폐지의 가시적 결과는 우리가 경축하는 그리스도의 이콘에 다름 아니다. "옛날 당신은 사람들에게 보이셨습니다. 그러나 지금 당신은 '사람의 손으로 만들어지지 않은' 당신의 이콘 안에서 보이십니다."[12]

첫 번째 복음서 본문(루가 9장 55-56절)은 사도들을 세상으로부터 구별해 주는 것, 다시 말해 교회를 세상으로부터 구별해 주는 것을 강조한다. 그것은 이 세상의 것들과는 다른 교회의 고유한 정신과 방법들이다. 교회의 행동 방식, 특별히 교회 예술을 결정하는 것은 바로 이 차이라는 점을 상기하자. 구약 봉독문들이 형상 금지의 목표를 보여준다면, 복음서는 반대로 형상의 목적을 드

---

12 역자주) 까논의 네 번째 오디의 두 번째 뜨로빠리온.

러내준다. 사도들의 정신, 방법들과 세상의 그것들 사이에 존재하는 이 차이를 분명하게 보여준 분은 바로 예루살렘 입성을 눈앞에 두고 계신 그리스도이심을 주목해야 한다. 구약 봉독문에서 시작해서 신약의 본문들을 통과할 때, 우리는 계시의 성숙을 본다. 구약은 신약의 준비이고, 고대 이스라엘의 약속된 땅은 신약 교회의 형상이다. 신약은 준비에 해당하는 여러 예형들의 실현이다. 그러나 신약도 궁극적인 목적지는 아니다. 그것은 하느님 나라로 향한 여정의 연속되는 단계이다. 정말로, 구약에서는 참 하느님과 그분의 형상의 부재에 대한 고백이 그 백성이 약속된 땅에 들어가서 그것을 소유할 수 있도록 해 주는 본질적 조건이었다. 반대로 신약에서는 그리스도와 그의 형상에 대한 고백, 이 형상을 통한 우리 신앙의 선포가 동일한 역할을 한다. 그것은 교회 안에서, 그리고 교회를 통해서 하느님 나라, 하늘의 새 예루살렘으로 들어가기 위한 본질적 조건이다. 이것이 바로 복음서의 이 본문들이 교회가 '거룩한 얼굴' 이콘을 경축하는 날에 읽혀지는 이유이다. 사도들을 예루살렘으로 이끌어 가시는 분은 그리스도 그분이시다. 마찬가지로, 우리를 하늘의 새 예루살렘으로 이끌어 가는 것은 바로 그분의 형상이다. 이 축일 전례에서 이와 관련해 우리는 다음과 같은 선언을 들을 수 있다. "당신의 육체를 그린 이콘을 보면서, 우리는 사람들의 친구이신 당신을 경축합니다. 구세주시여, 이 이콘을 통해서 당신의 종들에게 장애 없이 에덴에 들어갈 수 있도록 허락하소서."[13]

이렇게 성경 본문들의 선택을 통해, 교회는 우리 앞에 거대한 화폭을 펼쳐놓는다. 즉 교회는 타락한 세상으로부터 약속된 구원으로 나아가는 아주 느리고 힘겨운 여정을 우리에게 보여준다.

이렇게 교회는 그리스도의 진정한 형상의 존재를 확인해 준다. 이 형상들은 초창기부터 존재했었다. 우리는 다른 곳에서도 그것에 대한 역사적 증거들을 가지고 있다. 이 증언은 의심의 여지없이 이콘반대주의자인 유일한 고대 저술가로부터 기인하는 것이기에 더더욱 값지다. 카이사리아의 주교였던, 교회 역사가 유세비오스가 바로 그 사람이다. 그는 그리스도교적인 형상의 존재를 확인해 줄 뿐만 아니라, "그는 심지어 당대에도 여전히 그리스도와 사도들의 진짜 초상화가 존재했다고 생각하며, 그것들을 보았다고 말한다."[14] 실제로, 복음서에 나오는(마태오 9:20-23, 마르코 5:25-34, 루가 8:43-48) 혈루병 걸린 여인에 의해 세워졌다고 전해지는 유명한 동상에 대해서 묘사한 다음에 유세비오스는 "사람들은 이 동상이 예수의 모습을 재현한 것이라고 말한다. 그것은 오늘날 우리들에게까지 전해진다. 그래서 그 도시에 갔을 때, 우리도 그것을 볼 수 있었다. 예전에 우리 구세주께 은혜를 입은 이방인들이 동상을 세운 것은 조금도 놀랄 일이 아니다. 또한 우리는 여러 색깔 그림들에 보존된 사도 베드로와 바울로의 형상과 더 나아가 그리스도의 형상을 관찰했다. 그것은 자연스럽다.

---

13 역자주) 스티히라 6조
14 Ch. von Schönborn, *L'Icône du Christ. Fondements théologiques*, Fribourg, 1976, p. 75.

왜냐하면, 옛날 사람들은 별생각 없이 그들 사회의 이교적 관습에 따라 이러한 방법으로 그들을 구세주로 공경하곤 했기 때문이다."[15]

그리스도교 이콘의 토대가 되는 그리스도의 이콘이 '사람이 되신 하느님'의 모습을 재현한다면, 성모 마리아의 이콘은 반대로 성육화의 목적인 인간의 신화(神化, déification)를 실현시킨 최초의 사람을 표상한다. 정교회는 동정녀가 원죄의 결과를 짊어진 타락한 인간성과 무관하지 않다고 주장하며, 그녀를 아담의 후손에서 제외시키지 않는다.[16] 동시에 성모님의 예외적인 존엄성, 그 인격의 완전성, 그녀가 획득한 거룩함의 높은 경지는 그녀에 대한 전적으로 예외적인 공경을 잘 설명해 준다. 동정녀는 자신의 존재 전체의 변화를 통해서 모든 피조물에게 주어진 목표에 이미 도달한 첫 번째 인간이다. 그녀는 이미 시간과 영원의 경계를 초월했으며 교회가 고대하는 하느님 나라, 그리스도의 다시 오심과 함께 도래할 그 나라에 현존해 계신다. 에페소의 제4차 세계공의회(431년)가 장엄하게 선포한 대로, "무엇도 포함할 수 없는 하느님을 자신 안에 품으셔서 하느님의 어머니(Theotokos)"가 되신 그녀는 그리스도와 함께 이 세상의 운명을 주관하신다. 그녀의 이콘은 그러므로 그리스도의 이콘 다음의 첫 번째 자리를 차지하며 그것과 쌍을 이룬다. 그것은 다른 성인들의 이콘이나

---

15 Eusèbe de Césarée, *Histoire ecclésiastique*, livre VII, chap. XVIII, Paris, 1955, p. 192.
16 역자주) 이러한 이유로 정교회는 가톨릭 교회가 제1차 바티칸 공의회에서 공포한 '동정녀의 무흠 수태' 교리를 받아들이지 않는다. 왜냐하면 이 교리는 동정녀가 원죄 없이 태어났다고 주장함으로써 마리아를 모든 인류로부터 구별되는 하나의 예외적 인간으로 만들기 때문이다.

천사들의 이콘과 비교할 때 이콘 기법의 양식이 다양할 뿐만 아니라 그 양과 공경의 강도에 있어서도 명확하게 구별된다.[17]

정교회 전통은 동정녀의 첫 번째 이콘을 복음서 저자인 루가에게 돌린다. 루가는 오순절 성령 강림 후 세 점의 동정녀 이콘을 그렸다고 한다. 그 중 하나는 프랑스 말로는 "부드러운 동정녀"(Vierge de la Tendresse)라고 다소 부적절하게 불리는 "엘레우사"(Ελεούσα, Oumilénié, Eléousa) 이콘 양식에 속한다. 이 이콘은 어머니와 아기가 서로 부드럽게 감싸고 있어서, 어머니의 부드러움과 사랑이라는 자연스런 인간의 감정을 강조한다. 그것은 피할 수 없는 수난을 침묵 가운데서 의식하면서 자기 아들에게 다가올 형벌 때문에 깊이 고통 받는 어머니의 모습이다. 다른 하나의 이콘은 "길로 인도하는 이"라는 의미의 "오디기뜨리아"(Η Οδηγήτρια, Odègètria)라고 불리는 이콘 양식에 속한다. 동정녀와 아기는 여기서 관객을 향해서 앞을 보고 있는 것으로 표상된다. 이 장중하고 근엄한 이콘은 특별히 아기의 신성을 강조한다. 세 번째 이콘은 아기 없이 동정녀만을 표상한 것으로 보인다. 이와 관련된 자료들은 매우 혼란스럽다. 이 이콘은 아마도 그리스도에게 '기도를 드리는 동정녀'(Vierge de la Déisis) 이콘과 유사할 것이다. 현재 러시아 교회에는 루가의 것으로 알려진 열두 점의 동정녀 이콘이 있다. 그 밖에도 서방에 한 점, 아토스 성산에 한 점, 로마에 여덟

---

17 동정녀의 이콘이 크게 발전되어 있는 러시아 정교회의 달력에는 전례를 통해 경축하는 기적을 일으킨 동정녀 이콘 260여 개가 언급되고 있다. 동정녀 이콘에 대한 명칭의 일반적인 종류만도 700개에 달한다고 세르기오스(Menaeon de Sergius)는 말한다.(*Annus ecclesiasticus graeco-slavicus*, vol. 1, 2e éd., 1901)

그림 03. 블라디미르의 성모, 목판 템페라(엘레우사 양식), 12세기
트레티야코프 미술관, 모스크바, 러시아

그림 04. 빤아기아 오디기뜨리아, 목판 템페라, 13세기
카테리나 수도원, 시나이, 이집트

점 등 스무 점이 존재한다. 이 모든 이콘들이 복음서 저자인 루가에 의해 그려졌다는 것은 지지될 수 없음이 분명하다. 루가가 그린 것은 그 어떤 것도 우리에게 전해지지 않았다.[18] 그러나 전통 속에서 루가 성인의 것이라고 말해지는 이콘들은 루가가 그것들의 원본들을 제공했다는 점에서 의미가 있다. 그것들은 루가 성인의 실제 작품의 복제품에 의거해서 그려졌다. 여기서의 사도적 전통은 우리가 전례나 사도 규칙에 대해서 말할 때와 같은 차원에서 이해되어야 한다. 이것들은 사도들에게까지 소급되는데, 그것은 사도들이 손수 그것들을 글로 남겨 놓았기 때문이 아니라, 오히려 그것들이 사도적 특징과 권위를 덧입었기 때문이다. 루가 성인의 것이라고 여겨지는 이콘들에 관해서도 동일한 원칙이 적용될 수 있다.

 루가 성인과 관련된 전승은 그 밖에도 전례 본문들을 통해, 특히 '엘레우사' 양식에 속하는 '블라디미르의 성모'(Notre-Dame de Vladimir) 이콘 축일(5월 21일, 6월 23일, 8월 26일) 등과 같이 동정녀 이콘 축일의 전례를 통해서 전해진다. 저녁기도 예식의 리타니아(Litanies, 행렬의식)에 우리는 다음과 같은 스티히라(6조)를 부른다. "복음 신비의 선포자가 처음으로 당신의 이콘을 그렸을 때, 그리고 가져와서 당신께서 그것을 인정해 주시고 또 당신을 공경하는

---

[18] '엘레우사' 양식의 동정녀 이콘에 대한 고대의 복제 작품 중 우리가 알고 있는 최고(最古)의 것은 킬리스의 왕정 교회(l'église royale Kilisse, 963-969)의 것으로 그 어떤 것도 10세기 이전으로 거슬러 올라가지 않는다.(V.N. Lazarev, *Istoriya vizantiiskoï givopissi*, t. I, Moscou-Léningrad, 1947, p. 125) '오디기뜨리아' 양식과 관련해서는, 그것의 원본을 복제한 고대 작품은 최고(最古) 6세기로까지 거슬러 올라간다.(Evangéliaire de Rabula, 참고 N.P. Kondakov, *Ikonografiya Bogomatéri*, t. I, pp. 191-192)

모든 사람들을 구원하는 능력을 그 이콘에 불어넣어 주도록 요구했을 때, 당신은 크게 기뻐하셨습니다. 자비로우시며 우리의 구원을 [이루실 아들을] 낳아 주신 당신은 이콘의 입이요 목소리가 되셨습니다. 하느님을 잉태하셨을 때, 당신께서 '이제 모든 세대가 나를 복되다고 말할 것입니다'라고 찬미하신 것처럼, 이콘을 보시면서, 당신은 '나의 은총과 나의 능력이 이 이콘과 함께 합니다'라고 말씀하셨습니다. 우리는 존귀하신 당신께서 이렇게 말씀하셨음을, 또 당신께서 이 이콘을 통해 우리와 함께 하심을 믿습니다." 아침기도 예식 중에, 동정녀께 드려진 찬송인 까논의 첫 번째 성가(4조)는 우리에게 이렇게 말해 준다. "존귀하신 당신의 이콘을 그리면서, 하느님의 음성으로 영감 받아 그리스도의 복음을 기록한 하느님의 사람 루가는 당신의 품에 안긴 만물의 창조주를 보여주었습니다." 이 두 번째 본문이 첫 동정녀 이콘을 루가 성인이 그렸다는 것을 단순하게 확인해 주는 반면, 첫 번째 본문은 더 나아가 동정녀가 자신의 이콘을 승인하셨고, 그것에 자신의 은총과 능력을 불어넣어 주셨다고 말해 준다. 그런데 교회는 동일한 본문을, 루가 성인의 원작에로 소급되는 그 밖의 다양한 양식의 동정녀 이콘을 경축하는 축일에서도 사용한다. 교회는 이를 통해서 이 능력과 은총이 루가 성인에 의해 고정된 성모님의 참된 모습을 [고유한 상징과 함께] 재현하는 모든 이콘에게로 전달된다는 점을 강조한다.

　루가 성인이 그린 이콘에 대한 현존하는 가장 오래된 역사적 증언은 6세기로 소급된다. 그것은 6세기 전반기(530년경), 비잔틴 역사가이자 콘스탄티노플 성 소피아 대성당의 성경 봉독자였던 테오도로스의 증언이다. 테오도로스는 450년에 예루살렘에 있었던 황비(皇妃) 에브도끼아(황제 테오도시오스 2세의 부인)가 수도에 있는 자매 풀케리아에게 루가 성인의 '오디기뜨리아' 양식의 동정녀 이콘을 보냄으로써 그것이 수도로 옮겨졌다고 말한다.[19] 크레타의 안드레아 성인과 콘스탄티노플 총대주교였던 게르마노스 성인 역시 루가 성인이 그린 이콘이 로마에 존재했었다고 말한다. 게르마노스 성인은 이 이콘이 성모님의 생전에 그려졌으며, 루가복음과 사도행전의 서문에서 언급된 로마의 "존경하는" 테오필로스에게 보내졌다고 증언한다. 또 다른 전승에 따르면 동정녀 이콘 중 하나가 루가 성인에 의해 그려지고 성모님에 의해 축복된 후, 이번에는 안디오키아로, 동일한 테오필로스에게 보내졌다고 한다.

어쨌든 간에, 그리스도교가 국가 종교가 되고, 따라서 거룩한 물품을 공개하는 데 아무런 위험이 없게 된 4세기부터, 그때까지는 로마에서 비공개 상태로 숨겨져 왔던 테오필로스의 이콘이 그리스도인들을 포함해 더 많은 사람들에게 알려졌다. 이콘과 그 복제품들은 개인 집에서 교회로 옮겨졌다. 590년 교황 그레고리우스 1세는 장엄한 행렬을 따라 리타니아 성가가 울려 퍼지는 가

---

19 N.P. Kondakov, *Ikonografiya Bogomatéri*, t. II, p. 154. 종종 다마스쿠스의 요한 성인의 것이라고 여겨지는, 잘 알려진 하나의 글에서 -이 글은 이콘의 수호를 위해 콘스탄티노스 코프로니모스 황제에게 보내졌다- 루가 성인이 그린 동정녀 이콘을 말하고 있다. 현재의 학술적 연구 자료에 의하면, 이 글은 무명 작가의 것으로, 다마스쿠스의 요한 성인, 키프로스의 게오르기오스 성인, 예루살렘의 요한의 기도문으로 구성된 것이라고 한다.(참고, G. Ostrogorsky, *Seminarium Kondakovianum* I, Pargue, 1927, p. 46 ; *Histoire de l'Etat byzantin*, Paris, 1956, p. 179)

운데 '루가 성인의 작품이라고 말해지는'(quam dicunt a sancto Luca factam) 존귀한 성모님의 이콘을 성 베드로 대성당으로 옮기게 된다.

루가 성인에 의해 그려진 이콘들 외에도, 전승은 또한 '사람의 손에 의하지 않고 기적적으로 만들어진 동정녀 이콘'에 대해서 언급한다. 그것은 '리다의 성모'(Notre Dame de Lidda)라 불리는 이콘이다.(3월 12일 경축됨)[20] 이 이콘의 기원이 가진 기적적 성격은 의심의 여지없이 동정녀 이콘에서도 아히로뻬이토스[21]의 그리스도 이콘과 비견되는 어떤 것을 보고자 했었기 때문이며, 그런 이유로 이 기적 이야기는 많은 동정녀 이콘 전례에 – 특별히 '카잔(Kazan)의 동정녀 이콘'의 경우(7월 8일과 10월 22일에 경축됨) – 통합되었다. 8세기 장차 콘스탄티노플의 총대주교가 될 게르마노스 성인은 리다(Lidda)에서 이콘을 복사하도록 했고, 그것을 이콘반대주의 시기에 로마로 보냈다. 이단 세력의 패배 후에, 이 이콘은 콘스탄티노플로 되돌아 왔다. 이때로부터, '리다의 성모 이콘'은 '로마의 성모 이콘'으로도 불린다.(6월 26일 경축됨)

---

20 N.P. Kondakov, *L'Iconographie de la Mère de Dieu*, t. II, Pétrograd, 1915, pp. 176-179(러시아어). 이와 관련하여 우리가 소유하고 있는 가장 오래된 증언 기록은 8세기와 9세기로 거슬러 올라간다. 크레타의 안드레아 성인의 것으로 여겨지는 726년경에 쓰여진 하나의 글과 세 명의 동방 총대주교가 839년 이콘반대주의자인 황제 테오필로스에게 보낸 주교회의 서신과 수도사 게오르기오스(Georges le Moine)가 886-887년 사이에 쓴 한 저작이 바로 그것이다. 우리는 이 이콘이 9세기까지도 존재했었다는 것 말고는 그 후 어찌 되었는지 조금도 알지 못한다.(V. Dobschütz, "Christusbilder", Leipzig, 1899-1909, pp. 79-80)

21 역자주) "사람의 손으로 만들어지지 않은"이라는 그리스 단어로 이 이콘의 고유명사처럼 되어버렸다.

그림 05. 리다의 빤아기아, 목판 템페라, 7세기, 승천 성당, 네암츠 수도원, 루마니아

3장
초기 몇 세기 동안의 예술

초기 몇 세기 동안의 거룩한 예술의 – 특별히 동방 그리스도교 세계의 예술의 – 기념비적인 작품 대부분은 이콘반대주의자들에 의해, 이어서 십자군에 의해, 또는 시간의 경과와 함께 소실되었다. 남아있는 것은 카타콤의 벽화들, 특별히 로마 카타콤의 벽화들이다.[01] 그러므로 우리는 그리스도와 동정녀의 초기 이콘이 어떠했는지를 알지 못한다. 그러나 초기 그리스도교 예술 중 남아있는 몇 안 되는 작품일지라도 그것들은 순수하게 사실주의적인 초

---

01 우리가 로마의 카타콤을 주로 참조해야 하는 이유는 다른 곳에 그리스도인들이나 그들의 예술이 없었기 때문이 아니다. 그와는 반대로, 그리스도교는 서방에서보다 동방에서 더욱 빨리 확산되었다. 콘스탄티노스 성인이 황제가 되었을 때, 그리스도인들은 로마에서는 겨우 20% 정도를 차지했지만 제국의 동방 지역에서는 인구의 50%를 넘을 정도였다. 그러나 초기 몇 세기 동안의 그리스도교 예술의 작품 중 대부분은 로마의 카타콤에 보존되어 왔다. 로마 이외에 특별히 나폴리, 이집트, 팔레스타인 등에도 카타콤이 있었다.

상화가 아니라 전혀 새롭고 특별한 그리스도교적인 실재와 관련되어 있음을 가정할 수 있게 해 준다. 라자레프(V.N. Lazarev)는 이렇게 말한다. "많은 점에서 고대 예술, 특별히 보다 후기의 다소 영적으로 표현된 형식을 가진 고대 예술과 연결되어 있는 그리스도교 예술은 처음부터 일련의 전혀 다른 과제를 제시한다. 그리스도교 예술은 몇몇 저자가 생각하는 것처럼 – 특별히 시벨(Siebel) – 하나의 그리스도교적 고대 예술이었던 것이 결코 아니다. 초기 그리스도교 예술의 완전히 새로운 주제들은 순전히 외적인 현상이 결코 아니다. 그것들은 그들의 새로운 태도, 새로운 종교, 또 실재에 대한 근본적으로 다른 이해 같은 것을 반영한다. 그 주제들은 고대 사회에 고유한 구태의연한 형식과는 잘 조화될 수 없었다. 그것은 그리스도교적 사상을 가장 잘 육화시켜 줄 수 있는 양식을 요구했다. 그리고 그리스도교 예술가들의 모든 노력은 바로 이 새로운 양식을 빚어내는 데 기울여졌다."[02] 다른 학자들의 연구에 의지하면서, 라자레프는 이 새로운 양식이 아주 본질적인 몇몇 특징을 통해 카타콤의 그림들 속에서 이미 형성되었다고 강조한다. 이 예술의 도움으로 그리스도인들은 육안으로 볼 수 있는 것만이 아니라 보이지 않는 것들, 다시 말해 표상된 것들의 영적인 내용을 또한 전승해 주려고 노력했다. 초기의 교회는 자신의 가르침을 표현하기 위해서 이교도의 상징이나 그리스–로마 신화의 몇몇 주제까지 활용하였다. 교회는 또한 그리스

---

02 V.N. Lazarev, *Histoire de la peinture byzantine*(러시아어), Moscou, 1947, t. I, chap. III, p. 38.

와 로마의 고대 예술의 여러 형식을 활용하였고, 거기에 새로운 내용을 채워 넣었으며, 이 새로운 내용은 그것을 표현하는 형식을 또한 수정시켰다.

달리 말해서, 인간의 창조 활동 전체가 그러하듯이, 그리스도교 이콘의 형성은 그리스도교가 이 세상에 가져온 전복(顚覆)에 의해 규정된다. 새 인간의 출현과 함께 그에 적합한 새로운 형상이 등장한다. 그리스도교는 자신의 고유한 삶의 양식, 고유한 세계관, 고유한 예술적 '양식'을 창조한다. 고대 사회의 세계관과 그것의 회화적 표현에 맞서서 전혀 다른 예술 개념, 새로운 예술적 전망이 등장했고, 그것은 고대 사회의 예술이 기초해 있었던 낡은 세계관과의 단절을 가져왔다. 이 결정적인 단절은 삶 자체에 의해서, 또한 주어진 계시를 동화시킴으로써 이 충만한 계시를 왜곡하려는 이단들에 대항해야만 했던 필연성에 의해서 야기되었다.

카타콤의 예술은 특별히 신앙을 가르치는 예술이다. 상징적이건 직접적이건 간에 주제의 대부분은 구약과 신약, 전례 본문과 교부 문헌 등 거룩한 본문과 연결되어 있다.

꽤 많은 직접적인 표상과 병행해서[03], 상징의 언어가 폭넓게 퍼

---

03 그래서 카타콤에는, 1, 2세기부터 구약과 신약의 여러 종류의 주제가 등장한다. 1세기에는, 선한 목자, 노아의 방주, 사자굴의 다니엘, 혼인 잔치 등이 주를 이루었고, 2세기에는 더 많은 신약의 주제 즉, 성모 희보, 그리스도 탄생, 그리스도의 세례, 그 밖의 다른 주제를 포함한다. 카타콤의 그림들은 흔히 요한 복음에서 영감을 받은 주제를 많이 다룬다. 라자로의 부활(53번), 중풍병자의 고침(20번) 등이 있다. 이들 중의 몇몇은 2세기 후반기의 것일 것이다.(*Irénikon*, n° 2, 1961, pp. 244 -246 ; F.M. Braun, "Jean le Théologien et son évangile dans l'Eglise ancienne", Paris, 1959)

졌고 그것은 초기 몇 세기 동안의 교회에서 아주 커다란 역할을 담당했다. 이 상징적 언어는 우선 직접적인 방식으로는 표현될 수 없는 하나의 현실을 예술을 통해서 표현해야만 한다는 필요성에 의해 설명된다. 다른 한편, 예비 세례자들에게 어느 시점까지는 그리스도교의 본질적인 신비를 숨기는 것이 교부들에 의해서 확립되고 성경에 의해 뒷받침되는 하나의 규칙이었다. 4세기 교부인 예루살렘의 끼릴로스 성인은 그리스도인들을 가르칠 때 의존해야할 상징적 표현에 대해 설명한다. 왜냐하면 "모든 사람이 복음을 들을 수 있었지만, 복음의 영광은 오직 그리스도 주위에 있었던 사람들에게만 속하기 때문이다." 이런 이유로 해서 주님께서는 들을 귀가 없는 자들에게 비유를 통해 말씀하시면서, 이 비유에 대한 설명은 오직 제자들만 있는 자리에서 하신 것이다. 끼릴로스 성인은 계속해서 말한다. "왜냐하면 눈이 어두운 불신자들은 밝힘을 받은 자들에게 영광의 광채로 보이는 것을 볼 수 없기 때문이다. … 우리는 성부와 성자와 성령에 관한 신비한 가르침을 이교도들에게 공개하지 않는다. 우리는 예비 세례자들에게조차 신비에 대해 명확하게 말하지 않고 대신 많은 것을 비유 등 가려진 방식을 통해서 말한다. 그것은 알고 있는 신자들은 이해할 수 있도록, 하지만 알지 못하는 자들은 그것으로 인해 고통 받지 않도록 하기 위함이다."[04]

이렇게 해서 그리스도교적 상징들의 의미는 예비 세례자들에

---

04 Or. 6, par. 29, P.G. 33, 589.

게 세례의 준비 단계에 따라 점진적인 방식으로 밝혀졌다. 다른 한편 그리스도인들과 외부 세상과의 관계는 동일하게 일종의 해독(解讀)을 요구하는 언어를 필요로 했다. 이교도적이고 호전적인 외부 세상에 성스러운 신비를 누설하는 것은 그리스도인들의 유익과 배치되는 것이었기 때문이다.

초기의 그리스도인들은 무엇보다도 양, 방주 등 성경적인 상징을 사용했다. 그러나 교회에 입교한 이방인들에게 이 상징들은 만족스럽지 않았고 심지어는 이해하기 힘든 것이었다. 그래서 교회는 그들을 진리로 인도하기 위해 그 가르침의 다양한 측면을 전달하는 데 도움이 되는 몇몇 이교도적인 상징을 채택했다. 교회는 이 상징들을 새롭게 정립했고, 그것을 정화시켰으며, 오랜 퇴락의 과정에서 타락해 버린 그것들의 원초적인 의미를 재발견했고, 그렇게 해서 성육신으로 완성된 구원의 진리를 표현하는 데 사용하였다.

이렇게, 이방 종교로부터 개종한 사람들이 교회의 가르침을 더 잘 이해할 수 있도록 하기 위해서, 교회는 다소간 그리스도교에 도움이 되는 고대 신화를 사용하기도 했다.

이러한 예술의 목적과 의미와 내용을 이해할 수 있도록 도와줄 몇몇 예를 살펴보고, 그것을 통해서 그리스도교 예술 일반의 목적과 의미도 아울러 살펴보자.

그리스도에 대한 직접적인 이콘이 드물다는 점과는 대조적으로, 우리는 그와 관련된 수많은 상징적 표상을 발견할 수 있다. 그것은 카타콤에 그려진 것일 수도 있고, 바닥이나 석관에 새겨

그림 06. 선한 목자, 프레스코, 200년경
도미틸라 카타콤, 로마, 이탈리아

진 조각일 수도 있다. 인간의 모습을 사용한 상징적 표상 중 첫 번째 대열에 있는 것은 1세기부터 나타나기 시작한 '선한 목자' 양식이다. 그것의 여러 가지 표상은 로마의 도미틸라 카타콤에서 발견된다. 이 형상들은 여러 성경 본문에 기초해 있으며 양의 표상과 아주 밀접하게 관련되어 있다. 예를 들어 예언자 에제키엘(34장)과 다윗(시편 22편)은 세상을 목자이신 하느님의 양떼로 묘사한다. 그리스도께서도 자신에 대해 말씀하시면서, 성경의 이 형상을 취하신다. "나는 선한 목자다"(요한 10:14) 혹은 "길 잃은 양과 같은 이스라엘 백성만을 찾으러 왔다."(마태오 15:24) 그리스도교는 이 이콘 양식을 채택해서 그것에 구체적인 교리적 의미를 부여한다. 성육하신 하느님이신 선한 목자께서 자신의 어깨에 잃어버린 양, 다시 말해 타락한 인간의 본질, 그분께서 자신의 신적인 영광과 연합시키신 인간성을 짊어지신다. 이 장면에서 설명하고자 하는 것은 그리스도의 행위이지 그의 역사적 면모가 아니다. 우리는 어떤 경우에도 그것을 임마누엘이라 불리는 청년 그리스도의 형상에 근접시킬 수 없다.

그리스도에 대한 또 다른 하나의 상징적 형상은 고대 신화에서 차용된 것이다. 비록 드물기는 하지만 손에 칠현금을 들고 동물들에 둘러싸여 있는 오르페우스의 모습을 띤 주님의 표상이 바로 그것이다. 이 상징은 알렉산드리아의 클레멘트를 비롯하여 고대 저술가들의 글 속에서도 폭넓게 사용되었다. 칠현금으로 사나운 짐승들을 길들이고 산과 나무를 매혹하는 오르페우스처럼, 그리스도께서도 그분의 신적인 말씀을 통해 사람들을 끌어당기시고 그 본질의 야수성을 길들이신다는 것이다.

처음 보기에는 단순한 장식에 불과한 듯이 보이는 주제들도 종종 숨겨진 의미를 가진다. 초기 몇 세기의 예술에서 흔히 만날 수 있는 포도나무가 바로 그런 것 중의 하나이다. 그것은 분명 그리스도의 말씀을 가시화한 것이다. "포도나무에 붙어 있지 않는 가지가 스스로 열매를 맺을 수 없는 것처럼 너희도 나에게 붙어 있지 않으면 열매를 맺지 못할 것이다. 나는 포도나무요 너희는 가지다. 누구든지 나에게서 떠나지 않고 내가 그와 함께 있으면 그는 많은 열매를 맺는다. 나를 떠나서는 너희가 아무 것도 할 수 없다."(요한 15:4-5) 이 말씀과 형상은 교회론적이면서 동시에 성사론적인 의미를 가진다. 사람들이 포도나무의 줄기와 가지를 표현할 때, 그것은 그리스도와 그분의 교회를 말하는 것이다. "나는 포도나무요 너희는 가지다."⁰⁵ 그러나 포도나무의 형상은 흔히 포도 수확의 장면, 혹은 포도 열매를 먹는 새들의 장면에 의해 보충된다. 이런 경우에 포도나무는 그리스도인들에게 특별히 교회의 중심적인 성사인 성만찬 전례(Eucharistie)를 상기시킨다. "포도나무는 포도주를 제공한다. 그것은 말씀(Verbe)께서 그분의 보혈을 제공하신 것과 같다"고 알렉산드리아의 클레멘트는 말한다.⁰⁶ 포도를 수확하는 사람들과 포도를 먹는 새들은 그리스도의 몸과 피에 참여하는 그리스도인들을 표상한다.

가나안 땅에서 가져와 모세에게 보여준 포도송이들이 지시해주듯이, 구약에서 포도나무는 또한 약속의 땅을 상징한다. 신약에서는 그것이 그리스도의 몸과 피에 참여하는 사람들, 즉 교회의 지체들에게 약속된 땅인 낙원을 상징하는 것은 당연한 귀결이다. 포도나무 주제는 정교회의 거룩한 예술에서 동일한 의미를 가지고 항상 존재해 왔다.

그리스도교의 초기 몇 세기 동안 가장 폭넓게 확산된 상징 중의 하나는 물고기였다.⁰⁷복음서 이야기에서 물고기가 담당하는 중대한 역할은 그리스도인들이 이 상징을 채택하도록 하는 데 확

---

05 이 형상이 교회의 천장, 예를 들면, 엘 바우이트 소성당(chapelle El Baouit, 5세기)에 그려져 있을 때 그것은 더욱 명백하다. 줄기는 중심에 자리하고, 그 가지는 천장 전체를 휘덮는다. 그것은 정교회 성당의 고전적인 장식에서 천장 중심에 그리스도의 이콘이 그려지고 그 주위에 사도들의 이콘이 둘러싸는 것과 동일한 원리이다.
06 Paedag., Lib. I, chap. v, P.G. 8, 634.
07 이 상징 또한 이방 종교로부터 차용되었다. 원시 종족들에게 물고기는 다산성을 상징했다. 로마인들에게 그것은 또한 사랑의 상징이었다.

그림 07. 물고기의 성만찬적 상징

실히 큰 영향을 미쳤다. 그리스도 자신께서도 그것을 사용하셨다. 어부들에게 말씀하실 때, 그리스도께서는 그들에게 친근하고 또 이해하기 쉬운 형상에 호소하셨다. 그들을 사도직으로 부르시면서, 그리스도께서는 그들을 "사람 낚는 어부들"이라고 명명하셨다. "나를 따라 오너라, 내가 너희를 사람 낚는 어부로 만들겠다."(마태오 4:19, 마르코 1:17) 그분은 또한 하느님 나라를 온갖 물고기로 가득 찬 그물에 비유하셨다. 물고기 형상은 또한 천상의 복들을 상징하는 데 사용된다.(마르코 7:9-11, 13:47-48, 루가 5:10) 어부와 물고기의 형상이 각각 설교자와 회심자를 표현한다는 것은 이해하기 어렵지 않다. 그러나 그리스도교 세계에서 물고기

3장 초기 몇 세기 동안의 예술 73

상징이 폭넓게 확산된 것은 또 하나의 다른 이유를 가진다. 그 핵심적 이유는 물고기라는 희랍 단어 – 익투스(ΙΧΘΥΣ) – 를 구성하는 다섯 글자의 신비스런 의미 때문이다.[08] 이 형상은 벽화, 석관, 장례 문서 등 도처에서 발견된다. 그리스도인들은 "구원", 혹은 "구원하소서"라는 말이 새겨진, 금속이나 돌이나 조개껍질 등으로 된 작은 물고기를 목에 걸고 다녔다.[09]

그리스도교 저작들뿐만 아니라 장례 문서 등에서 이에 못지않게 많이 사용된 문학적 활용은 물고기 그림 형상의 놀랄만한 확산과 조응한다.[10] 그럼에도 불구하고 이 상징의 가치는 초기 몇 세기 그리스도인들에게 너무도 큰 것이어서 그들은 다른 어떤 상징보다도 더 오랫동안 그 의미를 숨겨왔다. 심지어 우리가 알고 있는 모든 자료에 근거해서 판단컨대, 4세기에 이르기까지 어떤 저자도 그것에 대한 완전한 설명을 제공하지 않는다.

물고기의 가장 우선적이고 본질적인 의미는 그리스도 자신이다. 몇몇 고대 저자들은 주님을 "천상의 물고기"(ιχθυς ουρανιος)라고 불렀다. 우리는 물고기가 이끌어 가는 배의 형상을 만나게 되는데, 여기서 배는 교회를 상징한다. 교회는 교회를 세우신 그

---

08 "물고기"를 의미하는 희랍어 단어는 "익투스"(ΙΧΘΥΣ)이다. 그런데 이 단어를 구성하는 다섯 글자는 "예수 그리스도, 하느님의 아들, 구세주"(Ιησους Χριστος, Θεου Υιος, Σωτηρ)를 의미하는 다섯 개의 희랍어 단어의 첫 글자들이다. 이 단어는 예수 그리스도의 신성과 그분의 구속 사역에 대한 신앙을 표현해 준다. 우리는 이렇게 해서 물고기 상징에서 단 한 단어에 집약된 신앙 고백의 가장 고대적인 정식화를 보게 된다.

09 Dom H. Leclerc, *Manuel d'Achéologie chrétienne*, t. II, Paris, 1907, pp. 467-468.

10 테르툴리아누스, 알렉산드리아의 클레멘트, 아우구스티누스, 예로니모스, 오리게네스, 사르데스의 멜리톤, 밀레비스의 옵타투스, 베론느의 제논, 크리솔로그의 페트로스, 아키텐의 프로스페르 등 그 밖의 다른 많은 사람이 물고기 상징을 사용했다.

리스도에 연결되어 있다. 세례를 통해서 그리스도에게로 연합된 그리스도인들을 표현할 때, 그것은 한 마리의 커다란 물고기를 둘러싸고 있는 작은 물고기들의 형상으로 표상된다. "우리는 작은 물고기들이다. 우리는 우리들의 '익투스'(ΙΧΘΥΣ)이신 예수 그리스도처럼 물 속에서 태어난다. 그리고 우리는 물 속에 있음으로 해서 구원을 얻는다"고 테르툴리아누스는 말한다.[11] 이렇게 해서 물고기의 상징은 물의 상징, 즉 세례와 연결된다.

물고기의 상징을 이용한 표상과 저작에서 특별히 강조되는 것은 이 상징의 성만찬적 의미이다. 실제로 잔치의 형상으로 혹은 축성(祝聖) 장면이나 단순한 상징으로 성만찬이 표상될 때마다 물고기는 거의 예외 없이 나타난다. 그것은 사실이다. 그러나 물고기는 결코 성만찬의 요소로 이용되지 않는다. 그것은 단지 빵과 포도주의 의미를 구체화시켜줄 뿐이다. 특별히 프리지(Phrygie)와 골(Gaule)이라는 그리스도교 세계의 양극단에서 발견된 두 가지의 장례 문서는 특징적이다. 이 두 문서 모두 2세기로 소급된다. 첫 번째 것은 교회가 사도들과 동등하게 공경하는 히에라폴리스의 주교였던 아베르시우스 성인의 것인데, 그것은 성인 자신에 의해 쓰여진 글을 복기한 것이다. 대여행가인 그는 로마에 체류한 적이 있고 동방 전체를 누비고 다녔다. 그는 이렇게 기록하고 있다. "신앙은 나로 하여금 사방팔방을 누비게 했고, 어디에서나 거룩한 동정녀에 의해 낚인 순결하고 위대한 원천이신 물고기를

---

11 P. Sixte Scaglia, *Manuel d'Archéologie chrétienne*, Turin, 1916, p. 226.

양식으로 주었다. 신앙은 끊임없이 내 친구들에게도 그것을 양식으로 내주었다. 신앙은 또한 빵과 함께 맛있는 물 탄 포도주를 가지고 있어서 그것을 제공해 주었다."¹² 거룩한 동정녀께서 낚은 물고기는 그리스도를 상징하는 것이고, 빵과 물 탄 포도주는 벌써부터 성만찬의 실천적 내용이 되었다.

다른 장례 문서는 프랑스에서 발견된 것으로 오툉의 펙토리우스(Pectorius d'Autun)의 것이다. 그것은 그리스어로 된 이합체시(離合體詩, poème acrostiche)로 이 시구의 첫 글자들은 "예수 그리스도, 하느님의 아들, 구세주, 소망"을 뜻하는 '익투스 엘피스'(IXΘΥΣ ΕΛΠΙΣ)라는 단어를 형성한다. "온갖 보물을 제공해 주는 지혜의 영원한 파도" 속에서, 영혼을 회춘시키는 "신성 가득한 물" 속에서, "천상 물고기의 신성한 민족은 … 불멸의 생명을 받는다." 이 시는 이어서 성인들의 구세주의 꿀처럼 부드러운 음식을 섭취하고, "네 손바닥에 쥐고 있는" 물고기(IXΘΥΣ)를 먹으라고 권한다.¹³

이렇게 아베르시우스 성인은 로마에서 유프라테스에 이르기까지 곳곳에서 동일한 교리와 성사뿐만 아니라 이 예식과 교리가 수렴되는 동일한 형상과 상징, 즉 물고기를 만났다. 펙토리우스의 문서는 그리스도교 세계의 다른 한쪽 끝에서 마찬가지의 현실에 대해 말한다. 이 두 문서는 우리에게 물고기 상징이 도처에

---

12 *Ibid.*, p.248, R.F. Refoulé et M. Drouzy의 번역, Paris, 1925, p. 65.
13 초기 그리스도인들의 관습에 따르면, 신도는 왼손 위에 포개진 오른손의 손바닥으로 축성된 빵을 받았다. 오늘날까지도 정교회 사제들은 이와 같은 방식으로 성만찬에 참여한다. 역자 주) 참고로 사제와는 달리 신자들은 성혈잔의 포도주에 적셔진 빵조각을 사제가 작은 수저로 신자의 입에 떠 넣어주는 방식으로 성체와 성혈을 동시에 받는다.

그림 08. 그리스도와 사마리아 여인, 프레스코, 2세기
프라이텍스타투스 카타콤, 로마, 이탈리아

퍼져 있었다는 것과 교회 전체에 속하는 현상이었다는 점을 잘 보여준다.

카타콤에 많이 분포된 또 다른 그리스도 상징은 1세기부터 나타나는 어린 양의 상징이다. 우리는 7세기에 이 상징이 금지되는 것과 관련해서 추후에 다시 한번 이 주제를 다룰 것이다. 지금은 일단, 물고기와 마찬가지로, 어린 양은 무엇보다도 먼저 그리스도를 상징하는 것이었고 동시에 그리스도인, 특별히 사도들을 의미하는 것이었다는 점에 주목하자. 시냇가에서 물을 마시는 어린 양들은 복음의 생명수를 마시는 그리스도인들을 의미했다. 어린 양이 두 마리 등장할 경우, 그것은 유대인들의 교회와 이방인들의 교회를 각각 의미했다.

그리스도를 나타내는 주된 상징으로서 어린 양은 오랫동안, 심지어는 변모 사건이나 세례 등과 같은 역사적인 장면에서조차 우리 주님의 형상을 직접적으로 대체했다. 그러한 장면에서 그리스도는 물론이요, 사도들과 세례 요한까지도 모두 어린 양의 모습으로 표현되기도 했다.

동정녀는 카타콤에서 그리스도만큼이나 자주 나타난다. 그러나 그리스도는 주로 상징에 의해 표현된 반면, 동정녀는 언제나 직접적인 방식으로 나타난다. 지금까지 발견된 것들로 판단컨데, 동정녀는 2세기부터, 성모 희보(프리스킬라 카타콤), 그리스도 탄생(세바스티아누스 성인의 카타콤, 4세기) 등과 같은 다양한 이콘 주제에서 등장했다. 또한 자주 동정녀만 따로, 팔을 높이 들고 기도하는 모습으로 나타나기도 했다. 이 마지막 형상은 하느님 곁에서 교회와 세상을 위해 중보하는 그녀의 역할을 강조한다. 카타콤에서 발견된 수많은 제의 그릇 바닥에 그려진 동정녀의 모습 또한 이와 동일한 자세이다. 여기서 그녀는 종종 베드로와 바울로 사도, 가끔씩은 동정녀의 어머니인 안나 성녀와 함께 나타나기도 한다. 그녀가 큰 역할을 담당하고 있는 장면 중의 하나는

그림 09. 아기 예수를 안은 동정녀, 프레스코, 2세기
프리스킬라 카타콤, 로마, 이탈리아

바로 동방 박사들의 경배이다. 초기 몇 세기 동안 자주 그려진 동방 박사들의 경배는 연간 전례 주기에서 별도로 하나의 축일을 형성하며, 서방 교회에서는 지금도 여전히 그러하다. 정교회에서는 그것이 그리스도 탄생 축일에 포함되었다. 우리는 현재 로

마의 카타콤에서 열에서 열두 가지에 이르는 동방 박사들의 경배 형상을 찾을 수 있으며, 그것들은 2세기에서 4세기 사이의 것으로 인정된다. 동정녀는 항상 무릎에 아기를 안은 채 앉아서 아기와 함께 동방 박사들의 경배를 받는 모습으로 표현된다. 그것은 특별히 하느님의 어머니로서의 그녀의 존엄을 강조한다. 이 이콘 주제는 이 시기에 극도로 날카로웠던 하나의 문제에 대답한다. 그것은 교회 안에서 유대인이 아닌 이방인들이 점하는 위상에 대한 것이다. 지금은 이것이 더 이상 문제가 되지 않지만, 초기의 몇 세기 동안, 새롭게 교회에 들어온, 다시 말해 그리스도께서 우선적으로 구하러 오셨던 이스라엘이라는 집에 새롭게 들어온 이방인들과 이교도들의 문제는 아주 민감한 문제였다. 그것은 사도들 사이에서도 논쟁의 대상이 되었고(사도행전 11:1-4), 첫 번째 사도 공의회에서도 논의되었다.(사도행전 15) 그들은 초대 그리스도인들의 삶에서 일반적으로 아주 큰 역할을 담당했다.(사도행전 6:1 참조) 형상들에는 자주 그리고 여러 가지 방식으로 이것이 반영된다. 지상에 오신 그리스도를 경배하러 온 동방 박사들은 열방의 선구자들이었고, 이방인 교회의 맏물이었다. 이런 이유로 초기 몇 세기 그리스도인들은 동방 박사들의 경배를 표현함으로써 교회 안의 비유대인들에게 돌려지는 위상, 이스라엘 그리스도인들의 사역과 병행해서 이방인들의 사역이 가지는 정당성을 강조하고자 했다.[14]

---

[14] 6세기에도 여전히 우리는 라벤나에 있는 산비탈레(St. Vital) 대성당의 모자이크에서, 더 구체적으로는 교회에 예물을 바치는 황제 유스티니아노스의 형상에 나와 있는 황비 테오도라

직접적인 혹은 상징적인 그리스도 형상과 동정녀 형상에 이어서, 사도들, 예언자들, 순교자들과 천사들 등의 형상, 한마디로 그리스도교 이콘의 모든 다양성이 뒤따른다.

후대의 그리스도교 예술의 발전을 이해하도록 도와줄 특별하게 주목할 만한 한 가지 예가 있는데, 그것은 아기를 품에 안은 동정녀의 가장 오래된 표상으로 알려진 프리스킬라 카타콤의 벽화이다. 그것은 그 형식에 있어서 완전히 헬레니즘적인 그림이다. 아기를 안고 있는 여인이 동정녀임을 보여주기 위해서는, 다른 외적 기호를 사용해야 했다. 이 외적인 기호는 여인 옆에 그려진 성경의 예언자와 여인 머리 위에 그려진 별이다. 우리는 거기서 우리가 이미 성만찬의 형상들과 관련해서 언급한 바 있는 동일한 원리를 보게 된다. 표현된 장면(잔치, 축성 혹은 단순한 빵과 포도주)이 그리스도교의 주된 성사임을 보여주기 위해, 사람들은 하나의 외적인 기호, 즉 성만찬을 상징하는 물고기를 추가하였다. 이 세부 사항은 형상의 의미를 완전히 다른 차원으로 이동시켜서, 그것의 구원론적인 내용을 밝혀준다. 마찬가지로, 아기와 함께 표현된 여인이 그저 한 여자가 아니라 성모님임을 보여주기 위해서는, 예언자와 별이라는 외적인 표시들이 필요했다. 여기서 예언자는 왼손에 예언을 포함하고 있는 두루마기 책 혹은 작은 책자를 들고 있고, 오른손으로는 동정녀 머리 위에 있는 별을 가리킨다. 이사야는 "주님이 너의 영원한 빛이 되고"(60:19, 별

의 옷에 수놓아진 동방 박사들의 경배 모습을 보게 된다. 이렇게 해서 황제 부부는 그들 백성의 이름으로 그리스도께 예물을 가져오는 동방의 왕들의 행위를 재현한다.

은 실제로 하늘 혹은 천상의 빛을 상징한다)라고 하지 않았는가? 또 발람은 "야곱에게서 한 별이 솟는구나. 이스라엘에게서 한 왕권이 일어나는구나"(민수기 24:17)라고 말하지 않았는가? 동정녀는 머리 위에 베일을 쓰고 있다. 그것은 결혼한 여인의 상징이다. 그녀의 법적 상태는 실상 결혼한 여인의 상태였고, 이 베일은 정교회의 이콘 전통에서 계속적으로 남아있는 역사적 현실주의의 중요한 특징을 형성한다. 그것은 역사적이면서 동시에 상징적이다. 역사적 진실과 상징적 진리의 이 결합은 그리스도교 예술의 기초이다. 이 시대에는 아직 교회의 회화 언어가, 교리 언어와 마찬가지로, 지금처럼 예언자가 없어도 동정녀 성모임을 알아보는 데 아무런 어려움이 없도록 해 줄 정확성, 명료성, 구체성을 가지지 못했다. 그것은 이후 시대에 가서야 획득될 것이었다. 예술 언어는 형성 중에 있었고, 카타콤의 벽화들은 그 기원의 첫 번째 단계를 잘 묘사해 준다.

그러나 카타콤의 예술에서 우리는 그리스도교 예술의 '원리' 그 자체뿐만 아니라, 그것의 '외적인 특징'을 발견한다. 이미 말한 바와 같이 현실적으로 주어진 자료에 기초한 중립적인 세속의 학문 연구는 첫 세기 카타콤에서 이후 교회 예술을 특징짓는 몇몇 요소와 함께 그리스도교에 고유한 새로운 양식이 이미 출현했다고 주장한다. 반복해서 말하건대, 이 예술은 무엇보다도 교회의 가르침을 표현하며 거룩한 문서들에 조응한다. 그것의 목적은 일상의 삶을 반영하는 것에 있지 않고, 일상의 삶을 새로운 의미로 조명시키고, 일상의 문제에 대해 복음적인 대답을 제공하는 데 있다. 우리는 카타콤의 그 어디에도 보고나 일화나 혹은 심리적인 특징을 지니는 형상을 볼 수 없다. 이 예술을 통해서 그 시대 그리스도인들의 일상적인 삶을 짐작해보려고 하는 것은 아주 헛된 일이다. 그래서 박해가 매주 잦았고 수많은 순교가 있었던 이 시기에도, 우리는 종교 예술에서 그것에 대한 어떤 단서도 발견할 수 없다. 네로와 디오클레티아누스 황제 치하에 살았던 그리스도교 예술가들은 분명히 원형 경기장의 잔인한 장면을 보았을 것이고, 이 사건들은 모든 형제들에게 영광과 위로를 주는 것이었을 것이다. 그러므로 우리는 카타콤에서 이방 신들과 그 우상들에 대항해서 그리스도인들이 전개한 투쟁의 절정을 보여주는 이 일상을 담은 장면을 보고자 할 것이다. 그러나 우리는 단 한 번도 카타콤에서 순교의 장면을 만나지 못한다. 이것은 당시의 대성인들의 이야기에서도 마찬가지이다. 예를 들어 바울로 성인은 오류와 악덕이 무엇인지 가르치고 고발했지만, 그의 영혼의 상태에 대한 어떠한 암시나 묘사도 없이 그저 지나가면서 그가 겪은 고난을 언급할 뿐이다.(고린토후 11:23-27) 그러므로 예술 속에서 우리가 그러한 것을 발견하지 못한다고 해서 조금도 놀랄 것이 없다. 그것에 대한 표현은 좀 더 후에, 즉 박해가 끝나고 그리스도인들에 대한 형벌이 역사 속에서 기록되기 시작했을 때에야 비로소 가끔씩 등장한다.

그럼에도 불구하고 이 예술은 결코 삶으로부터 유리되지 않았다. 그것은 그 시대의 예술적인 언어를 드러내는 것뿐만 아니라 그것과 내밀한 방식으로 관계되어 있다. 이 관계는 세속적인 그

그림 10. 사자굴의 다니엘, 프레스코, 4세기. 지오르다니 카타콤, 로마, 이탈리아

림이 그러하듯 일상적인 모습(image)에 있는 것이 아니라 일상적인 문제에 대한 그리스도인들의 대답에 있다. 이 대답에서 본질적인 것은 바로 이 예술이 관객에게 보여주는 '기도의 상태' 바로

그것이다. 정면을 보거나, 약간 돌아서 있는 모습의 이 인물들은 대개가 기도하는 자세, 즉 고대의 기도 자세를 취하고 있다. 그리스도교의 첫 몇 세기에 특별히 폭넓게 퍼진 이 자세는 하나의 상징으로서의 가치를 획득한다. 그래서 우리는 로마의 카타콤에서 기도, 혹은 기도하는 교회를 의인화한 수많은 기도하는 사람들을 보게 된다.[15] 이 기도의 상태는 극도로 다양한 상황들, 종종 아브라함의 희생제사나 사자굴의 다니엘과 같이 드라마틱한 상황의 주된 주제가 되었다. 표현된 이 상황에서 드라마틱한 것은 희생의 순간 그 자체가 아니라, 이 인물들의 내적이고 영적인 상태, 즉 기도이다. 형벌 속에서도 항상 신앙을 고백할 준비가 되어 있어야 했던 그리스도인은 이렇게 어떤 상황에서도 갖추고 있어야만 했던 이 내적인 자세를 눈앞에서 늘 확인할 수 있었다. 사람들에게 교훈을 주고 강건하게 해 주며 평정을 제공해 줄 수 있는 것을 보여주었지, 물러서게 하고 공포에 질리게 할 위험이 있는 것을 보여주려 하지 않았다. 이러한 형상들이 전해 주었던 것은 또한 구원에 대한 가르침이었다. 번제물로 바쳐진 이삭은 구원받았다. 노아나 다니엘도 마찬가지다. 이 구원의 사건은 그것들의 예형적인 의미와 우리 자신의 구원을 우리에게 잘 보여준다. 기도에 덧붙여, 사람들은 자신들의 노동을 표현했는데, 그것은 노동이 가지는 정화의 의미를 보여주고 또 모든 인간의 일이 하느님의 영광을 위한 것이어야 한다는 것을 그리스도인들에

---

15 두 팔을 올린 이 자세는 그리스도교에만 고유한 것은 아니다. 그것은 고대 사회에서, 또한 시편이 보여주는 바와 같이 구약에서도 매우 익숙하게 볼 수 있다.

게 상기시켜주기 위함이었다. 사람들은 그들의 활동의 이러저러한 일화를 표현하지 않고 활동을 그 자체로, 예를 들자면, 진열대에 채소를 놓고 파는 사람, 항아리 운반선의 정박과 출항시키는 뱃사공, 배에서 짐을 내리는 사람, 빵 굽는 사람, 포도 수확하는 사람, 마차꾼, 통 만드는 사람 등 직업으로 표현했다.

   초기 몇 세기 동안의 그리스도교 예술이 보여준 또 다른 특징적 사항이 있다. 형상이 그 세부 사항에 있어서는 최대한 단순화된 반면, 그 표현에 있어서는 극대화를 추구한다는 사실이다. 이 라코니즘(laconisme), 재료의 소박함은 그 자체로 성경의 간결하고 소박한 특징과 잘 조응한다. 복음서는 인류의 역사를 결정짓는 여러 사건에 겨우 몇 줄만을 할애하곤 한다. 거룩한 형상들 또한 우리에게 본질적인 것만 보여준다. 세부적인 것은 오직 의미가 있는 것일 때만 가끔씩 허용된다. 이 모든 특징은 우리를 직접적으로 정교회 이콘의 고전적인 형식으로 인도해 준다. 이때부터 화가는 자신의 작품을 영적인 눈에만 접근 가능한 심오한 의미를 표현해 줄 위대한 단순성에로 이끌어가야 했다. 예술가는 자신의 예술을 모든 개인적 요소로부터 정화시켜야 했다. 그는 언제나 익명으로 남아있고, 작품에 절대로 이름을 넣지 않는다. 그의 첫 번째 관심은 전통(Tradition)을 전해 주는 것이다. 그는 미적인 즐거움을 그 자체로는 포기해야 했지만 동시에 영적인 세계를 제시하기 위해 세상의 모든 기호들을 사용해야 했다. 실제로, 보이지 않는 것을 육(肉)의 눈에 보이도록 표현하기 위해서는 희뿌연 안개가 필요한 것이 아니라 정반대로 최대한 명확함과 구체성이 요구된다. 모든 교부들과 마찬가지로, 그들은 영적인 세계에 대해 말하면서, 특별히 명확하고 엄격한 표현들을 이용한다.

그리스도교 화가들은 당대 로마 예술의 주된 특징인 공간에 대한 사실주의적 표현을 포기한다. 원근감과 명암도 사라진다. 관객이 주체적인 참여 없이 그저 구경할 뿐인 그런 풍경(장면)을 그리는 대신, 이 예술은 형상의 일반적 의미 안에서 서로가 긴밀하게 연결될 인물들을 표현해 준다. 이 때, 이 인물들은 특별히 그것을 바라보는 신자들과 연결된다. 인물의 얼굴은 언제나 관객 쪽을 향해 있다. 그들은 관객에게 말을 걸어오고 관객에게 그들의 내적인 상태, 즉 기도의 상태를 제공해 준다. 고려되는 것은 표현된 어떤 행위가 아니라 관객과의 교제이다.

이 시대의 상징주의는 우리가 보는 바와 같이 추상적이거나 자의적인 말놀이가 아니다. 우리는 여기서 신비와 구원의 유일무이한 소식 전체를 또 그 세부적인 각각의 내용을 관통하는 일관되고 심오한 표현체계를 발견한다. 이 [그림을 통한] 언어는 수많은 사람들에게 그리스도교를 가르치고 또 그들을 양육하고 인도함에 있어서 자신의 역할을 훌륭하게 수행했다. 회심에서 순교에 이르기까지, 각각의 단계에서 성인들이 종교적으로 교육받고 성장해간 것은, 지금은 겨우 겨우 이해될 뿐인 이 언어의 도움에 힘입은 바 크다는 것은 분명하다.

보다시피, 그리스도교의 첫 몇 세기에 표현된 주제들은 대부분 물고기나 포도나무와 같은 순수한 상징이거나 역시 상징으로 이용된 역사적 사건에 대한 형상들이었다. 예를 들어, 나자로의 부활은 장차 있을 모든 이들의 부활에 대한 상징적인 형상이었다. 교회가 발견하고 채택한 표현 양식(예로 물고기)으로서의 이러한 종류의 모든 상징들은 수정되지 않고 그리스도교 세계 전체에 의해 사용되었다. 그것은 민족이나 문화와는 무관하게 모든 그리스도인들이 쉽게 접근할 수 있고 이해 가능한 공통된 상징 언어를 형성한다.

그리스도교 예술의 수많은 작품들 중에서 우리는 단지 몇몇 예만을 취했다. 이 예들은 설교와 종교 교육의 매우 발전된 방법을 우리에게 보여준다. 초기 그리스도인들의 예술은 교리적이고 전례적인 예술이다. 그것은 진정한 영적 가르침이기에, 우리는, 어떤 학자들이 말하듯이, 그리스도교 예술이 교회 밖에서 탄생했다거나 적어도 3, 4세기까지는 아무런 중요성도 가지지 못했다는 주장을 진지한 것으로 결코 받아들일 수 없다.[16] 오히려 그와는 정반대이다. 이 예술은 예술가들의 작업에 대한 교회의 일반적인 지도와 엄격한 통제를 매우 명확하게 드러내 준다. 어떤 것도 우연이나 예술가들의 주관에 내맡겨지지 않았다. 모든 것은 교회의 가르침을 표현하는 것에 집중되었다. 그 첫걸음부터, 교회는 성서가 전하는 진리를 표현해 줄 예술적 언어를 만들어내기 위해 공을 들였다. 그리스도교적 가르침에 대한 신학적 표현과 마찬가지로 이 언어 또한 가장 완전하고 정확한 도구가 되기 위해 역사적인 상황

---

16 예를 들어서, Mme M. Ochsé, *La nouvelle querelle des images*, Paris, 1952, p. 41 ; Th. Klauser, "Die Äusserungen der alten Kirche zur Kunst", *Gesammelte Arbeiten zur Liturgie-Geschichte*, Münster, 1974, p. 339-337.

의 전개에 따라 점점 더 구체화되어 가는 것을 보게 될 것이다.

이러한 초기 그리스도교 예술의 아름다움은 바로 그것이 내포하고 있는 가능성에 있다. 그것은 아직 존재의 의미에 충분히 도달하지는 못했지만 무한한 발전을 약속해 준다.

그럼에도 불구하고 카타콤의 예술은 우리로 하여금 여기서 단지 초기 그리스도교 예술의 한 지류, 가장 잘 보존된 그리스-로마적인 지류만을 다루고 있다는 사실을 잊도록 해서는 안 된다. 이 시기 그리스-로마 예술의 주된 특징은 사실주의, 즉 자연이나 가시적 대상을 재현하는 경향이었다. 우리가 보여준 예들은 그리스도교 예술이 얼마나 이 원리로부터 벗어나고 있는지를 잘 보여 준다. 그리스-로마적 회화 기법은 매우 발전되었고 완벽한 상태에 도달했었다. 그리스도교 예술은 이 기법을 이어받았다. 이것이 바로 초기 몇 세기의 이 예술이 고대 예술과는 구별되는 참신함과 능동성의 특징을 지니게 된 이유이다.

그리스도교 예술의 그리스-로마적 지류와 나란히, 다른 지류들이 존재했다. 두라 에우로포스(Doura Europos)에 있는 교회의 3세기 벽화들은 완전히 동방적인 특징을 가진다. 그 주된 특징은 이 도시의 이교 신전에 대한 그라바르(M.A. Grabar)의 묘사 속에 잘 표현되어 있다. 즉 "축소된 공간, 강한 윤곽의 평평한 얼굴, 머리는 크게 그려지고 품도 무게도 없어 보이는 몸, 관객들을 향해 방향을 돌리며 앞으로 걸어가는 인물들, 간단히 말해, 시각에 들

---

17 A. Grabar, *La peinture byzantine*, Genève, 1953, p. 38.

어오는 것을 흉내 내려고도 하지 않고, 물질 세계의 실재에 대한 어떤 암시도 주지 않으려는 예술 기법"이다.[17] 그리스도교는 이런 동방 예술의 특징을 폭넓게 사용하였다. 다른 작품들과 몇몇 흔적은 그리스도교 예술이 제국의 서방 못지않게 동방에서도 발전되었다는 것을 확신하게 해 준다. 어쨌든 330년 콘스탄티노플이 새로이 세워졌을 즈음에, 로마와 동방의 그리스도교 예술은 이미 긴 역사를 가지고 있었다는 것은 의심의 여지가 없다.

4장

콘스탄티노스 시대의 그리스도교 예술

4세기, 콘스탄티노스 시대가 개막됨에 따라, 교회에도 새로운 시기가 시작된다. 교회는 강제된 제약에서 벗어나 고대 세계를 향해 활짝 문을 열었다. 새로운 개종자들의 쇄도는 보다 넓은 예배 장소와 보다 직접적이고 명확한 새로운 방식의 설교를 요구했다. 초기 세기들의 상징은 그것을 명확하게 이해할 수 있었던 소수의 입교 신자를 목표로 삼았었기에 이 새로운 개종자들에게는 그렇게 명확하게 다가가지 못했다. 그래서 4, 5세기에는 거대한 기념비적인 그림의 형태로 구약과 신약 성경의 여러 사건을 표현하는 역사적인 대규모 연작이 교회에 등장했다. 황제 콘스탄티노스 성인은 복음서의 사건이 일어났던 팔레스타인의 여러 장소에 교회를 건축했다. 교회의 주요한 큰 축일들 대부분이 이 시기에 정착되었고, 그 축일에 상응하는 이콘이 제작되었다. 그리고 정교회에서는 오늘날도 여전히 이 축일들을 기념하고 있다.

어쨌든 4세기에 이 일련의 축일 이콘들이 완성되었는데, 우리는 그것들을 밀라노(Milan)에서 그리 멀지 않는 몬자(Monza)와 보비오(Bobbio)의 유명한 성유병(ampoule)들에서 발견할 수 있다. 복음서의 사건들이 새겨진 은으로 된 이 성유병들은 600년경에 롬바르드의 여왕인 테오델린다(† 625년)에게 선사되었으며, 우리에게는 더할 수 없이 소중한 보물이다. 오늘날 어떤 학자들은 여기에 새겨진 복음의 사건들이 콘스탄티노스 황제와 엘레니 모후에 의해 건축된 팔레스타인 교회들의 모자이크를 베낀 것이라고 인정하는 데 동의한다. 어떤 학자들은 보다 신중하다. 예를 들어 그라바르(Grabar) 같은 사람은 "그것의 모델은 우리가 알지 못하지만 보다 더 오래 전으로 소급될 것이라고 말하는 것이 보다 합리적"이라고 주장한다.[01]

4-6세기로 거슬러 올라가는 이 성유병들은 우리들에게 엄청 중요한데, 왜냐하면 그것은 여러 축일에 대한 표현을 제공해 주며, 이를 통해서 각 축일에 고유한 현재의 이콘들이 아주 오래 전부터 존재해 왔음을 확인해 주기 때문이다. 실제로, 그것들 중의 몇몇은 오늘날 정교회의 이콘들에서 이용되는 방법과 동일한 완성된 형태의 이콘화법을 벌써부터 보여준다.[02]

4세기 교회의 삶 속에 일어난 이 변화는 외형적 차원의 것에 그치지 않는다. 대승리의 시기였던 이 시기는 또한 커다란 유혹

---

01 A. Grabar, *Les Ampoules de Terre Sainte*, Paris, 1958, p. 49.
02 이 성유병 중의 하나는 7개의 축일을 표현하고 있다. 즉, 성모 희보, 성모님의 엘리사벳 방문, 그리스도의 탄생, 그리스도의 세례, 그리스도께서 십자가에 달리심, 주님의 무덤을 찾아간 향유 가진 여인들, 그리스도의 승천이 그것이다.

그림 11. 몬자의 성유병, 4세기. 몬자, 이탈리아

과 시련의 시기이기도 했다. 교회 안으로 들어온 세상은 모든 염려와 의심과 몰이해를 가지고 들어왔기에, 교회는 그것을 제거하고 평정을 유지해야 했다. 교회와 세상 사이의 이 새로운 접촉은 때로는 이단들의 발흥으로, 때로는 그리스도교 내적 삶의 커다란 부흥으로 특징지어진다. 그 전까지는 순교자들이 교회의 기둥이었다면, 이제는 신학 교부들과 금욕 성인들이 그 자리를 이어받았다. 성 대 바실리오스, 신학자 성 그레고리오스, 성 요한 크리소스토모스, 니싸의 성 그레고리오스, 성 대 안토니오스, 이집트의 성 마카리오스, 성 마르코스, 성 이사야 등 수많은 대 성인들의 시대였다. 로마 제국은 그리스도교 제국이 되었고,

세상은 조금씩 신성화되었다. 그러나 사막으로 간 금욕가들이 피하고자 했던 것이 바로 이 신성화되고 있는 세상이요, 이 그리스도교 제국이었다. 사막이 금욕가들을 끌어당겼는데, 그것은 사막이 훨씬 살기 편해서도 아니고 세상의 어려움을 피하기 위해서도 아니었다. 그와는 정반대로, 세상의 풍요와, 더 이상 그리스도교와 모순되지 않는 것처럼 여겨지는 사회의 여러 특권을 버리려고 할 때, 사막은 더없이 안성맞춤이었기 때문이었다. 4세기 말경, 이집트는 수도원으로 뒤덮였고, 수도사는 수천 명을 헤아렸다. (소)아시아와 서방 도처에서 순례자들이 여기로 몰려들었다. 금욕 교부들의 체험은 입에서 입으로 전해졌고, 그 이야기들이 그리스도교 세계 전체로 전파되었다. 특별히 이때부터 이론적인 신학과 경험적인 신학, 다시 말해 교회의 가르침과 금욕가들의 살아있는 체험은 그리스도교 예술을 양육하고 안내하며 영감을 주는 원천이 되었다. 이 예술은 한편으로는 교리적으로 정식화된 진리를 전달하고 다른 한편으로는 이 진리에 대한 살아있는 경험, 즉 성인들의 영적 체험을 제공해 줄 필요성, 다시 말해 교리와 삶이 결국 하나가 되는 그리스도교를 전달해 주어야 할 필요성에 직면하게 된다. 이 모든 것은, 제한된 소수 집단에게가 아니라 신앙을 가진 수많은 백성들에게 이 살아있는 그리스도교를 전달하는 것과 관련된다. 그래서 이 시대의 교부들은 예술의 교육적 역할에 커다란 중요성을 두었다. 위대한 신학의 세기인 4세기에, 그리스도교의 적지 않은 주요 저자들이 자신들의 신학적 주장에 있어서 여러 형상을 참고했는데[03], 이것은 이 그림들이 매우 중요한 하나의 실재였고, 그 역할이 중요했음을 보여주는 것이다. 대(大) 바실리오스 성인은 보다 굳건한 확신의 힘이 자신의 말에서보다는 오히려 그림들에서 주어진다고 주장한다. 발람(Barlaam) 성인의 순교를 기념하는 추도사를 전한 후에 바실리오스 성인은, 자신의 말로 위대한 순교자를 초라하게 만들기를 원치 않으며 그래서 보다 고귀한 언어, 즉 "스승들의 울리는 나팔 소리에" 자리를 양보한다고 말하면서 연설을 마쳤다. 그는 말한다. "이제 내 앞에서 일어서시오. 성인들의 덕에 합당한 화가들이여. 여러분의 예술로 군대 장관(순교 성인)의 이 불완전한 형상을 완성하시오. 여러분의 지혜의 꽃들로 월계관 쓴 순교자에 대한 나의 희미한 형상을 보다 분명하게 밝혀주시오. 여러분의 그림을 통해 내가 순교자들의 영웅적인 행위에 굴복되도록 해 주시오. 나는 다시 한번 나를 압도한 그 승리를 인정함으로써 크게 만족할 것이오. … 여러분의 화폭에 보다 생생하게 묘사된 이 투사들을 나는 바라볼 것이오. 악마들은 다시 한번 순교의 용기에 굴복 당해 오열할 것입니다. 그러니 다시 한번 그 악마들에게 불타는 승리의 손이 보여지도록 해 주시오. 또한 다시 한번 이 화폭에 이 싸움들을 개시하신 그리스도를 보여주시오."[04]

---

03 바실리오스 성인, 신학자 그레고리오스 성인(특별히 성자에 관한 두 번째 강론에서), 요한 크리소스토모스 성인(골로사이서에 대한 세 번째 강론에서), 니싸의 그레고리오스 성인(성자와 성령의 신성에 대한 강론과 테오도로스 성인의 순교에 대한 강론에서), 알렉산드리아의 끼릴로스 성인(황제 테오도로스에 바친 강론에서) 등이 있다.

04 *Oraison* 17, P.G., 31, 489 A.C.

니싸의 그레고리오스 성인은 테오도로스 성인 축일의 기념 연설에서 "화가는 순교의 정점과 이 싸움의 개시자이신 그리스도를 이콘으로 보여줌으로써, 기교를 가지고 색깔로 이 모든 것을 표현함으로써, 마치 말하는 책과 같이 우리에게 순교의 싸움을 분명하게 이야기해 준다. … 왜냐하면 말없는 그림은 벽 위에서 말하며 많은 좋은 것을 가져다주기 때문이다"라고 설명한다.[05]

서방의 저자 중, 놀라의 주교 파울리누스(353년경 - 431년경) 성인은 이콘에 대해 특별히 상세하게 서술했다. 그는 여러 교회를 건축했고 이들 교회를 거룩한 형상으로 장식했다. 그는 자신의 편지와 시에서 이 형상에 대해 장황하게 묘사하고 있다. 경험이 풍부한 목자였던 파울리누스 성인은 책보다는 형상이 더 그리스도인들, 특별히 초신자들과 예비 세례자들의 관심을 끈다는 것을 알았다. 그래서 그는 그의 교회 안에 거룩한 형상을 많이 그려놓으려고 노력했다.[06]

같은 의미에서, 5세기, 요한 크리소스토모스 성인의 제자이자 고대의 가장 위대한 금욕 저술가 중의 하나인, 시나이 산의 닐로스 성인의 매우 특징적인 지적을 볼 수 있다. 올림삐오도로스(Olympiodore)라고 하는 지방 장관이 성당을 건축한 후에, 그 스스로 말하듯 미적 즐거움을 위해, 성당 중앙홀의 한쪽 벽에는 사냥 장면과 많은 동물을 포함하는 지상의 풍경을, 다른 쪽 벽에는 고기잡이 장면을 포함한 바다 풍경을 그려놓길 원했다. 올림삐오

---

05 P.G., 46. 737.
06 *Epître* 32, à Sévère, P.L. 61, 339.

도로스는 이것과 관련해서 닐로스 성인에게 자문을 구했다. 닐로스 성인은 편지로 이렇게 응답했다. "당신의 편지에 나는 이렇게 대답합니다. 신자들의 눈을 당신의 편지가 묘사한 것들로 유혹한다는 것은 유치하고 쓸 데 없는 일입니다. … 가장 훌륭한 화가의 손이 교회의 두 쪽 벽을 구약과 신약의 형상으로 장식하도록 하십시오. 그래서 글자를 몰라서 거룩한 성경을 읽을 수 없는 사람들이 그림에 표현된 것들을 보고, 조금도 물러서지 않고 하느님을 섬긴 사람들의 용기 있는 행동을 기억할 수 있도록 하십시오. 그러면 그들 또한 영원히 기억될 그 덕과의 경쟁에로 격려될 것입니다. 그 덕들은 그들로 하여금 하느님 섬기는 것을, 땅보다는 하늘을, 보이는 것들보다는 보이지 않는 것을 섬기는 것을 더 좋아하게 만들 것입니다."[07]

이렇게 해서 교회는 시각을 포함한 인간의 모든 감각을 하느님을 알고 영광 돌리는 데로 인도하려고 노력했다. 사실, 시각은 언제나 그리스도교 계시에 대한 설교에서 가장 중요한 위치를 차지했다. "인간의 감각 중 시각은 감각적인 것을 가장 강렬하게 지각하는 것"이라고 바실리오스 성인은 말한다.[08] 이런 차원에서의 '시각의 우선성'이라는 생각은, 아타나시우스 성인이나 니싸의 그레고리오스 성인 등을 비롯해서 교부들의 저술 전체에 걸쳐 명백하게 표현된다. 어떤 현대 저자는 이렇게 말한다. "보이는 말씀에 대한 관상은 수동적이지 않다. 왜냐하면 그것은 말씀

---

07 P.G., 79, 577.
08 St. Basile le Grand, *Commentaire d'Isaïe*, chap. I, P.G., 30, 132 A.

(PAROLE)에 대한 관상이지 미적 감동이나 어떤 주장에 대한 관상이 아니기 때문이다."[09] 이 시대에는 조금 후대와 마찬가지로 신앙이 보여줌(monstration)을 통해서 고백되었다. "여러분, 나에게 말해보시오. 만약 어떤 이교도가 당신에게 와서 '나에게 너의 신앙을 보여다오. 나도 역시 믿을 수 있도록' 하고 말한다면, 당신은 그에게 무엇을 보여주겠습니까? 당신은 그를 감각적인 것에서 보이지 않는 것들로 끌어올리지 않겠습니까? … 그를 교회로 데리고 오십시오. … 그리고 그를 게시된 거룩한 이콘 앞에 세우십시오."[10] 후에 러시아에서 보고루보프의 왕자 안드레(prince André de Bogolubov) 성인의 행동 또한 다르지 않았다. 어떤 이단종파의 외국인들이 도착했을 때, 그는 종들에게 "참된 그리스도교를 보고 세례 받을 수 있도록, 그들을 교회에 들여보내서 이콘 앞으로 안내하라"고 지시했다.[11]

이렇게 교회는 항상 이콘에 커다란 중요성을 부여했다. 그러나 교회가 중요하게 생각하는 것은 그것의 예술적 미적 가치가 아니다. 우리가 보았다시피, 중요한 것은 그것의 교육적 가치이다. 이콘은 하나의 진정한 그리스도교 신앙 고백을 형성한다. 이 교리적 특징은 모든 시대 정교회 예술의 본질적인 특징이다. 그러나 우리는 4세기에 이미 교회가 이콘을 통해서 설교하는 것에

---

09 J. Ph. Ramseyer, *La Parole et l'Image*, Neuchâtel, 1963, p. 18.
10 Contre Constantin Cabal., par. X, P.G. 94, 2, 325.
11 Recueil complet des Chroniques russes(러시아어), p. 591 : N.N. Voronine, *L'architecture du Nord-Est de la Russie*(러시아어), t. I, Moscou, 1961, p. 228. 의 인용문에서 재인용.

그치지 않고, 그것을 통해 이단들과 투쟁했다는 많은 예들을 볼 수 있다. 이단들에 대한 투쟁에서, 보다 일반적으로는 교회의 삶과 그 가르침의 순수성을 지키기 위해서, 교회는 라오디케아 공의회(Concile de Laodicée, 343년 경)에서 경전에 대한 사도 규칙 85조를 확인했고, 또 59, 60조를 통해서 여러 가지 오류가 전례에 도입될 수 있게 했던 예배에서의 즉흥성에 종지부를 찍었다. 교회가 예술에 대해서도 동일한 엄격성을 적용하게 되는 것은 충분히 이해할 수 있는 것이다. 오류와 이단들에 대해 교회는 성인들의 체험을 통해서뿐만 아니라 전례와 이콘을 통해서 대답했다. 이콘은 세부적인 것을 통해, 혹은 벽화나 모자이크의 연작을 통해 교회의 거룩한 교리를 이단들의 주장에 대립시켰다. 그리스도의 이콘 양쪽에 "나는 알파와 오메가, 곧 처음과 마지막이며 시작과 끝이다"(22:13)라는 묵시록의 말씀을 암시하는 '알파'(A)와 '오메가'(Ω)라는 글자를 그려 넣은 것은, 특별히 325년 제1차 세계공의회에 의해 이단으로 정죄된 바, 그리스도를 하느님이 아닌 하나의 피조물로 이해했던 아리우스(Arius)의 이단적 가르침에 대항해서, 니케아 공의회(Concile de Nicée)의 교리에 따라 성부 하느님과 동일본질이신 '사람의 아들'의 신성을 강조하기 위한 것이었다.[12] 431년 에페소 공의회(Concile d'Ephèse)는, 그리스도 안에서 하느님의 본성과 인간의 본성이 휘포스타시스 안에서 연합되어 있음(union hypostatique)을 인정하지 않고, 그래서 결국 동정녀를 예수

---

12 L. Bréhier, *L'Art chrétien*, ibid., p. 67.

의 어머니 혹은 그리스도의 어머니라고 부름으로써 동정녀께서 하느님을 낳으신 어머니임을 부정했던 네스토리우스(Nestorius) 이단을 정죄했다. 공의회는 동정녀가 하느님의 모성(母性)임을 장엄하게 선언하고 '하느님의 어머니'(테오토코스, Théotokos)라는 이름을 그녀에게 부여했다. 그 후로 천사들이 양쪽에 등장하고 하느님이신 아기를 무릎에 앉힌 채 권좌에 좌정한 매우 장엄한 모습의 동정녀 이콘이 수없이 나타났다.[13]

그리스도교 예술의 가장 적합한 형식, 가장 정확한 그림 언어를 정립하는 것은 콘스탄티노플 교회의 몫이었다. 새 수도의 지정학적 상황은 이에 특별히 유리하게 작용했는데, 그 이유는 유럽과 아시아의 접점에 위치함으로써 이 도시는 둘 사이의 가교가 될 수 있었고, 그래서 양쪽에서 풍부한 유산을 물려받을 수 있었기 때문이다. 예술 분야에서 이 도시는 구약과 신약을 포괄하는 정교한 이콘법, 벽화와 모자이크와 납화 등의 완벽한 기술, 풍부한 장식법, 정교한 색깔들, 거대 기념비적인 장식의 발전된 체계 등을 신속하게 물려받았다.[14]

우리가 살펴본 바와 같이, 이 언어를 정립하기 위해 교회는 고대의 형식과 상징과 신화, 즉 이방인의 표현 수단들을 이용하였다. 그러나 교회는 그것을 있는 그대로 차용하지 않고 반대로 그것을 정화하여 채택했다. 그리스도교는 주위 세상으로부터 표현

---

13 V.N. Lazarev, *Histoire de la peinture byzantine*(러시아어), Moscou, 1947, p. 51.
14 최근의 고고학적 발견들은 콘스탄티노플이 창도 이후 늘 문화 예술의 매우 중요한 중심지였음을 잘 보여준다. D. Talbot Rice, "Les mosaïques du grand palais des empereurs byzantins à Constantinople", *la Revue des Arts*, Paris, 1955, n° 3, p. 166. 참고.

의 수단이 될 수 있는 모든 것을 흡수했다. 교회 교부들은 고대 철학의 모든 도구들을 신학에 이롭게 사용했다. 마찬가지로 그리스도교 예술도 고대 사회의 가장 훌륭한 전통을 계승했다. 그리스도교 예술은 그리스, 이집트, 시리아 예술의 요소를 흡수해서, 이 복잡한 유산을 정화시켰고, 그리스도교의 예술적 표현의 충만성에 기여할 수 있도록 이끌었으며, 그리스도교의 가르침이 요구하는 것에 적합하게 변모시켰다.[15] 그리스도교는 이교 세계에서 자신의 것들, 즉 "그리스도 이전의 그리스도인"이라고 말할 수 있는 것들, 흔히 말하듯, 이교 세계 속에 흩어진 채로 존재하는 진리의 파편을 선택해서 그것들을 용해시키고 계시의 충만 안에 들어가도록 만들었다.

교부들에 따르면, '교회(Ecclèsia)'라는 단어도 하느님과의 교제 안에 있는 모든 사람들을 불러모아서 하나가 되게 하는 것을 의미한다. 세상으로부터 교회로 불림을 받은 사람들은 그들의 문화와 민족적인 특성과 그들의 창조성을 동반하기 마련이다. 이렇게 교회로 들어온 것들 속에서 교회는 가장 순결하고, 가장 참되며, 가장 표현력이 뛰어난 것들을 선택해서, 그것들을 자신의

---

15 그리스도교 예술의 기원은, 외관상의 친족성에도 불구하고, 어느 한 요소로부터 그것의 형식 전체를 추출해 낼 수 없을 만큼 복잡하다. 예를 들어 사람들은 그 유사성 때문에 가끔씩 이콘을 이집트의 장례 문화에서 사용된 초상화와 연결시킨다. 이콘처럼, 이 초상화는 특징을 잡아서 얼굴을 그린다. 그러나 이 초상화는 이 지상의 삶을 넘어서지는 못한다. 그것은 이집트의 미이라와 같이 일종의 보존을 위한 것이다. 그것의 목적은, 마치 그가 여전히 살아있는 것처럼, 사람을 있는 그대로 재현하고, 이 지상에서의 삶의 모습을 영원히 보존하려는 데 있다. 그러나 이콘에서는 그와는 정반대로 얼굴이 거룩하게 변모되고, 이 변모는 우리에게 또 다른 세상, 퇴락한 삶과는 비교할 수 없는 하나의 충만을 보여준다. 이집트의 장례 초상화는 이 지상의 삶을 끝없이 연장하려는 것인 반면, 이콘은 그것을 신화(神化)시킨다.

거룩한 언어로 주조했다. 초기의 그리스도인들은 이러한 과정을 보여주는 매우 특징적인 성만찬 기도를 가지고 있었다. "전에는 들판의 수많은 보리 이삭들 속에 흩어져 있었지만, 지금은 하나가 된 이 빵과 같이, 당신의 교회도 지상의 모든 곳으로부터 당신의 나라로 모이게 하소서." 이 과정은 이방인의 세계가 교회에 준 영향의 소산이 아니다. 오히려 그와는 반대로 그것은 그리스도교화될 수 있는 이방 세계의 제 요소를 교회가 통합한 것에서 비롯된다. 그것은 이방 세계의 풍습이 그리스도교 안에 스며들어 온 것이 아니라 오히려 그것들을 성화(聖化)시킨 것이다. 예술 분야에서 볼 때에도, 그것은 그리스도교 예술의 이방 종교화, 그를 통해 그리스도교가 이방 종교화된 것이 아니라 반대로 이방 종교 예술의 그리스도교화이다.

사람들은 이러한 그리스도교 예술의 형성 시기에 지배적인 역할을 한 두 가지의 핵심적인 예술적 흐름이 있었다고 간주한다. 그리스도교 예술에서 그리스적 정신을 표현해 주는 헬레니즘 예술과 예루살렘, 시리아 지역의 그리스도교 예술이 바로 그것이다. 크게 대조되는 이 두 흐름의 사용은 교회가 자신의 예술에 가장 적합한 형식을 정립하는 데 필수적이었던 취사선택의 과정을 암시해 준다. 헬레니즘적 흐름은 그리스 문명의 대도시들, 특별히 알렉산드리아에서 발전되었다. 이 흐름은 그것의 조화로움과 더불어 그 방식과 온화함과 운율과 우아함과 함께 고대의 미적 감각을 물려받았다. 다른 한편, 예루살렘과 시리아의 그리스도교 예술은, 종종 거칠고 지나치게 사실주의적 형태를 띠기도

하는(예를 들어 라불라 복음서(Evangile de Rabula)가 그렇듯이), 역사적 현실주의(réalisme historique)를 표현해 준다. 교회는 이 두 가지 예술 형식으로부터 가장 완벽하고 가장 진정한 요소들을 취했다. 이렇게 해서 교회는 시리아 예술의 가끔은 지나치게 조잡한 사실주의를 거부한 반면 복음의 역사가 전개된 지역에 충실하게 보존되어 있는 참된 이콘기법을 보존했다. 헬레니즘 예술에 관해서 교회는 반대로 조금은 이상주의적인 이콘기법을 거부하고, 대신 조화의 아름다움과 운율의 의미, '역전된' 관점(perspective inversée)등과 같은 몇몇 예술적 요소를 보존했다. 그리스도의 이콘에 있어서, 교회는 주님을 아폴론과 같이 수염이 없고 아담한 소년의 모습으로 표현하는 헬레니즘적 이콘기법을 거부한 반면, 짙은 수염과 긴 머리를 가진 사람으로 주님을 표현한 팔레스타인의 이콘기법, 즉 초상화 양식 속에서 왕적 권위를 가진 분으로 표현하는 현실주의를 채택했다. 마찬가지로 동정녀 이콘에 있어서도, 헬레니즘 예술은 이 이콘에 통 옷과 머리카락과 가끔은 알렉산드리아와 로마의 귀부인들의 귀걸이를 제공한다. 반대로 예루살렘의 이콘들은 시리아 여인들이 착용하는 긴 베일과 머리카락을 숨겨주고 무릎까지 늘어지는 긴 망토로 그녀를 감싼다. 교회는 또한 자신의 전례 예술에 있어서도 동방의 운율적이고 대칭적인 장식법과 함께 콘스탄티노플에서 수렴되는 다양한 문화의 요소들을 채택한다. 극도로 다양한 요소들과 함께 콘스탄티노플 교회는 유스티니아노스 시대(l'époque de Justinien) 이래로(6세기) 잘 형성된 회화 언어를 대표하게 될 하나의 예술 형식을 창조한다.

교회가 다양한 요소를 흡수하고 그것이 계시의 충만 안에 통합한 것은 문학적 창작이든 회화적 창작이든 간에 모든 예술적 창작 활동을 비롯해서 인간 활동의 모든 측면에 걸쳐 있다. 이 창작은 교회가 이 세상에서 이루어야 할 하느님 나라의 건설에 참여함으로써 성화(聖化)된다. 왜냐하면 세상의 궁극적 존재 의미는 결국 하느님 나라를 건설하는 것에 있기 때문이다. 반대로 교회가 세상 속에 존재하는 것은 세상으로 하여금 계시의 충만에 참여할 수 있도록 하기 위함이다. 그렇기 때문에, 그리스도교의 초기에 시작된 이 선택과 취합은 교회의 정상적이고 영속적인 활동을 구성하는 것이다. 이 과정은 몇몇 역사적 시기로 제한되어 있지 않다. 건설과 종합의 활동을 통해서 교회는 세상이 다할 때까지 교회 밖에 있는 모든 참된 실재를 취해서 자신 안에 통합시키고 그것들을 하느님의 생명에 참여하는 것으로 만들기를 계속하고 있으며 또 계속할 것이다.

그것은 채택된 요소들의 고유한 특징을 교회가 제거한다는 말이 아니다. 교회는 하느님께서 창조하신 자연의 고유한 속성을 절대로 배제하지 않는다. 어떠한 인간적 모습도, 어떠한 시간적, 공간적 지표도, 어떠한 민족적, 개인적 특성도 제거하지 않는다. 교회는 우주의 모든 다양성을 성화시키고, 그래서 그것들의 진정한 의미를 밝혀주며, 그것의 궁극적인 목적 즉 하느님 나라의 건설로 향하도록 만들어 준다. 마찬가지로, 이들 특수성은 교회의 통일성을 해치지 않는다. 오히려 교회의 통일성을 표현할 새로운 형식을 제공해 준다. 그렇게 해서, 통일성 안에 있는 교회의 진정한 풍요, 동시에 표현의 다양성 안에 있는 교회의 통일성을 실현시킨다. 그를 통해, 전체로서 또 각각의 세부에 있어서 교회의 진정한 보편성(catholicité)을 확인해 준다. 다른 모든 분야에서와 마찬가지로, 예술에 있어서도, 이 보편성은 획일성을 의미하지 않는다. 반대로 그것은 각 민족, 각 시대, 각 사람에게 고유한 다양한 형식으로 단 하나의 진리를 표현하는 것이다.

이렇게 해서 정립된 예술은 그리스도교에 의해 도입된 새로운 삶, 더 이상 율법에 종속되지 않는 삶의 발현이었다. 디오그네투스(Diognète)에게 글을 써 보낸 한 그리스도교 변증가에 따르면, 그리스도인들은 육체 안에서 살지만 육체에 따라 살지는 않는다.[16] 이 말은 그리스도교 삶의 본질 그 자체를 표현해 준다. 그것은 또 바울로 성인이 로마인들에게 보낸 편지에서 드러낸 것과 동일한 정신을 표현한다. "그러므로 형제 여러분, 우리는 과연 빚을 진 사람입니다. 그러나 육체에 빚을 진 것은 아닙니다. 그러니 우리는 육체를 따라 살 의무는 없습니다.(8:12)" 그러나 교회를 둘러싸고 있는 세상은 육체를 따라서 살아갔다. 다시 말해 그리스도교의 구원에 직접적으로 반대되는 원리를 따라 살아갔다. 승리를 자랑하는 이 육체의 원리는 이방 종교 예술에 의해 완벽한 방법으로 표현되었다. 이 예술의 아름다움은 현재까지도 사람들의 시선을 매혹하는 대단한 매력을 보존하고 있다. 그리스도교 예술은 그러므로 당연하게, 특유한 그리스도교적인 삶의

---

16 *A Diognète*, H.I. Marrou의 번역, Paris, 1951, p. 63.

원리를 표현해야만 했고, 그것을 이방인들의 삶의 원리와 방식에 대립시켜야만 했다. 그리스도교의 의미 자체가 그것을 요구했다.

로마 제국의 공식적인 예술은 시민들을 일련의 의미 체계로 교육시키는 것을 목표로 삼았던 국가 예술이었다. 그러나 이 로마 제국의 예술은 악마적인 예술이었다. 국가는 이교적이었고, 모든 공적인 행위는 동시에 제의적(祭儀的)인 행위였으며, 이방 종교의 고백 행위였다. 로마 제국이 그리스도교화되었을 때, 국가는 이교로부터 벗어났고, 제국의 공적 예술은 더 이상 우상 숭배에 머물러 있을 수 없었다. 그럼에도 불구하고, 그것은 하나의 프로그램으로 교육적인 예술로 남아있었다. 로마 혹은 비잔틴에서 이 국가 예술은 우리가 현재 알고 있는 세속 예술과는 크게 다른 것이었다.

있는 그대로의 삶, 아니 예술가가 바라보는 삶은 결코 표현되지 못했다. 우리는 이 예술을 '자유로운 예술' 혹은 '예술을 위한 예술'이라고 더욱 부를 수 없다. 그것은 자유 선택이 아니었다. 그것은 훈계를 위한 예술이었고, 그래서 국가 이상을 표현하고 잘 규정된 방향 속에서 시민들을 교육시키기 위한 것이었다.[17] 이러한 목적에서, 이 예술은 어떤 주제(인물)를 표현하는 것에 만족하지 않고, 오히려 관객이 이 주제에 가장 쉽게 접근하고

---

17 더욱이 그것은 바로 이런 목적을 위해서 어떤 주제와 관련해서는 종종 그리스도교적인 요소에 호소하기도 했다. 그래서 황제의 권력이 신에 의해 주어진 것임을 보여주기 위해, 사람들은 그리스도께서 왕관을 씌워주시는 황제와 황비를 표현하곤 했다.

가능한 최대한 빨리 알아볼 수 있게 해 주는, 명확하고 간결한 어떤 방식을 동원했다. 이 주제들 각각 고유한 대상과 '기능'을 가지고 있었다.[18]

  교회에 있어서, 즉 교회의 고유한 영적인 영역에 있어서, 그것은 전례와 동일한 방향성으로, 그리스도교 백성을 교육할 수 있는 예술을 소유하는 것과 관련된다. 이러한 예술은 교리적 가르침을 전해 줄 것이고, 성령의 현존을 통해서 성화될 것이다. 한 마디로, 지상에 하느님 나라를 반영해 주는 예술, 신도들의 삶 속에서 마치 세상 속에 흩어져 있는 교회의 분신처럼 신도들과 동행해 줄 그런 예술이 필요했다. 말로 된 설교와 그 설교를 세상에 전해 줄 예술, 성화(聖化)의 실제적 현존을 가져다줄 예술이 필요했다. 6세기 이래로, 이 회화 언어는 그것의 몇몇 핵심적인 특징과 함께 형성되었다. 그것은 좀 더 후에 정교회 전체의 예술을 자의적으로 지칭하는 용어인 "비잔틴 예술" 혹은 "비잔틴 양식"이라고 불리는 예술의 시초를 형성한다. 그러나 이 명명법은 매우 부적절한 것임에 분명하다.

---

18 그러므로 국가 관리가 제시하는 황제의 초상화는 이 관리가 황제의 이름과 그의 권력으로 행동한다는 점을 의미했다. 야만족들을 짓밟는 황제를 표현한 형상은 제국의 불멸성을 의미하는 것이었다.

5장
퀴니섹스트 공의회와 이콘에 대한 가르침

　이콘 그 자체와 마찬가지로, 이콘에 대한 교회의 가르침 또한 나중에 갑자기 그리스도교에 추가된 부록과 같은 것은 결코 아니다. 그것은 구원에 관한 교회의 가르침으로부터 흘러나온다. 이콘에 대한 교리는 어느 순간 그리스도교 세계관에 나란히 제시된 것이 아니다. 그것은 항상 그리스도교 세계관의 심장부에 뿌리를 두어왔다. 처음부터 이콘은 내적으로 충만하게 존재해 왔다. 교회의 가르침의 다른 여러 측면처럼, 교회는 역사 속에서 제기된 공격과 모호화에 대항해서 이콘에 대한 가르침을 명백하게 하는 것으로 만족했다. 예를 들어서, 신성과 인성이라는 그리스도의 두 본성에 대한 교리 또한 마찬가지의 경우이다. 초기 그리스도인들에게 이 진리는 분명하게 정식화된 것이었다기보다는 경험적 진리였다. 이 진리에 대한 보다 엄격한 표현은 역사의 요구에 응답하기 위해서, 즉 이단들과 오류에 반박하기 위해서 교회에 의해 정의되었다. 이콘에 대한 교리도 마찬가지다. 교회가 처음으로 그리스도교 예술의 내용과 특징의 기초적 원리를 정식화한 것은 퀴니섹스트(Concile Quinisexte) 공의회에 한정되지 않는다.[01] 오히려, 앞으로 보게 되겠지만, 그것은 이미 이전 시대 교회의 교부들이 그리스도교 예술에 대해서 가지고 있었던 태도였다. 그것은 실천적 필요에 응답하기 위한 것이었다. 이 공의회의 까논은 현대의 학문적 연구가 흔히 말하듯이 "신자들의 요구에 대한 교회의 양보"에 따른 것이 아니다. 더욱이 그것은 어떤 특별한 주제다. 다시 말해 이 시점에서 공의회적인 표현을 얻게 될 교회의 전통 그 자체이다.

퀴니섹스트 공의회는 692년 9월 1일에 열렸다. 퀴니섹스트 공의회라 부르는 이유는 이 공의회가 이전의 두 세계공의회[02]를 보충하는 성격의 공의회였기 때문이다. 제6차 세계공의회와 마찬가지로 이 퀴니섹스트 공의회도 황제의 궁전 안에 있는 '트룰로'(Trullo)라는 방에서 열렸기에, 일명 '트룰로 공의회'(Concile in Trullo)라고도 한다. 단성론(monophysisme)[03]을 정죄한 제5차 공의회

---

01 A. Grabar, *L'Iconoclasme byzantin*, Paris, 1957, p. 79.
02 역자주) 5차 세계공의회(553년)와 6차 세계공의회(681년)로 모두 콘스탄티노플에서 열렸다. 퀴니섹스트(quinisexte)라는 단어는 라틴어 서수 5차, 6차를 의미하는 quintus와 sextus의 합성어이다.
03 역자주) 단성론은 그리스도는 신성이라는 하나의 본성만을 가지고 있다는 주장으로, 결국 그리스도의 신성을 강조하고 인성을 약화시키려는 경향에서 나온다. 공의회가 이 주장을 단죄한 것은 결국 "그리스도에 의해 수용되지 않은 것은 구원될 수 없다"라고 하는 구원론적 원리에 기반을 두고 있다.

와 단의론(monothélitisme)[04]을 정죄한 제6차 공의회는 단지 교리적인 문제만을 다루었다. 일련의 교회법 차원의 문제들이 해결책을 기다리고 있었고, 따라서 이 문제를 다루기 위해 퀴니섹스트 공의회가 소집되었다. 그러므로 정교회는 앞선 두 공의회를 보충하는 것으로 이 공의회를 이해하며, 보다 일반적으로는 제6차 세계공의회의 연장선상에서 이를 바라본다. 이 공의회가 검토한 문제는 그리스도교 예술을 포함해서 정상화가 요구되는 교회 생활의 다양한 측면과 관련되어 있다. "이교적이고 유대교적인 미성숙함이 진리의 성숙한 밀 가지 속에 섞여 들어왔다"라는 황제 유스티니아누스 2세에게 보내진 이 공의회 교부들의 한 편지의 구절은 직접적으로 우리의 주제와 관련되어 있다.

퀴니섹스트 공의회의 3개의 까논이 그리스도교 예술을 다루고 있다. 제73항은 십자가의 형상에 대한 것으로 다음과 같이 선언한다. "생명을 주는 십자가는 우리에게 구원을 가져오기 때문에, 우리는 예전의 타락으로부터 우리를 구원해 주는 이것에 대해 모든 방법을 다해서 그 존귀함을 증거하려고 힘써야 마땅하다. 바로 그와 같은 이유로 해서, 우리는 머리 속으로, 또 말로, 또 감정으로 이 십자가에 우리의 공경심을 보이기 위해서, 우리는 어떤 사람들이 땅에 만들어 놓은 십자가의 형상들을 완전히 제거할

---

04 역자주) 단의론은 결국 단성론과 같은 맥락의 주장으로서, 그리스도에겐 신적인 의지만이 존재하며 따라서 인간적인 의지와의 충돌이나 선택의 문제를 경험하지 않으셨다는 주장이다. 교회는 이 주장을 거부하고, 칼케돈 공의회에서 정식화된 그리스도의 두 본성 교리에 따라 당연히 그리스도 안에 인간적인 의지와 성정이 있었으며, 그에 대한 가장 분명한 예가 바로 겟쎄마니 동산에서의 고뇌에 찬 주님의 기도였음을 승인했다.

것을 명하는 바이다. 그것은 우리의 승리의 표시인 십자가가 걷는 사람들의 발 밑에 짓밟히게 하지 않도록 하기 위해서이다. 우리는 이제부터 십자가를 땅에다 표현하는 사람은 누구든지 [성만찬] 교제에서 배제시킬 것을 명하는 바이다."[05] 이 간단한 명령은 그리스도교의 깃발인 십자가에 마땅히 바쳐야 하는 태도를 요구한다. 즉 거룩한 십자가를 땅에다 그리는 것은 지나가는 사람들의 발에 밟힐 위험이 있으므로 적절치 못하다는 것이다.

우리에게 보다 더 관심이 있는 것은 까논 제82항이다. 이것은 당시 교회가 이해하고 있었던 거룩한 형상의 내용을 우리에게 보여주기 때문에 엄청난 중요성을 가진다. 이 조항은 이 형상이 어떤 방향에서 발전되었는지 구체화시킨다. 본문을 보자.

"몇몇 그림(graphais)에서 우리는 세례자 요한의 손가락이 가리키고 있는 어린 양을 발견한다. 이 어린 양은 은총의 한 예형으로 거기에 있다. 그것은 우리에게 미리 율법을 통해서 참된 어린 양이신 우리 하느님 그리스도를 보게 해 준다. 교회에 주어진 희미한 윤곽이요 진리의 상징으로서의 이 그림자들, 즉 이 예형(tupous)을 온전히 공경하지만, 우리는 은총과 진리를 더 선호한다(protimômen). 그리고 이 진리를 율법의 완성으로 받아들인다. 그러므로 우리는 이제부터 이 완성이 그림을 통해 모든 사람들의 눈에 보여질 수 있도록 표현되어야 하며, 이 고대의 어린 양 대신 세상의 죄를 제거하신 우리 하느님 그리스도께서 그의 인간적

---

05 Rhalli와 Potli, *Syntagma d'Atnènes*, t. II, 1852, p. 474.

인 모습(anthrôpinon charactera)에 따라 이콘에 그려져야 한다고 결정한다. 이를 통해서 우리는 말씀이신 하느님의 그 높으신 겸손을 이해하고, 또한 육체 안에 하느님께서 거하신 것(politeias)과 그분의 수난과 그분의 구원을 가져오는 죽으심과 그로부터 세상에 주어진 해방(apolutrôseos)을 기억하도록 인도된다."[06]

이 까논의 첫 번째 문장은 과거의 상황을 구체적으로 묘사한다. 이 문장은 인간의 모습으로 표현된 세례자 요한에 대해 말한다. 요한은 손가락으로 그리스도를 가리킨다. 그리스도는 어린 양의 모습을 하고 있다. 그리스도에 대한 사실주의 이콘은 처음부터 존재해 왔다. 그분의 성육화에 대한 실제적 증거가 되었던 것은 바로 이 진정한 이콘이다. 다른 한편, 구약과 신약의 인물을 표현한 연작도 있었고, 특별히 대부분의 주요 축일을 위한 이콘에서는 그리스도가 인간의 모습으로 표현되었다. 그럼에도 불구하고 7세기말에도 여전히 그리스도의 인간적 모습을 대신하는 상징적 표현이 존재했었다. 그것은 성경의 예형들, 특별히 서방에 폭넓게 확산되었었던 어린 양의 형상에 대한 뒤늦은 집착이었다.[07] 그러므로 교회가 채택한 길을 따라 가도록 신자들을 이끌 필요가 있었고, 퀴니섹스트 공의회의 까논 제82항이 그런 목적을 띠고 있다.

어린 양이라는 구약 성경의 상징은 초기부터 그리스도교 예술

---

06 Rhalli와 Potli, *ibid.*, p. 492.
07 "우리는 비잔틴에 기원을 둔 것으로서, 세례자 요한이 손가락으로 가리키고 있는 어린 양의 표현을 단 하나도 알지 못한다."고 포르코프스키는 말한다. N. Porkovsky, *Monuments de l'iconographie et de l'art chrétiens*, S. Pétersbourg, 1900, p. 29(러시아어).

에서 커다란 역할을 했다. 구약에서 어린 양의 유월절 희생은, 마치 교회의 삶에서 성만찬 희생이 그 심장부를 차지하는 것과 마찬가지로, 예배 생활의 중심을 차지하는 것이었다. 그리고 유월절은 부활 축일과 마찬가지로 연중 전례의 중심이었다. 이스라엘의 희생된 어린 양은 그리스도에 대한 탁월한 예형이다. 주님의 형상이 불가피하게 가려져야만 했던 초기 몇 세기 동안, 어린 양의 형상은 크게 보급되었다. 물고기와 마찬가지로 어린 양은 그리스도를 의미할 뿐만 아니라 그분을 본 받고 따르는 그리스도인을 의미하기도 했다.

퀴니섹스트 공의회가 말하는 이콘 즉 세례자 요한의 손가락이 가리키고 있는 어린 양 모습의 그리스도 이콘은 매우 풍요하고 매우 중요한 교리적 전례적 이콘이었다. 그것은 요한 복음 1장의 잘 알려진 구절에 기초한다. 복음 저자 요한은 구주께서 곧 오실 것이라는 세례자 요한 성인의 증언을 전해 준다. "당신이 엘리야 혹은 또 다른 예언자가 아니냐"고 묻는 제사장들과 레위 족속들에게, 진정 구약 시대의 마지막 예언자였던 세례 요한 성인은 자기는 단지 자기 뒤에 오실 분의 선구자(Procurseur)라고 대답한다. 다음날, 그리스도께서 백성들 앞에 나타나셨고, 요한 성인에게 세례를 청하려고 다가 오셨다. 선구자 요한은 자기에게로 다가오시는 그분을 손가락으로 가리키며 이렇게 말한다. "이 세상의 죄를 없애시는 하느님의 어린 양이 저기 오신다."(요한 1:29) 우리가 살펴본 이 형상은 그러므로 이 말을 문자 그대로 해석한 것이고 그렇게 해서 기억 속에 고정시킨 것이다. 이 상징을 금지하는 제82항은 요한 성인의 동일한 구절에서 영감을 받는다. 단지 이 조항은 이 말을 고립적으로 또 문자 그대로 받아들이지 않고 반대로 이 말에 앞서는 문맥 속에서, 즉 세례 요한의 말 자체에 강조점을 두기보다는 요한이 지시하는 분에 강조점을 두면서 이 구절을 이해한다. 사실 그리스도께서 나타나신 것에 대한 묘사는 이 복음서에서 주님의 출현을 준비하는 서문에 뒤이어 나온다. "말씀이 사람이 되셔서 우리와 함께 계셨는데 우리는 그분의 영광을 보았다. 그것은 외아들이 아버지에게서 받은 영광이었다. 그분에게는 은총과 진리가 충만하였다. … 우리는 모두 그분에게서 넘치는 은총을 받고 또 받았다. 모세에게서는 율법을 받았지만 예수 그리스도에게서는 은총과 진리를 받았다."(1:14, 16-17) 그런데, 예수 그리스도를 통해서 오신 분은 진리 그 자체이시기에, 어떤 말을 형상으로 표현하는 것이 중요한 것이 아니라 말씀의 성취이신 이 진리 자체를 보여주는 것이 중요한 것이다. 사실상, 세상 죄를 짊어진 어린 양에 대해 말할 때, 그것은 세례자 요한 성인이 손가락으로 가리킨 어린 양이 아니라, 예수 그리스도, 즉 율법을 완성하기 위해 사람이 되어 세상에 오셨으며 그 자신 희생물로 고통 당하신, 하느님의 아들이다. 바로 이 분이 구약에서는 어린 양이라는 예형을 통해 지시되었다. 이제 모든 사람에게 보여주어야 하는 것은 이 완성, 이 실재, 이 진리이다. 그래서 이 진리는 말씀으로만이 아니라, 이콘을 통해서도 드러나야만 했고, 보여져야만 했다. 바로 여기에 모든 추상화와 형이상학적인 모든 종교적 개념에 대한 가장 강력한 거부가 자리잡게 된다. 진리는 자신의 형상을 가진다. 왜냐하면 그것은 어떤 사상이나 어떤 추상적인 정식화가 아니라, 구체적이고 살아있는 한 인격, 즉 "본디오 빌라도에 의해 십자가형을 당해 죽은" 한 인격이기 때문이다. 빌라도가 그리스도께 "진리가 무엇인가?"(요한 18:38)라고 질문했을 때, 그리스도께서는 그 앞에서 침묵하셨을 뿐 달리 대답하지 않으셨다. 빌라도는 수많은 대답이 그의 질문에 주어질 수 있으며, 그 어떤 것도 타당할 수 없음을 알았기에 대답을 기다리지도 않고 나가버렸다. 왜냐하면 교회만이 빌라도의 질문에 대한 대답을 가지고 있기 때문이다. 그리스도께서 바로 사도단에 "나는 길이요 진리요 생명이다"(요한 14:6)라고 말씀하셨다. 진리는 '무엇이 진리냐?'가 아니라 '누가 진리냐?'라는 질문에 대답한다. 진리는 한 위격이다. 진리는 그의 형상을 가진다. 바로 이 이유 때문에 교회는 단지 진리에 대해 말할 뿐만 아니라, 진리이신 예수 그리스도의 형상을 보여준다.

이 공의회의 교부들은 계속해서 말한다. "교회에 주어진 희미한 윤곽들이요 진리의 상징으로서의 이 그림자들, 즉 이 유형들(tupous)을 온전히 공경하지만, 우리는 은총과 진리를 더 선호한다(protimômen). 그리고 이 진리를 율법의 완성으로 받아들인다." 퀴니섹스트 공의회는 교회의 삶에서 이미 극복된 한 단계로서의 이 상징적인 주제들에 대해 말한다. 이 조항의 첫 부분이 어린 양이라고 하는 단 하나의 상징적 주제와 관련된다면, 여기서 공의회는, 어린 양을 단지 여러 가지 중의 한 가지 상징으로만이 아니라 가장 주요한 상징, 그래서 그 상징의 베일이 벗겨졌을 때 나머지 다른 것들도 당연하게 마찬가지의 결과를 입게 될 바의 상징으로 바라보면서, 일반적으로 "모형들과 그림자들"을 언급한다.

공의회는 구약 성경과 그리스도교 초기 몇 세기 동안의 상징들을 그것이 예시해 주는 것에 대한 직접적인 표현으로 대체할 것을 명한다. 다시 말해 공의회는 그들 상징의 진정한 의미를 드러내도록 초대한다. 구약의 상징에 포함된 형상은 성육신으로 실재가 된다. 말씀이 육신이 되셨고 우리 가운데 사셨기에 형상은 시간 안에 출현하신 분을 직접적으로 보여주어야 하고 따라서 시각과 표현과 묘사를 통해 다가갈 수 있는 것이 된다.

이렇게 해서 고대의 상징들은 제거되는데, 왜냐하면 직접적인 형상이 존재하고, 이것과 관련해서 볼 때 이 상징들은 "유대교적인 미성숙함"의 때늦은 표현이기 때문이다. 밀이 아직 무르익지 않았을 때, 그것들의 존재는 정당화되었고, 더 나아가 불가피한 것이었다. 왜냐하면 그것들은 밀이 무르익도록 돕기 때문이다. 그러나 "진리의 밀 가지가 무르익게 되자" 그것들의 역할은 더 이상 건설적이지 못하게 되었다. 그것은 심지어 부정적이기까지 하다. 왜냐하면 이 상징들은 이 직접적인 형상과 그 역할의 막대한 중요성을 감소시키기 때문이다. 이 직접적인 형상이 하나의 상징에 의해 대체될 때마다, 이 형상은 그것에 합당한 절대적 중요성을 상실하고 만다.

직접적인 형상을 명한 후, 제82항은 이 형상의 교리적 토대를 정식화한다. 바로 여기에 이 형상의 본질적인 가치가 존재한다. 공의회의 결정이 이콘과 성육신 교리, 즉 "육체 안에 거하신 그리스도의 삶" 사이의 관계를 정식화한 것은 이것이 처음이다. 이콘에 대한 그리스도론적 토대에 대한 이 최초의 표현은, 좀 더 후에 이콘반대주의 시기 동안 이콘 수호자들에 의해 폭넓게 이용되고 발전되고 구체화될 것이다.

그러나 까논 제82항은 상징을 제거하고 직접적 형상의 기초가 되는 교리적 원리를 정식화하는 것에 그치지 않는다. 그것은 비록 간접적이긴 하지만, 이 이콘이 어떠해야 하는가를 지적한다. 이콘은 특정한 시대에 사셨던 예수 그리스도, 성육하신 하느님의 얼굴을 우리에게 보여준다. 그러나 만약 우리가 우리 주님을 세속적인 초상화의 방식으로 그저 평범한 한 인간으로 표현하는 데 그친다면, 그런 표상은 그분의 삶과 수난과 죽음만을 상기시키게 될 것이다. 그러나 거룩한 형상의 내용은 그것에 제한될 수 없다. 왜냐하면 표현된 분은 다른 사람들과는 구분되기 때문이다. 그분은 그저 단순한 한 인간이 아니라 하느님-인간이다. 평범한 형상은 비록 우리에게 그분의 삶을 상기시켜 줄지라도, 그분의 영광, 공의회의 교부들의 표현을 따르자면 "말씀이신 하느님의 높여지심"(l'élévation de Dieu le Verbe)을 우리에게 보여줄 수는 없기 때문이다. 결과적으로 역사적 사실만을 표현하는 것은, 어떤 형상이 하나의 이콘이 되기에는 충분치 않다. 구상 예술의 다양한 수단을 통해서 형상은 표현된 분이 "세상 죄를 제거할 어린 양, 그리스도, 우리 하느님"임을 우리에게 보여주어야 한다. 만약 예수님의 역사적 모습들, 즉 그분의 초상화가 신성이 육체 안에 오심, 신성의 낮아지심과 겸손을 증언해 주는 것들이라면, "사람의 아들"을 표상하는 방식은 하느님의 영광을 반영해야만 한다. 달리 말해서, 말씀이신 하느님의 겸손을 보여주어야만 하고, 그래서 우리가 그것을 볼 때, 그것의 신적인 영광 즉 말씀이신 하느님의 인간적 형상을 관상할 수 있어야 하고, 그를 통해서, 우리가 그분의 죽음의 구속적 성격과 "그로부터 세상에 결과로 나타나는 해방됨"을 인식할 수 있게 해 주어야 한다.

까논 제82항의 마지막 부분은 그리스도교 예술의 상징주의가 무엇으로 구성되는지를 보여준다. 그것은 이콘의 주제나 표현된 것이 무엇이냐에 달려있는 것이 아니라, 그것이 어떻게 표현되는지, 즉 그 표현의 방법에 달려 있다. 그래서 교회의 가르침은 형상의 주제에 의해서만이 아니라 또한 이 주제가 취급되는 방식에 의해서 표현된다. 구상 예술의 영역에서, 교회는 신적 계시에 대한 자신의 경험과 인식에 조응하는 회화 언어를 정립한다. 교회는 그를 통해서 우리들을 이 계시와의 인격적 만남 속에 들어서도록 해 준다. 예술의 모든 구성적 가능성은 이 동일한 목적으로 수렴된다. 그것은 구체적이고 참된 형상, 역사적 실재를 충실하게 전해 주는 것이고, 이 역사적 형상을 통해서 또 하나의 다른 실재, 영적이고 종말론적인 실재를 계시해 주는 것이다.

이렇게 퀴니섹스트 공의회는 한편으로 직접적인 형상을 요구하고 구체적인 인간이신 예수 그리스도를 표현하지 못하는 여러 기호를 거부한다. 왜냐하면 물고기나 어린 양의 형상을 통해서는 그리스도론적 이단들에 대항하는 것이 불가능하기 때문이다. 몇 년 후에, 콘스탄티노플의 총대주교였던 게르마노스 성인은 이콘반대주의자인 주교 토마스에게 이렇게 편지를 보낸다. "주님의 형상을 구체적인 인간적 측면에서 이콘에 표현하는 것은 주님께서 실재가 아니라 단지 환상적인 방식으로 인간이 되셨다고 주장하는 이단들을 혼란에 빠뜨리게 한다."[08]

다른 한편, 까논 제82항은 처음으로 이콘에 대한 교회의 가르침을 표현하였고, 동시에 예술적 수단들을 통해서 그리고 몇몇 상징주의의 도움을 받아서, 하느님 영광을 반영할 수 있는 가능성을 지적한다. 이 까논은 영적 실재를 드러내 주는 상징 언어의 도움을 받는 사실주의적 형상을 정교회의 가르침을 전해 줄 수 있는 유일한 것으로 인정함으로써 역사적 실재의 중요성과 의미를 강조한다. 까논은, 비록 상징들, "그림자와 모형"이 존중될 필요가 있고 특별한 시대의 요구에 부응할 수 있었음을 인정하지만, 그것들은 은총의 충만을 표현하지 못하는 것으로 간주한다. 그러나 이콘의 상징은 완전히 축출되지 않았다. 그것은 단지 이차적인 것이 되었을 뿐이다. 우리는 언제나 이러한 종류의 몇몇 상징을 간직해 왔다. 예를 들어, 동정녀의 옷에 그려진 세 개의 별은 그녀가 그리스도의 탄생 전이나 잉태 중이나 탄생 후나 언제나 동정을 간직한 분임을 보여주는 상징이며, 하늘에서 뻗쳐 내려온 손은 하느님의 현존을 표시해 주는 하나의 상징이다. 그러나 이콘의 이러한 상징주의는 이차적인 중요성을 차지할 뿐, 인격적이고 직접적인 형상을 대체하지는 않는다.

---

08 P.G., 98, 173 B.

이와 같이 까논 제82항을 소위 '이콘에 대한 까논'이라고 부르는 바, 형상의 전례적 가치를 결정하는 몇몇 척도를 지적한다. 그것은 '말씀에 관한 까논'이 어떤 본문의 전례적 가치를 정립해 주는 것과 같다. '이콘 까논'은 형상이 하나의 이콘이 될 수 있는지 없는지를 판단할 수 있도록 해 주는 하나의 원리이다. 까논은 이콘과 성경의 조응성을 정립해 주고, 이 조응이 무엇에 달려 있는지, 다시 말해 우리가 상징적 사실주의(réalisme symbolique)라고 부르는 방식, 또 하느님 나라를 실제적으로 반영해 주는 방식을 통해서, 역사적 실재 안에 주어진 하느님의 계시를 전해 주는 것의 정통성이 어디에 달려 있는지를 정의해 준다.

까논 제82항이 구약의 "그림자와 모형"을 폐지함으로써 "유대교적인 미성숙"을 표적으로 삼았다면, 퀴니섹스트 공의회의 까논 제100항은 "이교도적인 미성숙"을 표적으로 삼았다. 그 본문은 다음과 같다. "지혜는 이렇게 명한다. '네 시선을 바로 두고, 네 마음을 잘 지켜라.(잠언 4:25)' 왜냐하면 육체의 감각은 아주 쉽게 영혼에 침투하기 때문이다. 그러므로 우리는, 화폭에 그려진 것이건 그와 유사한 것들이건 간에 사람들의 시선에 노출될 때, 수치스런 쾌락을 불러일으킴으로써 지성(noun)을 타락시키는 거짓된 그림이 어떤 방식으로든 표상되어서는 안 된다고 명한다. 만약 그런 일을 하는 사람이 있다면, 그 사람은 출교(aphorizésthou)되어 마땅하다고 명한다."[09]

---

09 Rhalli와 Potli, *ibid.*, p. 545.

"수치스런 쾌락을 불러일으키는" 그림이 교회에서 사용되었다고 가정하기는 힘들다. 그러나 퀴니섹스트 공의회의 시대에, 전례적인 축일과 나란히 이교적인 축제가 여전히 존재했었고, 따라서 이 공의회는 까논 제62항에서 이 이교 축제들, 특별히 부르말리아(Broumalia), 바쿠스를 기념하는 의식들, 고대 신들을 기념하는 춤을 금지한다. 이들 이교 축제는 예술에도 자연스럽게, 그것도 종종 아주 수치스런 형상의 조잡스런 방식으로 반영되었다. 그러므로 이러한 예술의 몇몇 요소가 그리스도교 예술에 침투해 들어와서 그것의 그리스도교적인 의미를 희석시키는 한, 교회가 이러한 표현의 퇴폐적인 영향으로부터 교회의 지체들을 보호할 필요가 있다고 판단하는 것은 아주 자연스럽다. 까논 제100항은 교회가 생활에서만이 아니라, 생활을 반영하고 또 이 생활에 영향을 주는 예술에 있어서도 일종의 금욕을 실천할 것을 신자들에게 요구하고 있음을 보여준다. 예술에 대한 이러한 도덕적 관심은 교회의 고유한 영역에서 이러한 측면이 얼마나 중요했는가를 잘 보여준다. 이 까논은, 좀 더 뒤에 살펴보게 되겠지만, 모든 교부 저작과 그리스도교 예술을 통해서 분명하게 부각되는 이 기초적인 원리를 반영한다.

퀴니섹스트 공의회는 우리 주님의 인성과 신성이라는 그리스도의 두 본성에 관한 정통 신앙고백을 위한 교회의 교리적 투쟁의 최종점을 이룬다. 공의회의 교부들이 말한 바와 같이 이 공의회는 "참된 경건이 이미 명백하게 선언된" 시점이다. 이 말로 공의회의 첫 번째 까논이 시작된다. 교부들과 공의회들은, 말로 표현될 수 있는 모든 한도 안에서, 하느님의 성육화에 대한 교회의 가르침을 표현할 명확하고 구체적인 교리적 정식화를 발견했다. 진리는 공공연하고도 분명한 방식으로 선언되었다. 그러나 이것으로 충분한 것은 아니다. 공의회들과 교부들의 정식화가 지니는 이 모든 명확성에도 불구하고, 이것을 받아들이지 않는 자들에 대항해서 이 진리를 수호하기 위해 더 오랫동안 싸우지 않으면 안 되었다. 다시 말해 진리를 말할 뿐만 아니라 진리를 보여주어야만 했다. 형상의 영역에서도 문란하고 혼란스런 교리에 맞서기 위해 보다 엄격한 고백이 필요했다. 사람들은 그것이 참되지 않음에도 불구하고, 모호함 때문에 이러한 잘못된 교리에 빠질 수 있었다. 그것은 모두를 만족시킬 수 있는 타협점을 찾는 것과는 아무런 상관도 없었다. 반대로 그것은 진리를 분명하게 고백하고, 까논 제82항이 말하는 것처럼, "모든 사람들의 눈앞에 그 완성을 표시해 주는 것"이었다.

이 까논 제82항을 통해서 교회는 그리스도교적인 형상에 대한 당시 유대인들의 공격에 응답한다. 그리고 제100항을 통해서 교회는 헬레니즘 예술의 모든 잔재를 제거한다. 그 당시의 요구에 대한 교회의 응답은 하나의 긍정적인 지침을 포함하는데, 나중에 요한 다마스커스 성인이 말한 바와 같이, 그것은 정확히 "육체의 영광이 되신 신성의 영광"[10]을 형상 속에서 보여주는 것이다. 왜냐하면 그리스도론이 교리 논쟁의 중심적인 주제였던 시

---

10 *Homélie pour la Transfiguration*, par. 12, P.G., 96, 564 B.

대에, 모든 그리스도교 이콘의 토대인 그리스도의 인간 형상에 대해서 교리적 정식화가 요구되었고, 이것을 통해 "유대교와 이교의 미성숙"이 청산될 수 있었다는 점은 분명하기 때문이다.

퀴니섹스트 공의회의 결정은 황제에 의해 서명되었고, 또 로마 교황의 서명을 위한 자리도 주어졌으며, 이어서 콘스탄티노플의 바울로, 알렉산드리아의 베드로, 예루살렘의 아나스타시오스, 안디옥의 요르고스 등 총대주교의 서명이 뒤따랐다. 그리고 마지막으로 213명의 공의회 교부들, 혹은 그들의 대리자 서명이 이어졌다. 이 교부들의 서명 중에는, 공의회의 결정의 서명자로 로마 교회로부터 임명된 크레타의 고르틴(Gortyne)의 대주교 바실리오스의 서명과 그 밖에도 여러 서방 주교들의 서명이 포함되어 있다.[11]

공의회가 끝나자마자 교황 세르기우스의 서명을 위해, 공의회 의사록(actes)은 로마로 보내졌다. 그러나 그는 이를 거부했다. 그는 심지어 그에게 헌정된 의사록의 수령조차 거부했다. 그는 공의회의 결정이 무효함을 선언했고, 이 오류에 동의하느니 죽음을 선택하겠노라고 주장했다. 이 '오류'는 의심의 여지없이 여러 가르침과 관습, 예를 들자면, 성직자의 독신 의무, 이미 제1차 세계공의회에서부터 금지된 바 있는 토요일의 금식, 어린 양과

---

11 이 서방 주교들의 권한은 여러 서방 학자들에 의해 이의가 제기되거나 부정되었다. 그래서 우리는 헤펠레 르클레(Héfélé Leclerc)의 저작 *Histoire des Conciles*에서 다음과 같은 주장을 읽을 수 있다. "*Vita Sergii du Liber Pontificalis*에서 교황 세르기우스의 특사들이, 비록 황제에 속아서 그런 것이긴 하지만, 그들의 서명을 첨부했다고 보고된 것은 사실이다. 그러나 이 교황 특사들은 공의회에 참석하기 위한 목적으로 로마에서 파견된 특사들이 아니라 콘스탄티노플에 상주하는 교황의 단순한 대리자들에 불과하다." (t. III, p. 577, Paris, 1909)

그 밖의 다른 모습으로 그리스도를 표현하는 것 등이었고, 이것에 대해 나머지 교회 전체와 로마 교회 사이에는 분명한 차이가 존재했었다. 그럼에도 불구하고 로마 교회는 퀴니섹스트 공의회의 까논 제82항과 맥을 같이하는 제7차 세계공의회(787년)를 인정했다. 그러므로 결과적으로 우리는 로마 교회가 암시적인 방식으로 이 까논을 인정한 것이라고 말할 수 있다. 교황 그레고리우스 2세 성인은 콘스탄티노플 총대주교 게르마노스 성인에게 보낸 한 편지에서 이 까논을 참조한다.[12] 교황 아드리아누스 1세는 총대주교 타라시오스 성인에게 보낸 편지에서 퀴니섹스트 공의회에 대한 자신의 동의를 엄숙하게 선언했다. 그는 제7차 세계공의회를 옹호하기 위해 당시 프랑크의 여러 주교에게 보낸 편지에서도 동일하게 선언했다. 교황 요한 8세는 아무런 반대의사도 공식화하지 않은 채 퀴니섹스트 공의회의 결정에 대해 말했다. 좀 뒤에, 교황 인노첸시오 3세는 까논 제82항을 인용하면서 이 퀴니섹스트 공의회를 제6차 세계공의회라고 불렀다. 그러나 이런 동의들은 단지 몇몇 교황들의 의견일 뿐이지, 다른 교황들은 반대의 의견을 가졌다. 어찌 되었든 간에, 서방은 사실상 이 퀴니섹스트 공의회의 결정을 받아들이지 않았다.

이렇게 해서 로마 교회는 이콘에 대한 그리스도론적 토대에 대한 교회의 가르침에 이방인처럼 낯설게 머물러 있게 되었다. 이 가르침은 서방 그리스도교 예술을 살찌울 수 없었다. 그리고 서

---

12 G. Ostrogorsky, *Seminarium Kondakovianum*, n° 1, Prague, 1927, p. 43. 에서 인용됨.

방 그리스도교 예술은 오늘날까지도 어린 양과 같은 순전히 상징적인 몇몇 표현에 강하게 결속되어 있다. 퀴니섹스트 공의회 결정에 대한 거부는 좀 뒤에 그리스도교 예술의 영역에서 엄청난 중대성을 가지게 된다. 즉, 로마 교회는 영적인 회화 언어를 정립해 나가는 과정에서 스스로를 배제시켰다. 반면에 그 밖의 모든 교회는 이 과정에서 각기 능동적인 기여를 했고, 그 주도적인 역할은 특별히 콘스탄티노플 교회가 담당하게 되었다. 서방은 이 발전 과정 밖에 존재하게 되었다.

그러나 정교회는, 퀴니섹스트 공의회의 노선 안에서, 형식에 있어서만이 아니라 그 내용에 있어서도 끊임없이 자신의 예술, 즉 형상과 물질 세계의 다양한 형식을 통해서 신적인 세계의 계시를 전해 주고, 우리에게 이 신적인 세계에 다가가고 그것을 관상하고 이해하는 데 하나의 열쇠 혹은 수단을 제공해 주는 그러한 예술을 구체화 시켜 나갔다.

퀴니섹스트 공의회의 모든 중요성을 잘 인식하는 것은 오늘날 서방에 현존하는 정교회에 특별히 중요하다고 생각된다. 실제로, 이 까논은 전례 예술의 이론적 토대를 형성한다. 서방의 정교회 예술이 이후 어떠한 방향을 걸어가든 간에, 이 까논에서 처음으로 정식화된 이러한 기초적 지침을 무시할 수는 없을 것이다. 즉, 교회의 영적 체험에 조응하는 형식을 통해 표현된 역사적 실재와 계시된 신적 실재의 전승이 바로 그것이다.

6장
이콘반대주의 직전의 시기

고대 세계는 서서히 그리고 힘겹게 교회 안으로 들어갔다. 매우 복잡하고 완벽한 문화를 가지고 있었던 이 사회는 그리스도께서 비유를 통해 "부자가 하느님 나라에 들어가는 것은 낙타가 바늘귀를 통과하는 것보다 더 어렵다"고 말했을 때의 부자 청년과 같았다. 이 세계의 예술은 분명 하나의 유산이었고, 교회는 이 유산으로부터 그리스도교 계시를 표현하는 데 봉사할 수 있는 요소를 끊임없이 길어 올렸고 또 그것들을 성화시켰다. 이 성화의 과정에서 그리스도교 예술의 의미와 조응하지 못했고 더 나아가 그것과 모순되어서 그리스도교 예술로 성화되기 힘들었던 몇몇 고대의 예술적 요소도 교회에 침투했던 것은 매우 자연스럽다. 그러나 그것들은, 관능적이고 감각적인 측면, 즉 이방 종교에는 고유하지만 정통 신앙에는 완전히 낯선 고대 예술의 몽환적인 자연주의(naturalisme illusionniste)를 침투시킴으로써 그리스도교 예술에 영향을 주었고 세속적인 특징들로 그리스도교 예술에 흔적을 남겼다. 교회는 끊임없이 이들 요소와 투쟁해야 했고, 이 투쟁은 진리를 위한 교회의 투쟁이 예술의 영역에 반영된 것에 다름 아니었다. 신학적 영역에서, 이단은 신적 계시를 충만하게 받아들일 수 없었던 인간의 무능력과 이 계시를 보다 접근 가능한 것으로 만들고 싶어서 하늘을 땅의 수준으로 끌어내리려고 하는 인간의 자연스런 성향의 결과였다. 그리스도교 예술의 영역에서도 마찬가지였다. 세속 예술은, 계시를 '끌어내리는', 그것을 보다 접근 가능하고 친숙한 것으로 만들려고 하는, 그럼으로써 복음의 가르침을 왜곡하고 그 가르침을 본래의 목적과 등지게 만드는 요소를 교회에 도입했다. 우리가 앞으로 살펴보겠지만, 이 같은 관능적이고 환상주의적인 '요소'는 좀 더 후에 자연주의(naturalisme), 관념주의(idéalisme) 등의 형태로 그리스도교 예술로 침투할 것이다. 이것들은 그리스도교 예술의 순수성을 모호하게 만들고 그것을 세속 예술의 요소들의 홍수로 뒤덮어 버릴 것이다.

  다른 말로 하면, 교회는, 성육신을 통해 거듭난 인간과 세상의 형상, 구원의 형상, 즉 그리스도의 형상을 세상에 가져오지만, 이 세상은 반대로 교회 안에 이 세상의 형상, 타락한 세상의 형상, 죄와 부패와 해체의 형상을 도입하려고 노력한다. 우리 시대에 와서 모스크바의 세르기오스 총대주교는 이렇게 말하게 된다. "그리스도에 적대하는 세상은 박해와 같은 외적인 방식을 통해 그리스도의 빛을 잠재워 버리려고 할 뿐만 아니라 그리스도의 양떼 안에 슬며시 침투할 수도 있다."⁰¹ 달리 말해서, 세상은 교회를 내부로부터 파괴하려고 노력한다. 세상이 교회 안에 침투할 수 있는 통로 중의 하나가 바로 예술이다. 이 영역에서, 이 세상의 지배자는 언제나 동일한 방식으로 자리잡는다. 그는, 예술은 예술이지 그 어떤 다른 것도 아니며, 예술은 그 자체로 자신의 고유한 가치가 있으며, 그것의 고유한 수단을 통해 보다 대중적이고 세속적이며 보다 접근하기 쉬운 방식, 즉 어떠한 영적인 노력도 필요로 하지 않는 방식으로 거룩함을 표현할 수 있다고 신자들에게 속삭인다. 그리고 하느님을 타락한 인간의 형상과 모양대로 표현하는 것은 그 반대의 길, 즉 표현 속에서 인간 안에 있는 하느님의 형상과 모양을 전달하는 것보다는 분명 훨씬 용이하다.

비잔틴에서 고대 예술이 그리스도교 형상에 미친 영향은 몇몇 학자가 고대 세계의 '부활'(renaissance)이라고 말할 정도로 상당했다. 더 나아가, 우리가 탐구할 시기 동안, 형상을 향한 신자들의 태도, 즉 종종 필요한 순결성을 결여했었던 이 태도는 형상 공경(vénération des images)에 반대하는 자들의 힘있는 무기로 작용했다. 다른 한편, 교회 밖으로부터 오는 형상에 대한 공격이 있었고, 그것들은 교회의 품안에서 이콘반대주의(iconoclasme) 흐름이 형성되고 발전, 강화되는 데 크게 기여하였다.

교리 차원에서의 그리스도론적 논쟁은 7세기에 끝난다. 이 첫

---

01 *Le Patriarche Serge et son héritage spirituel*, Moscou, 1947, p. 65(러시아어).

일곱 세기 동안, 교회는 자신의 핵심적인 진리, 우리의 구원의 기초를 이루는 진리, 즉 하느님의 성육신에 대한 진리를 수호하였다. 교회는, 하느님이자 인간이신 예수 그리스도의 위격에 대한 교회의 가르침의 다양한 측면을 차례로 정식화하고 그렇게 해서 빗나간 해석으로 나아가는 것을 차단해 주는, 가능한 한 가장 정확한 정의를 세상에 제공해 줌으로써 이 진리를 한 점 한 점에 이르기까지 수호하였다. 그러나 교회가 각 이단들을 분리해서 격파하게 됨으로써 그리스도론 교리의 다양한 측면을 겨냥한 부분적 공격이 그치게 되었을 때, 정교회의 가르침 전체를 향한 총체적인 공격이 나타났다. 우리는 퀴니섹스트 공의회의 까논 제82항이 가지는 중요성과, 상징을 제거함으로써 직접적인 형상을 통해서 정통 신앙을 고백할 것을 요구했던 역사적 필연성을 살펴본 바 있다. 곧이어 이콘에 반대하는 공개적인 투쟁이 시작되었다. 이렇게 해서 그리스도교의 토대 자체를 갉아먹는 가장 끔찍한 이단 중의 하나가 등장했다. 8세기와 9세기의 이콘반대주의(iconoclasme)가 바로 그것이다.

이콘반대주의의 광범위한 확산에는 몇 가지 원인이 있다. 무엇보다도 오해, 몰이해, 이콘에 대한 공경을 변질시키는 여러 가지 남용에 주목할 필요가 있다. 어떤 그리스도인들은 열심히 교회를 장식했고 그것이 그들의 구원에 충분한 것으로 간주했다. 이코니움의 암필로키오스(Amphiloque d'Iconium) 성인은 4세기부터 이미 그것을 고발한 바 있다. 다른 한편, 신성모독으로 보이게끔 만드는 거룩한 형상에 대한 공경의 형태들이 존재했다. 7세기에 아마세아의 아스테리오스(Astère d'Amasie)는 성인들을 표현하는 수놓은 형상이 비잔틴 귀족들의 예복을 장식하는 데 이용되었다고 말해 준다.[02] 알렉산드리아에서는, 선남선녀들이 거룩한 형상으로 수놓은 옷을 입고 길거리를 산책했다. 이콘에 대한 지나친 공경의 한 형태가 교회에서 용인된 관습으로 출현하였는데, 예를 들자면, 사람들은 종종 이콘을 세례나 수도복 착복식 때 대부나 대모로 취하기도 했다. 더욱 이상스런 예도 있었다. 어떤 사제들은 이콘의 색깔을 긁어서 벗겨낸 후, 마치 신성한 성체 성혈이 아직도 무언가 거룩한 것에 의해 보충되어야 할 것처럼, 그것을 성체 성혈과 섞은 후 신자들에게 이 섞은 것을 주기도 했다. 또 어떤 사제들은 제단 대신에 이콘 위에서 성만찬을 집례하기도 했다. 신자들은 종종 지나치게 문자 그대로 이콘에 대한 공경을 받아들였다. 그래서 그들은 이콘 그 자체에 비해서 이콘에 표현된 사람은 덜 공경하곤 했다. 이것은 분명 마술로 돌변하거나 이방 종교의 타락한 행태와 재결합될 수 있는 것이었다. 이 모든 사실은 정교 신앙 안에 굳게 서지 못한 수많은 신자들에게는 하나의 커다란 추문이었고, 그래서 그들 중 많은 사람들을 이콘에 전적으로 반대하도록 밀어붙였다.

이콘에 대한 태도와 관련된 이러한 오류와 나란히, 형상 그 자체에도 추문의 이유들이 있었다. 역사적 진실은 종종 왜곡되었다. 이미 아우구스티누스 성인[03]은 그 당시 몇몇 예술가가, 마치

---

02 M.A. Vassiliev, *Histoire de l'Empire byzantin*, Paris, 1932, t. I, p. 340.
03 *De Trinitate*, L, VIII, chap. iv, par. 7., P.L. 42, 951-952.

오늘날도 종종 그런 일이 생기는 것처럼, 그들 자신의 상상을 통해서 자의적으로 그리스도를 표현하곤 했다고 말해 준다. 어떤 형상은 표상된 인물의 거룩함과는 하등 어울리지 않는 아주 세밀한 감각적 표현을 통해 신자들을 당황하게 만들었다. 이러한 종류의 형상은 이콘의 거룩함, 더 나아가 교회에서 정말 그것이 필요한지 의심하게 만들었다. 설상가상으로 그것들은 이콘반대주의자들이 그리스도교 예술 일반에 대해 반대하는 데 강력한 무기를 제공해 주었다. 그들의 눈에, 예술은 하느님의 영광, 성인들의 영광, 영적인 세계를 반영할 수 없는 것이었다. 예술은 거의 신성모독에 가까운 것이었고 교회 안에 그것이 버젓이 존재하는 것은 이교주의에의 양보로 비쳤다. 그들은 이렇게 말했다. "우리가 어떻게 감히 하늘보다 더 높고 케루빔보다 더 영광스러운 신성의 충만을 자신의 품에 수용하신 영광의 성모님을 희랍 예술로 표현할 수 있겠는가?" 혹은 "그리스도와 함께 다스릴 것이며, 그분의 보좌에 함께 앉아서 세상을 심판할 것이며, 세상 전체도 그들에 비길 수 없다는 성경의 말씀처럼 그리스도의 영광과 버금가는 영광을 누리는 분들을 이교도의 예술로 표현한다면 어찌 수치스럽지 않겠는가?"[04]

교회 안의 이콘반대주의 흐름은 교회 밖으로부터 강력하게 지원받았다. 제7차 세계공의회의 의사록을 통해서 우리는, 이미 6세기에 시나이의 아나스타시오스(Anastase le Sinaïte)가, 비록 누구인

---

04 제7차 세계공의회 의사록(Actes), 6ᵉ session, Mansi XIII, 276, 277 D.

지 구체적으로 알려지진 않았지만 이콘을 능멸했던 적들에 대항해서 이콘을 보호해야만 했었다는 사실을 보게 된다. 6세기 주상(柱上) 성자 시메온(Syméon le Stylite) 또한 유스티노스 2세 황제에게 보내는 편지에서 그리스도와 동정녀의 이콘을 능멸하는 사마리아인들에 대해 말한다. 7세기에, 네아폴리스의 주교 레온티오스는 구약 성경의 금지에 근거해서 정통 신자들을 우상숭배자로 고발한 이콘반대주의자들에 대항해서 하나의 저작을 저술했다.[05] 이 고발은 7세기 데살로니끼의 주교 요한에 의해서도 반박되었다. 8세기, 보스트라의 스테파노스 주교는 이슬람 국가였던 아랍지역에서 유대인들에 반대하는 그의 한 저작을 통해 이콘을 반대하는 그들의 주장을 반박했다.[06]

이러한 다양한 이콘반대주의의 출현 중에서, 가장 중요한 역할을 한 것은 이슬람교의 개입이다. 7세기, 시리아와 팔레스타인을 정복한 아랍의 이슬람교는 소아시아를 거쳐 717년에는 콘스탄티노플을 점령했다. 이사우로스 레온 3세(Léon III l'Isaurien) 황제는 718년에 그들을 물리쳤다. 정복 초기에 아랍인들은 일반적으로는 그들이 점령한 지역에서 그리스도교의 형상에 대해 상당히 관용적이었다. 그러나 이슬람교의 출현시기, 유대인들은 다시 한번 매우 엄격하게 구약 성경의 형상 금지에 집착했다. 그리스도교의 초기 몇 세기와 유사하게 시나고그(synagogue, 회당)를 더 이상 형상으로 장식하지 않은 것은 물론이고, 더 나아가 기존의 형

---

05 P.G. 93, 1597-1609 및 Mansi XIII, 45.
06 다마스커스의 요한 성인에 의해 인용됨. P.G., 94, I, 1376.

상을 파괴했다. 아인 두쿠(Aïn Douq)와 벤 알파(Beth Alfa)의 시나고그는 이 파괴의 흔적을 잘 간직하고 있다.

723년 칼리프 예지드(le calife Yézid)는 급작스럽게 자신의 통치 지역에 있는 모든 그리스도교 예배당에서 이콘을 제거하라는 명령을 내렸다. 그래서 이슬람교도들은 이콘 사냥에 나섰다. 그러나 그들의 박해는 아마도 지속적이고 체계적인 특징을 띠지는 않은 것 같다.

이슬람교와 유대교와 나란히, 이콘반대주의 진영에는, 하느님의 성육신은 환상적이고 비실제적인 것이었다고 가르치는 가현설(docétisme)[07]에 영향을 받은 많은 그리스도교 이단 종파가 있었다. 예를 들어서 바울로파(Pauliciens)와 몇몇 단성론(monophysites) 종파가 그러했다.[08] 제7차 세계공의회에서 콘스탄티노플의 총대주교 타라시오스 성인은 이콘반대주의가 유대인들, 이슬람교도들, 사마리아인들, 마니교도들 그리고 두 개의 단성론 종파, 즉 열광

---

07 이콘반대주의 시기에 대한 가장 훌륭한 연구들은 다음과 같은 것들이 있다. M.G. Ostrogorsky, *Studien zur Geschichte des byzantinischen Bilderstreites*, Breslau, 1929 ; 동저자의 *Histoire de l'Empire byzantin*, le chap. III과. A. Grabar, *L'iconoclasme byzantin*, Paris, 1957.

08 단성론자들의 대다수는 이콘에 적대적이지 않았고, 이때까지만 해도 이콘을 잘 보존했다. 아리우스주의자들은 성인도 성유해도 이콘도 공경하지 않았다. 네스토리우스주의자들 대부분은 이콘을 공경했다. 그러나 이들 추종자들은 14세기 타메를란(Tamerlan) 전쟁 후 커다란 퇴락을 경험했고 그로부터 다시 회복되지 못했기에 이콘에 대한 공경심을 잃게 되었다. 그러나 십자가만은 여전히 공경했다. 뽈리시안 종파는 마니교적인 이원론 종파였다. 열등하고 악한 신에 의해 창조된 물질은 그들에게 경멸의 대상이었다. 그리스도는 실제적인 물질적 육체를 수용하지 않았으며 그래서 절대로 표현될 수 없는 분이었다. 10세기 요한 치미세스(Jean Tzimiscès) 황제는 그들을 제국의 유럽 국경 근처로 이주시켰다. 그들의 이원론적이고 광신적인 이콘반대주의적 교리는 이렇게 해서 중유럽에 확산되었다. 이 흐름은 나라에 따라 보고밀파(Bogomiles), 빠타린파(Patarins), 카타르파(Cathars), 알비파(Albigeois) 등으로 불리는 광범위한 종파 운동의 기원이 되었다.

주의자들과 테오파스키트(théopasquites)들에게서 영감을 받았다고 말한다.[09]

그럼에도 불구하고 이콘반대주의가 순전히 동방적인 이단이었다고 믿어서는 안 된다. 그것은 서방에서도 역시 출현했다. 그러나 서방은 교회 전체로 볼 때 상대적으로 하나의 '지역적인' 상황을 점하고 있었기에 교회의 운명이 형성되는 것은 결국 제국의 동쪽 지역에서였다. 그러므로 바로 동방에서 이단들이 특별히 가장 격렬했고 그에 따라 교회의 응답 또한 가장 심오하고 구체적이었다. 서방에서는 이콘반대주의가 체계적이고 조직화된 형태를 띠지 않았다. 그래서 그것은 비잔틴 세계의 이콘반대주의 이전이나 혹은 그들의 결정적인 패퇴 이후의 고립적인 경우에만 출현했다. 가장 특징적인 이야기 중의 하나는 6세기 말엽의 일이다. 598년 혹은 599년에 마르세이유의 주교 세레누스는 이콘을 교회 밖으로 내던져 버리고, 그것들이 백성들에 의해 온당하지 않게 경배된다는 이유로 파괴해 버렸다. 대(大) 그레고리우스(Grégoire le Grand) 교황은 형상 경배에 반대한 주교의 열심을 찬양하면서도 이콘을 파괴한 행위에 대해서는 질책했다. 그는 이렇게 편지를 써 보냈다. "그럼에도 불구하고 이콘들을 파괴해서는 안 되었습니다. 우리는 이콘을 교회에 배치하는데 그 이유는 글자를 모르는 사람들이 벽에 있는 그것을 보고 책을 통해서는 읽을 수 없는 것들을 읽을 수 있게 되기 때문입니다. 형제여, 당

---

09 5e session, Mansi XIII, 157 D.

신은 이콘들을 보존해야만 했습니다. 그러나 백성들이 그것들을 경배하도록(adorer) 해서는 안 되겠지요."[10] 교황의 편지를 받고 세레누스 주교는 그 편지의 진정성을 의심하는 체했다. 그래서 600년에 교황 대(大) 고레고리우스 성인은 다시 그에게 편지를 써 보내서, 그의 행위가 야기한 혼란을 수습할 것과 백성들에게 이콘을 어떻게 공경해야 하는지를 잘 설명하면서 교회 안에 이콘을 회복시킬 것을 요구하였다. 대 그레고리우스 성인은 다음과 같이 덧붙였다. "우리는 당신이 교회 안에서 이콘을 경배하는 것을 금한 것에 대해 매우 잘했다고 생각합니다. 그러나 우리는 이콘을 파괴하는 것에 대해서는 금지합니다. 이콘을 경배하는 것과 이콘을 통해 역사 속에서 경배되어야 할 것에 대해 배우는 것을 분명히 구별해야 합니다. 성경이 글을 읽을 수 있는 사람들을 위한 것이라면, 이콘은 또한 글을 모르는 사람들을 위한 것입니다. 이콘을 통해서, 교육받지 못한 사람들까지도 그들이 따라가야 할 것을 알게 됩니다. 그것은 글자를 알지 못하는 사람들의 독서입니다. 그렇기 때문에 이콘은 또한 외국인들에게도 독서를 대신해줍니다."[11] 그러나 서방에서 출현한 이러한 이콘반대주의는 고립된 몇몇 경우에 해당할 뿐, 동방의 이콘반대주의와 같이 깊은 뿌리를 가진 것이 아니었고, 따라서 동방과 유사한 결과를 가져올 수 없었다.

---

10   *Lib.* IX, Epist.cv, P.L. 77, 1027 C-1028 A.
11   *Lib.* XI, Epist. xiii, P.L. 77, 1128 A-1130 B.

7장
이콘반대주의 시기 : 역사 개관

    비잔틴의 이콘반대주의에 대한 서방에서의 관심은, 형상에 대한 공경에 관해 집요한 투쟁이 전개되었던 16-17세기의 종교개혁 시기에 생겨났다. 이 시기 이후 수많은 저작들이 극도로 다양한 관점을 가지고 이콘반대주의를 다루고 탐구하였다.[01] 혹자는 이콘반대주의의 종교적 정치적 이유를 발견한 반면, 혹자는 종교적 이유를 단지 핑계로 간주할 뿐 오직 정치, 사회, 경제적인 이유만을 진지하게 다루었다. "현대의 연구자들에게는 이콘반대주의의 고유한 문제들, 즉 한 세기에 걸쳐 종교 예배에 관한 문제들이 생사가 걸린 투쟁의 대상이었다는 사실 자체가 너무나도 이해할 수 없는 것이 되어버렸다. 그래서 그들은 모든 자료의 증언에 반하여 이콘반대주의를 마치 사회개혁운동이었던 것처럼

---

01   *Vizantiisky Vrémennik* XXII, 1963, pp. 199-226(러시아어)에 있는 M. Suzumov, "L'historiographie de l'iconoclasme.

설명했다. 주어진 자료들이 이러한 설명에 모순될 때, 그것은 극도의 경멸과 함께 배제되었다. 또 이러한 설명을 구축하는 데 부족한 것이 있으면, 그것들은 발명되곤 했다."[02] 달리 말해서, 이 모든 이론들은, 교리적 이데올로기적[03] 전제에 의해, 혹은 투쟁 중에 있는 두 진영의 어느 하나에 대한 저자들의 개인적인 선호도에 의해 조건 지워진 가정일 뿐이다. 확실히 비잔틴에서, 교리적인 운동은 이러저러한 방식으로 정치적이고 사회적인 문제와 연결되어 있었다. 그리고 이 후자의 문제들은 이콘을 위한 투쟁에서 적지 않은 역할을 했다.[04] 그들 중 어떤 것은 이콘반대주의

---

02 G. Ostrogorsky, "Uber die vermeintliche Reformtätigkeit der Isaurer", *Byzantinische Zeitschrift* 30, 1929-1930, pp. 394-395. 어떤 역사가들에 따르면, 레온 3세(Léon III)는 그리스도인과 유대인과 이슬람교도를 분리시키는 주요한 장애 중의 하나를 제거하고, 모든 신민들이 제국에 복종하는 것을 더욱 용이하도록 하기 위해서 이콘에 대한 예식을 폐지할 것을 결정했다고 한다. 혹자는 또 그가 이콘이라는 수단을 통해 행사되는 교회의 영향력으로부터 백성들을 해방시키길 원했다고 한다. 또 혹자는 이콘반대주의적인 황제들의 목표는 성직자들을 교육으로부터 배제시키는 것이었다거나(M.A. Vasiliev, *Histoire de l'Empire byzantin*, Paris, 1932, t. I, pp.334-335), 혹은 대다수의 수도원들이 국가에 해가 되었다고 주장한다. 실제로 수도원에 들어가는 사람의 엄청난 숫자는 결국 농촌 노동자와 군징집 대상자와 국가 관리를 감소시켰다.(Ch. Diehl, *Histoire de l'Empire byzantin*, Paris, 1934, p. 71) 이를 위해서는 당시 비잔틴 제국에 있었던 수도사의 숫자가 약 10만명에 달할 것으로 추정된다는 사실을 상기하는 것으로 충분하다. 비교를 위해서, 20세기 초 러시아에는 훨씬 인구가 많았음에도 불구하고 수도사와 수녀가 약 4만명이었음을 주목하자.(A.Vasiliev, *ibid*, p. 340)

03 이 점에서 특징적인 것은 이콘반대주의를 수도원주의에 반대한 탁월한 투쟁으로 제시하는 것이다. 그러한 주장만큼이나 이상스러운 것은 오늘날까지도 이러한 주장을 만날 수 있다는 것이다. 이렇게 해서, "절대 권력을 위한 제국 정부의 투쟁에 있어서 가장 중요한 수단 중의 하나가 수도원을 겨냥한 이콘반대주의였다"고 주장한다.(G. Dombrovsky, *Les fresques de la Crimée médiévale*, Kiev, 1966, p. 14(러시아어)) 그럼에도 불구하고, 우리는 자료에서 이콘 수호주의자인 수도사들의 몇몇 개인적인 공격만을 알 뿐이다. 또한 이콘반대주의적인 수도사들과 수도원들도 있었음은 물론이다.(F. Dvornik, *Le schisme de Photius*, Paris, 1950, p. 113, note 72 를 보라) 만약 수도원이 중심적인 문제였고, 이콘은 단지 그 핑계에 불과했다면, 논쟁의 모든 핵심은 수도원주의에 있었을 것이다. 그럼에도 불구하고 우리는 이콘반대주의 시기의 문서에서 그러한 것을 발견할 수 없다. 역사적인 문서들뿐만 아니라 특별히 신학적인 저작들도 수도원주의 그 자체를 옹호하거나 반대하는 것을 포함하고 있지 않다. 우리는 그 속에서 이콘과 그것의 공경에 관련되는 것과 비견될 만한 다른 주제들을 찾을 수 없다.

04 G. Florovsky, *Les Pères byzantins des Ve-VIIIe siècles*, Paris, 1933(러시아어) 및 "Origen, Eusebius,

와 밀접한 관계 속에 있을 수도 있고, 또 어떤 것은 단지 시기적으로 우연하게 동시 발생한 것일 수도 있고, 또 어떤 것은 어떤 점에서 이콘반대주의에 직간접적으로 영향을 주었을 수도 있다. 그러나 이 모든 것은 문제의 근원이 아니다. 이콘반대주의 시기를 판단하기 위해 가정의 영역을 포기하고 대신 문서와 사실로 방향을 돌리게 될 때, 우리는 이 모든 것이 배타적으로 교리적인 특징을 지닌다는 점을 알아차릴 수 있다. 그것들은 두 진영의 변증적인 글들, 공의회의 의사록 그리고 공의회의 결정이다.

이콘반대주의는 국가 권력이 공개적으로 편을 들어주기 전부터 존재했었고, 또한 국가가 이 교회 개혁을 거부했을 때뿐만 아니라 이 교회 개혁에 대해 적대적인 입장을 채택했을 때도 계속 존재했다. 게다가 이콘반대주의는 동일한 이데올로기적 전제와 함께 역사 속에서 그리고 여러 나라에서 여러 번에 걸쳐 반복되었다. 그것은 오늘날도 정치 권력과 무관하게 계속해서 존재한다.

정교회의 세계에서 공개적인 이콘반대주의는 국가의 주도로 시작되었다. 726년 이사우로스 레온 3세 황제는 당시 콘스탄티노플에 체류하고 있었던 소아시아의 주교들이 형상에 대한 예배 의식에 적대적이었던 점에 영향을 받아 공개적으로 이콘에 대한 공경에 반대하는 입장을 천명했다. 지금까지의 연구는 황제가 이 점과 관련하여 두 가지의 칙령을 내렸다고 간주한다. 첫 번째는 726년에 반포되어서 의회(sénat)에서 만장일치로 채택되었고,

---

and the Iconoclastic Controversy", *Church History*, vol. XIX, n° 2, 1950, p. 5. "이렇게 유일신주의 그 자체도 하나의 정치적인 문제였고, 이콘반대주의적인 비잔틴 황제들의 황제-교황주의(césaropapisme) 또한 일종의 신학적 교리였다." (*ibid*)

두 번째는 730년에 반포되었다. 이 두 칙령 모두 오늘날까지 전해지지 않는다. 오스트로고르스키(G. Ostrogorsky)[05]와 같은 몇몇 현대 학자는 두 칙령의 가설은 잘못된 것이며, 단지 730년에 단 한 번의 칙령이 있었으며, 726-730년 사이, 황제는 당시 총대주교 게르마노스(715-730) 성인과 교황 그레고리우스 2세 성인을 이콘반대주의에 포섭하기 위해 수차에 걸쳐 설득했지만 결국 헛된 수고로 끝났다고 주장한다. 그러나 이것 또한 문제의 근본에는 하등의 변화도 가져오지 않는다. 어찌 되었든 간에 게르마노스 성인은 황제의 칙령에 서명하기를 분명하게 거부했다. 그는 신앙의 가르침에 대한 어떠한 수정도 그것이 세계공의회를 거치지 않았다면 용납할 수 없다고 황제에게 선언했다. 그래서 게르마노스 성인은 굴욕을 감수해야 했고, 파면되어 유배에 처해졌으며, 이콘반대주의자인 아나스타시오스(730-753)가 총대주교가 되었다. 이렇게 해서 730년에 반포된 이콘반대주의 칙령은 황제뿐만 아니라 총대주교에 의해서도 서명되었다. 달리 말해서, 그것은 단지 국가에 의해서만이 아니라 콘스탄티노플 교회의 교직 제도에 의해 추인되었다. 이 칙령이 반포된 후, 사람들은 도처에서 이콘을 파괴하기 시작했다.

이콘반대주의의 첫 번째 행동은, 황제의 명령에 따라, 황제 궁전의 한 입구 위에 위치해 있던 그리스도의 이콘을 파괴한 것이었다. 이 이콘의 파괴는 광범위한 대중의 궐기를 야기했고, 이를

---

05 "Les débuts de la querelle des images", *Mélanges Ch. Diehl*, vol. I, Paris, 1930, pp. 235-255, 및 *Histoire de l'Etat byzantin*, pp. 191-192.

진압하기 위해 황제가 보낸 한 사신이 죽임을 당했다. 이 사건은 황제에 의해 엄하게 형벌에 처해졌다. 이들이 성상 논쟁의 첫 번째 희생자들이었다. 순교자들(martyres)과 고백자들(confesseurs)의 피로 물든 하나의 집요한 투쟁은 이렇게 해서 시작되었다. 정교 신앙을 가진 주교들은 유배에 처해졌고, 신자들은 고문과 죽음을 겪으면서 박해를 받았다. 이 투쟁은 전체로 약 100년에 걸쳐 지속되었고, 크게 두 시기로 나뉘어진다. 첫 번째 시기는 730년에서 제7차 세계공의회가 열린 787년에 걸쳐있다. 이 제7차 세계공의회는 여(女)황제 이리니의 치하에 열렸고, 이콘에 대한 예식을 회복시키고 이콘 공경에 대한 교리를 정식화하였다.

이콘을 공경하는 것에 대한 공격은, 사실상, 교회에 고유한 영역, 즉 교회의 전례 생활과 그 가르침에 대한 세속 권력의 부당한 간섭이었다. 레온 3세 황제는 전제적이고 거친 성격의 사람이었다. 그는 유대인들과 몬타누스주의자(montaniste)들의 개종을 강제했고, 이에 대해 몬타누스주의자들은 차라리 자살을 선택하곤 했다. 이콘반대주의자들에게는, 교회에 맞서 세속 권력이 행사하고자 했던 황제-교황주의(césaropapisme)가 하나의 당연한 원리였다. 레온 3세는 교황 고레고리우스 2세에게 보낸 편지에서 "나는 황제요 동시에 사제(Basileus kai hiereus eimi)"라고 주장했다.[06] 이 원리에 대해서, 다마스커스의 요한 성인은 자신의 두 번째『거룩한 이콘들의 수호에 바친 글』(Traité à la défense des saintes icônes)에서 교

---

06 Mansi XII, 975.

회의 입장을 이렇게 피력했다. "우리는 생활과 세속적인 것과 세금과 군역 등에 관해서, 또 당신의 권한하에 있는 모든 일에 대한 관리에 관해서 황제 당신께 복종한다. 하지만 교회 조직과 관한 한, 우리는 우리에게 교회의 제도에 대해 말했고 또 그것을 확립한 목자들을 가지고 있다."[07]

처음부터, 정교회의 입장은 매우 분명했었고 매우 완고했었다. 그래서 이콘반대주의의 공공연한 출현 이전에 이미 이콘반대주의 편에 선 주교들에게 세 통의 교리적인 서신을 써 보낸 바 있는 총대주교 게르마노스 성인은 이단이 되기보다는 굴욕과 유배를 택했다. 황제의 칙령이 발표되자마자, 다마스커스의 요한 성인은 세 편의 『거룩한 이콘들의 수호에 바친 글』 중의 첫 번째 글을 통해서 이에 반박했다. 다른 두 가지 글과 마찬가지로, 이 글은 이콘반대주의의 이론에 대한 응답일 뿐만 아니라 형상에 대한 정통적인 가르침의 가장 완벽하고 체계적인 신학적 저술이다.

이콘반대주의의 초기, 로마의 교황은 그레고리우스 2세 성인이었다. 총대주교 게르마노스 성인처럼, 그 역시 황제에게 굴복하기를 거부하고 727년에 로마에서 공의회를 소집했는데, 이 공의회는 구약에서도 성막과 헤루빔 형상이 존재했다는 사실에 근거해서 이콘 공경을 확인했다. 이탈리아 대부분의 지역이 황제에 저항하여 일어섰고, 이들은 콘스탄티노플의 황제를 다른 사람으로 갈아치웠다고 선언했다. 그레고리우스 2세 성인은 황제

---

07 Chap. XII, P.G. 94, I, 1297.

와 총대주교에게 여러 편의 편지를 보냈는데, 이 편지들은 후에 제7차 세계공의회에서 읽히게 된다. 그의 후계자인 그레고리우스 3세(시리아 지역의 그리스인)는 731년에 로마에서 다시 한번 공의회를 소집했다. 이 공의회는 이렇게 결정했다. "앞으로 주님의 형상과 그분의 거룩한 어머니의 형상이나 성인들 … 등의 형상을 걷어치우거나 없애거나 모욕하거나 욕하는 사람은 누구든지 주님의 살과 피를 받을 수 없을 것이며 교회에서 출교될 것이다."[08] 그레고리우스 3세는 교회를 장식하고 이콘이 그려지도록 하는 데 대단한 열성을 보였다. 모욕당한 성인들의 명예를 위해서, 그는, 로마의 성 베드로 성당에서, 이때까지만 해도 하나의 지역 전통에 불과했던 만성 축일(la fête de tous les saints)을 제정했다.

동, 서방에서 모두 격렬했던 이콘에 대한 찬반 투쟁은 특별히 콘스탄티노플 교회에서 집중적으로 이루어졌다. 동방의 총대주교들은 이슬람 세력의 지배하에 있었기 때문에 비잔틴 제국을 휩쓸었던 체계적인 박해들을 알지 못했다.

첫 번째 시기 동안, 이콘반대주의는 레온 3세의 아들, 콘스탄티노스 코프로니모스(Constantin Copronyme, 741-755)의 치하에서 그 절정에 이르렀다.[09] 그는 아버지보다 더 격렬한 이콘반대주의자였고, 그의 치세 동안 콘스탄티노플 교회의 주교좌를 계승했던 3명의 총대주교는 그에게 절대적으로 복종했다. 그의 치세 전반

---

08 Héfélé, *Histoire des Conciles*, Paris, 1910, t. III, 2ᵉ partie, p. 677.
09 그의 치세 초기, 16개월이라는 짧은 기간 동안, 권력찬탈자 아르타바스드(Artavasde)에 의해 이콘에 대한 의식들이 회복되기도 했다.

기 10년은 상대적으로 조용했었다. 왜냐하면 콘스탄티노스는 이 때까지만 해도 권력 투쟁에 몰두해 있었기 때문이다. 이어서 정교 신자들에 대한 박해가 디오클레티아누스 시대와 비교될 수 있을 만큼 폭력적인 방식으로 전개되었다. 콘스탄티노스는 이콘반대주의 교리를 요약하는 하나의 글을 썼고, 이어서 공의회(754년 이콘 반대 공의회)를 소집했다. 황제의 글도 공의회의 의사록도 우리에게 보존되어 오지 않는다. 후에 불살라졌기 때문이다. 그렇지만, 우리는 총대주교 니케포로스(Nicéphore) 성인의 한 논쟁적인 저작 안에서 광범위하게 인용된 형태로 콘스탄티노스의 글을 알고 있을 뿐만 아니라, 또한 제7차 세계공의회 의사록의 논쟁적인 부분에 통째로 삽입된 형태로 이콘 반대 공의회의 결정을 알고 있다. 황제의 글은 매우 폭력적이고, 동정녀와 성인들에 대한 예식을 제거하는 등 완전히 극단적인 입장을 표현하고 있다. 더 나아가 콘스탄티노스는 좀 더 후에 '하느님의 어머니'라는 이름을 삭제하고 '성인', '성녀'의 칭호를 금하라는 칙령을 공포했다. 교회를 너무 자주 드나드는 것은 금지되었고, 독신(獨身) 또한 금지되었다. 황제의 글은 아주 교묘하게 준비된 이콘 반대 공의회 직전에 쓰여졌다. 에페소의 주교 테오도시오스[10]에 의해 주재된 공의회는 754년 2월 10일 이에리아(Hiéreia)에서 시작되어서 8월 8일 콘스탄티노플의 블라쉐른느(Blachernes) 교회에서 끝났다. 338명

---

10 총대주교 아나스타시오스는 753년에 사망했고 황제는 콘스탄티노스 2세를 계승자로 명했으며, 그는 단지 공의회의 마지막 회의에만 참석하였다. G. Orstogorsky, *Histoire..., ibid*, pp. 201-202.

이라는 실로 인상적일 만큼 상당한 수의 주교가 참여했는데, 사실 그들은 파면된 정통 신앙의 주교들을 대체한 이콘반대주의자들이었다. 그들 중의 어떤 사람들은 황제에 의해 만들어진 새로운 주교좌를 대표했다.[11] 이 공의회는 이콘을 그리거나 자기 집에 이콘을 간직하고 있는 사람은 누구든지 사제는 그의 성직을 박탈당할 것이요 수도자나 평신도는 파문 당할 것이라고 결정했다. 혐의가 있는 사람들은 세속 법정에 넘겨졌고 신앙의 문제가 이렇게 해서 공공 권력의 법적 관할 하에 놓이게 되었다.[12] 공의회를 끝내면서, 이콘을 공경하는 사람들, 정통 신앙의 고백자들, 그리고 게르마노스 성인과 다마스커스의 요한 성인과 키프로스의 요르고스 성인에게 파문이 내려졌다.[13] 신앙의 백성들에게는 이콘반대주의에 충실할 것이라는 맹세가 요구되었고, 박해는 공의회 이후 특별히 더욱 잔인한 양태를 띠었다.

  이 모든 사태에도 불구하고, 신앙의 백성들은 결코 속지 않았고, 이콘을 포기하지 않았다. 그들은 교회가 용납할 수 있는 것과 없는 것을 감각적으로 알고 있었다. 정통 신앙의 고백자들의 선두에는 콘스탄티노스가 "우상숭배자, 어둠의 예배자"라고 칭한 수도사들이 있었다. 특별히 이들에게 박해가 집요하게 행해

---

11 슈메만(A. Schmemann)이 자신의 저서(*Le Chemin historique de l'Orthodoxie*, New York, 1954, p. 250(러시아어))에서 그런 것처럼, 공의회 구성에 있어서 한편의 적극적인 소수(이콘반대주의자들)와 다른 한편의 소극적인 다수(정통파)를 구분하는 것은 역사적 상황과 부합하지 않는다. 실제로 이콘을 공경하는 사람들은 이 공의회에 대표를 보내지 못했다.(참고, G. Orstogorsky, *Histoire…, ibid*, pp. 200.)

12 M.A. Vasiliev, *ibid.*, t. I, pp. 345.

13 Mansi XIII, 356 C-D.

졌다. 그들의 머리를 이콘 위에 놓여지게 한 뒤 목을 자르는가 하면 자루에 넣어 묶은 뒤 물에 익사시키기도 했고, 그들로 하여금 수도서원을 범하도록 강제하거나 이콘 화가들의 손을 불사르기도 했다. 수도사들은 대규모로 이탈리아, 키프로스, 시리아, 팔레스타인 등으로 유배되었다.[14] 그들 중에는 많은 이콘 화가도 포함되어 있었고, 이런 연유로 인해서 로마는 그 어떤 시대보다도 이콘반대주의의 시기에 그리스도교 예술의 가장 풍요로운 시대를 구가하게 되었다. 콘스탄티노스 치세기 동안의 로마의 교황들(자카리아, 스테파누스 2세, 바울로 1세, 스테파누스 3세와 아드리아누스 1세)은 정통 신앙에 굳게 서 있었고, 제국의 동방 지역에서 이주해 온 이콘 화가 수도사들의 도움으로 교회를 이콘으로 장식함으로써 그들의 선조들의 작업을 계속 이어갔다.[15]

콘스탄티노스 코프로니모스의 사망 후 박해는 그 폭력성에 있어서 완화되었다. 그의 아들 레오 4세는 온건하고 다소 무관심한 이콘반대주의자였다. 780년 그의 사망과 함께 그의 부인인 이리니(Irène)가 그의 어린 아들 콘스탄티노스와 함께 권좌에 올랐다. 이콘 공경하기를 결코 그치지 않은 정통 신앙인이었던 이리니는 곧 정교 신앙의 회복에 착수했다. 총대주교좌에 오를 정통 후보는 타라시오스(784-806)였다. 특별히 그의 영향을 받아 여황제는

---

14 Andréev, *Germain et Taraise, patriarches de Constantinople*, Serguiev Possad, 1907, p. 70(러시아어).
15 특별히 이렇게 해서 산타 마리아 안티카(Santa Maria Antiqua) 교회가 장식되었다. 제2차 이콘반대주의 시기 동안에는 생 마르코(Saint Marc) 대성당이 재건축되었고, 도미니카 산타 마리아(Santa-Maria in Dominica) 교회, 생뜨 프락세드(Sainte Praxède) 교회, 생뜨 세실(Sainte-Cécile) 교회 등이 건축되고 장식되었다.

제7차 세계공의회의 준비에 착수했다. 그러나 이 공의회가 콘스탄티노플에서 과업을 실행하기 시작했을 때, 일군의 무리가 이콘 반대 주교들의 선동에 의해 궐기했고 공의회가 시작되는 것을 방해했다. 그러나 얼마 후, 이 무리가 다른 군중들에 의해 쫓겨나자, 이리니는 다시 한번 시도를 재개했고 그렇게 해서 이번에는 니케아에서 787년에 공의회가 소집되었다. 350명의 주교와 많은 수도사들이 공의회에 참석하였다. 황제의 칙령과 총대주교의 연설은 여러 입장이 교환될 수 있는 자유를 보장했고 이단들도 그들의 교리를 천명하도록 초대되었다. 그에 대한 응답으로 정교 신앙 측에서 한 명의 보제(Diacre)가 반박문을 하나 하나 항목을 집어가면서 낭독했다. 공의회는 이콘과 성유해에 대한 공경의 정통성을 재확립하였고 교회의 정상적인 삶을 회복하기 위한 일련의 방도가 취해졌다.

그러나, 그 적대자들은 거룩한 형상에 대한 정통적인 가르침에 동의하지 않았다. 이콘반대주의 이전과 이후를 막론하고 교회의 역사에서 종종 일어나는 바와 같이, 장엄하게 선언된 진리를 모든 사람이 받아들이려고 한 것은 아니었다. 평화는 기껏 27년 동안만 지속되었고, 곧 제2차 이콘반대주의 시기가 시작되었다.

여황제 이리니 이후에, 니케포로스 1세가 제국을 다스렸는데, 그는 너무나 미지근해서 이콘을 위해서건 그것에 반대해서건 간에 어떤 주도권도 행사하지 않았다. 그러나 그의 후계자, 아르메니아인 레오 5세(Léon V l'Arménien, 813-820)는 이콘반대주의 황제들이 정통 신앙의 황제들에 비해 정치적으로나 군사적으로 더욱 많은 기회를 누렸다는 점을 발견했다. 그는 소위 '이콘반대주의 부흥의 두뇌'[16]라고 불리는 문법학자 요한(Jean le Grammarien)에게 이콘 반대 공의회의 결정을 이용해서 하나의 글을 작성하라고 명령했다. 그렇게 해서 이미 완벽한 정통 신앙의 대답을 들은 바 있는 이 결정은 황제의 정치적 목적을 위해 인위적으로 부활되었다. 이콘반대주의의 두 번째 물결은, 첫 번째와 마찬가지로, 국가 권력이 교회의 내적인 영역에 있어서의 교회의 존엄을 침해한 사건에 다름 아니다. 그러나 황제는 콘스탄티노스 코프로니모스가 누렸던 것과 같은 주교들의 지지를 얻지 못했다. 814년 문법학자 요한이 그의 저작을 완성했을 때, 황제는 이콘을 제거하지 않고 단지 이콘에 대한 공경만을 금하는 타협안을 가지고 총대주교 니케포로스 성인과 대화하기 시작했다. 황제는 위협하지 않았다. 잠시 동안 그는 교회의 평화를 위해 이콘반대주의에 몇몇 양보를 제공하라고 요구했다. 그러나 총대주교 성인은 모든 타협을 거부했다. 270명의 다른 수도사들과 함께 이 협상에 참여한 테오도로스 스투디오스(Théodore Studite) 성인은 교회의 내적 삶에 간섭하는 것은 황제의 일이 아니라고 황제에게 선언했다. 협상이 채 끝나기도 전에 박해가 시작되었다. 총대주교는 우선 권한을 제한 받았고 이어서 815년 직위에서 해제되어 유배되고, 대신 이콘반대주의자 테오도토스 1세(815-821)가 그 자리를 대체했다. 같은 해, 새로운 이콘 반대 공의회(815년)가 콘스탄티노플의 성 소피아

---

16 G. Ostrogorsky, *Histoire...*, *ibid.*, p. 231.

대성당에서 새 총대주교 테오도토스의 주재 아래 소집되었다. 이것은 첫 번째에 비해 중요하지도 또 대규모적이지도 않았다. 일반적으로, 이 두 번째 이콘반대주의 시기 동안, 이콘반대주의는 교리적 생명력을 상당히 상실했다. 이콘반대주의자들은 조금도 새로운 것을 말할 수 없었고 이미 오래 전부터 정교주의자들에 의해 반박된 바 있는 옛 주장을 끊임없이 반복하는 데 그쳤다.[17] 이번에는 공의회가 이콘을 우상으로 간주하지는 않는다고 강조했다.[18] 그러나 공의회는 이콘을 파괴할 것을 명령했다. 이콘반대주의자들의 교리에 조금도 새롭고 타당한 것이 없었음에도 불구하고, 박해는 더욱 광폭했고 콘스탄티노스 코프로니모스의 박해의 수준에 이르렀다. 다시 정교주의자들은 순교의 길을 걸었고, 이콘과 형상을 포함한 서적과 제의 그릇이 파괴되었다. 이콘반대주의는 학교 교육 내용으로 채택되었고 가르쳐졌다.[19]

821년 미카엘 2세 황제가 권좌에 오르자 새로운 변화가 이루어졌다. 그는 이콘반대주의자였지만 정교주의자들을 유배지와 감옥에서 불러들였다. 그의 치세 동안은 평온한 소강상태였다. 미카엘의 아들 테오필로스 황제 치세기에 상황이 변했다. 문법

---

17 제2차 이콘 반대 공의회에 의해 공포된 교리는 황제 미카엘(Michel)이 독실한 자 루이(Louis le Pieux)에게 보낸 편지(Mansi XIV, 417-422)와 테오도로스 스투디오스 성인의 반박문과 특별히 총대주교 니케포로스 성인이 공의회의 교리를 폭넓게 인용하면서 공의회에 응답한 대답을 통해서 알려진다.

18 G. Ostrogorsky, *Studien zur Geschichte des Byzantinischen Bilderstreites, ibid.*, p. 51 및 *Histoire..., ibid.*, p. 232.

19 이렇게 해서, 이콘에 대한 위대한 변호자였던 테오도로스 스투디오스 성인은 감옥에 갇혔고, 너무나 많이 체형을 당해서 초죽음이 된 그의 육체는 살아있음에도 불구하고 썩기 시작했다. 그래서 그의 제자인 니콜라오스 스투디오스(Nicolas Studite)는 이 썩은 살을 칼로 도려낼 수 밖에 없었다.

그림 12. 제7차 세계공의회, 목판 템페라, 2011년, 서미경 따띠안나 作
성 니콜라스 주교좌 대성당, 서울

학자 요한이 837년에 총대주교좌에 올랐을 때, 새로운 박해의 불길이 타올랐다.[20]

테오필로스가 842년 1월에 사망했을 때, 그의 아들 미카엘 3세는 아직 어렸기 때문에, 테오필로스의 부인인 테오도라가 섭정했다. 그녀는 정교주의자였고 그래서 이콘에 대한 의식들이 결정적으로 복원되었다. 842년 총대주교 메토디오스(842-846) 성인의 주재 하에 하나의 공의회가 콘스탄티노플에서 소집되었다. 이 공의회는 제7차 세계공의회가 정식화한 이콘 공경에 관한 교리를 재차 확인했고, 이콘반대주의를 정죄했으며 843년 3월 사순대제 첫 번째 주일에 모든 교회에서 이콘 현양(l'exaltation des icônes)과 정교 승리(le Triomphe de l'Orthodoxie)를 기념하도록 제정했다.

이콘반대주의는 예술을 그 자체로 거부한 것이 결코 아니라는 사실에 주목할 필요가 있다. 예술의 적과는 거리가 멀게도, 이콘반대주의자들은 그것을 오히려 적극 격려했다. 그들은 단지 그리스도와 동정녀와 성인들의 묘사를 박해했을 뿐이다. 이러한 방향에서 우리는 다시 한번 8-9세기의 이콘반대주의를, 비록 그것이 교회의 벽을 벌거벗긴 채로 남겨놓지 않았다는 차이점에도 불구하고, 프로테스탄티즘(개신교주의)과 근접시킬 수 있다. 반대

---

[20] 바로 이 시기에 이콘 화가인 수도사 라자로스 성인이 큰 고통을 겪었다. 잔인하게 체형을 당한 뒤에 두 손이 불살라진 라자로스 성인은 형 집행 장소에서 곧장 세례자 성 요한 성당(l'église de saint Jean-Baptiste)으로 가서 이콘을 그리기 시작했다. 또한 예루살렘 총대주교의 요구에 부응하여 이콘반대주의에 반대해 목성을 높였던 학자 테오도로스와 테오파니스도 수차에 걸쳐 잔인하게 체형을 당했다. 또 그들의 얼굴에는 인두로 모욕적인 문구가 새겨졌다. 바로 이런 이유로 해서 교회는 '낙인찍힌(les Marqués) 성 테오도로스와 성 테오파니스'라는 이름으로 그들을 공경한다.

로 이콘반대주의자들은 교회의 벽을 온갖 세속적인 인물들, 풍경, 동물들 등과 같은 것으로 장식하면서 즐거워했다. 그리고 순전히 장식을 위한 형태가 큰 역할을 차지했다. 이콘반대주의의 예술은 동시에 헬레니즘적 원천으로의 회귀였고 동방 이슬람주의의 차용이었다. 특별히 테오필로스 황제는 호화스럽고 거대한 건축에 열광한 사람이었다. 그는 기념비적인 예술에 강렬한 열정을 두었다. 그는 바그다드의 궁전을 흉내 낸 궁전을 지었고 그 벽을 방패들, 무기들, 온갖 동물들, 나무와 꽃이 묘사된 상감과 모자이크와 그림으로 뒤덮었다. 이러한 기호를 가지고 그는 교회를 또한 장식했다.[21] 그가 거룩한 형상을 도처에서 제거한 것은, 이 형상을 동물과 새로 대체하기 위한 것이었다. 블라쉐른느 교회 안에 있는 복음적 주제를 가진 일련의 연작 형상을 파괴한 후 그것들을 "꽃, 새, 두루미와 까마귀와 공작이 우글거리는 나무"로 대체했던 콘스탄티노스 코프로니모스는 그에게 더할 나위 없는 모범을 제공해 주었다. 사람들은 그러한 형상으로 교회를 "동물 우리와 새장"으로 변모시킨다고 황제를 비난했다.[22] 제6차 세계공의회를 묘사한 벽화 대신에 콘스탄티노스는 그가 가장 좋아하는 마부의 초상화를 그려 놓았다.

제2차 이콘반대주의의 시기 동안 서방에서, 파스칼리스 1세 (Pascal I)와 그레고리우스 4세 교황은 계속해서 거룩한 형상을 보호하고 보급했다. 835년 즉 테오필로스의 박해 때, 교황 그레고

---

21 A. Grabar, *L'iconoclasme byzantin, ibid.*, pp. 169-170 et 171.
22 Ch. Diehl, *Manuel d'Art byzantin*, t. I, Paris, 1925, pp. 365-366.

리우스 4세는 그레고리우스 3세가 제정한 만성 축일을 11월 1일에 모든 그리스도인들이 경축하도록 칙서를 내렸다. 일반적으로 볼 때 이콘반대주의자들의 폭력은 로마뿐만 아니라 다른 곳, 특별히 프랑스 등지의 서방에서 오히려 성인들과 성유해에 대한 의식을 고양시켰다. 수많은 성인들의 성유해가 프랑스로 옮겨진 것도 바로 이콘반대주의 시기였다. 예를 들어 751년 성인 귀(Guy)의 유해, 826년 세바스티아누스 성인의 유해가 스와송(Soissons)의 생 메다르(Saint-Médard) 교회로 옮겨졌고, 840년 엘레니 성녀의 유해가 랑스(Reims)에서 멀지 않은 오뜨빌리에로 옮겨졌다.[23] 우리가 보았다시피, 로마 교회는 이콘반대주의의 유혹에 넘어가지 않았다. 반대로 로마 교회는 비잔틴 교회의 이콘반대주의에 맞서서, 이콘과 성인들과 그들의 성유해에 대한 공경에 있어서 확고한 모습을 보여주었다.

---

[23] 이콘반대주의는 서방에서 또 다른 결과도 초래했다. 예컨대 롬바르드족이 로마를 위협할 적에, 교황은 이콘반대주의 황제에게 구원을 요청하기보다는 프랑크 왕국의 군주 페피누스(Pépin le Bref)에게 호소했고, 야만족으로부터 로마를 구원한 페피누스는 756년에 교황 국가(Etat pontifical)을 창립해서 교황을 잠정적인 지상권자(souverain temporel)로 삼았다.

8장
이콘반대주의의 주장과 정교의 응답

　이콘반대주의 이데올로기의 영향력은 8-9세기에 패퇴된 이단의 경계를 넘어선다. 다양한 형태로 이콘반대주의는 지속적으로 출현했다. 이를 위해서는 중세 프랑스의 알비파(Albigeois), 15세기 러시아의 유대주의자들(judaïsantes)과 개신교도를 상기하는 것으로 족하다. 이것이 바로 8-9세기의 이콘반대주의 이단에 대한 교회의 신학적 응답이 오늘날도 여전히 그 가치를 지니는 이유이다.

　교리적 관점에서, 유일하게 결정적인 것은 바로 이콘반대주의가 매우 복잡한 현상이며 우리는 아직도 그것이 이단임을 충분하게 검토하지 못했다는 점이다. 8-9세기의 교리적 투쟁에 있어서 정교와 이단, 두 진영을 대립시킨 문제의 공통 기반은 바로 그리스도론이었다는 점은 이미 수차에 걸쳐 주목되었다.[01] 그러나 이

01　가장 최근의 것들 중 한 저작을 언급하면, Chr. von Schönborn O.P., *L'icône du Christ. Fondements théologiques*, Fribourg, 1976.

콘반대주의는 다양한 경향을 보여왔다.

초기에 이콘반대주의의 입장은 매우 천박하였고 오늘날 특정 개신교도들이 퍼붓는 것과 같은 비난을 정교인들에게 가했다. 즉, 구약의 금지에서 출발해서, 그들은 정교인들이 돌이나 나무 판자나 벽을 우상 숭배한다고 고발한다. 이콘반대주의 안에서 두 가지 흐름이 곧이어 구체화되었다.

첫 번째 흐름의 지지자들은 그리스도의 이콘을 시작으로 해서 거룩한 형상의 완전한 파괴를 요구했다. 어떤 사람들은 성유해 공경을 부정했고, 가장 관용이 결여되었던 자들은 동정녀와 성인들에 대한 의식을 폐지하는 데까지 나아갔다. 이 흐름은 흥미롭다. 왜냐하면 그들의 폭력성 그 자체를 통해서 그들은 가장 연속적이고 논리적일 수 있었고 이콘에 대한 부정이, 이 부정에 밀착되어 있는 모든 복잡한 오류들과 함께, 어디로 귀착되는지를 잘 보여주기 때문이다. 이 흐름과 나란히, 보다 너그럽고 그런 만큼 다양한 차이를 포함하는 하나의 흐름이 있다. 이 흐름의 지지자들은 교회에서 거룩한 형상을 인정하지만 그 형상을 향해 가져야 하는 태도에 대해서는 일치하지 않는다. 이콘은 결코 공경되어선 안 된다는 주장이나, 그리스도의 이콘은 받아들이지만 동정녀와 성인들의 이콘은 받아들일 수 없다는 주장이나, 그리스도가 부활 이전에는 표현될 수 있었지만 그 후에는 표현할 수 없다는 주장이 이 흐름에 속하는 것들이다.

정교주의의 변증가들은, 이콘 존재의 기초를 제공하기 위해 그리스도론적 차원의 논증을 전개해 나감으로써, 이 격동의 첫 순간부터 매우 분명한 교리적 입장을 가지고 있었다. 그들은 이콘 반대주의에 맞선 투쟁 과정 내내 이 교리적 입장을 굳게 간직했다. 오스트로고르스키는 다음과 같이 말한다. "그 과정을 잘 알 수는 없지만, 하나의 견해가 학문 진영 안에 폭넓게 퍼져있다. 754년 이콘 반대 공의회 이전에는 그리스도론적 차원의 증거들이 이콘을 공경하는 사람들에 의해 사용되지 않았으며, 이 공의회가 이콘 반대 주장을 위해 그리스도론적 차원의 주장에 호소하자 정교주의자들도 동일하게 그리스도론적 차원에 호소하기 시작했다는 견해가 바로 그것이다."

또 이어서 그는 말한다. "사실이 정말 그러했다면, 다시 말해 그리스도론적 주장이 그 적대자들이 사용한 유사한 방법에 대한 응답으로 정교주의자들에 의해 추진된 것이라면, 우리들은 분명 여기서 기껏해야 스콜라적인 변증론을 전개하고 있는 것에 불과하며, 그것은 더 이상 이콘을 위한 투쟁에서 그리스도론적 가르침이 가지는 원초적인 중요성과는 아무런 관련도 없게 될 것이다. 그러나 사실은 결코 그렇지 않다. 우리는 이콘에 관련된 문제는 정교주의자들에 의해 애초부터 그리스도론적 가르침과 연결되어 있었으며, 그 적대자들은 여기에 어떠한 구실도 제공할 수 없었다고 확신한다."[02] 총대주교 게르마노스 성인, 다마스커스의 요한 성인, 교황 그레고리우스 2세 성인, 키프로스의 요르고스 성인 등과 같은 이 시기 정교주의 변증가들의 잘 전해져 온

---

02 G. Ostrogorsky, "Les oeuvres des apologistes orthodoxes", *Seminarium Kondakovianum* I, Prague, 1927, p. 36(러시아어).

글에서 취해진 여러 증거를 인용한 후에, 오스트로고르스키는 다음과 같이 결론짓는다. "더욱이, 이 투쟁의 첫 번째 시기에 이콘반대주의자들이 이콘 옹호자들을 우상숭배자 이외의 다른 명목으로 고발했다는 역사적 문서는 존재하지 않는다. 그렇기 때문에 이콘 반대 공의회의 그리스도론적 논리 전개는 정교주의 진영의 주장에 의해 강제된 하나의 대답에 불과하다고 주장하는 것이 확실히 더 신뢰할 만하다. 이러한 주장은 어쨌든, 자주 주장되는 반대 방향의 논리와는 달리, 역사적 자료와 모순되지 않아 보인다."[03]

교회의 가르침과 형상에 대한 그리스도론적 토대는 이콘반대주의의 시작 이전에 이미 퀴니섹스트 공의회에서 주장되었다. 또 데살로니끼의 요한(Jean de Thessalonique) 주교가 이교도들과 유대인에 맞서서 이콘의 그리스도론적 토대에 호소한 것도 이콘반대주의 이전, 7세기의 일이었다. 또한 세 명의 이콘반대주의 주교인 클라우디오폴리스의 토마스(Thomas de Claudiopolis), 신나드의 요한(Jean de Sinnade), 나꼴레의 콘스탄티노스(Constantin de Nacolée)에게 보낸 편지에서 게르마노스 성인이 이콘 존재의 근거로 삼은 것도 바로 성육신 사건이었다.[04] 이 편지들은 레온 3세 황제가 이콘 공경에 반대해 공개적인 공격을 전개하기 이전에 쓰여졌다. 정교주의 주장의 기본 바탕은 퀴니섹스트 공의회의 까논 제82항이며 총대주교 게르마노스는 『이단들과 공의회들』(Des hérésies et des

---

03 *Ibid.*, p. 44의 주석.
04 P.G., 98, 164-193. 156-161. 161-164.

Conciles)⁰⁵이라는 저작에서 공의회 까논의 그리스도론에 관한 부분을 거의 본문 그대로 반복한다.

　이콘반대주의 초기부터, 정교주의는 그리스도교의 근본적인 교리와 관련된 하나의 위험이 이 속에 존재함을 확인했다. 사실, 이콘의 존재 자체는 성 삼위일체의 두 번째 위격의 성육신에 기초하고, 반대로 이 성육신은 형상에 의해서 확인되고 증명된다. 달리 말해, 이콘은 하느님의 성육신이 공상이 아닌 실제임을 보증한다. 그런 이유로 교회의 눈에는, 그리스도 이콘을 부정하는 것은 그분의 성육신과 더불어 우리의 구원과 관련된 하느님의 모든 경륜을 부정하는 것과 같았다. 그렇기 때문에, 거룩한 형상을 수호할 때, 교회가 수호한 것은 그것의 교육적 역할이나 미적인 가치가 아니라 그리스도교 신앙의 바탕 자체였던 것이다. 이콘 수호에 있어서 정교주의가 보여준 완강함, 비타협성, 모든 희생의 감수가 바로 이것을 설명해 준다.

　이콘반대주의의 주장, 우상 숭배라는 고발, 구약의 참고는 매우 발전되고 분명하게 정식화된 하나의 신학과 부딪히게 되었고, 그래서 결국 불충분한 것으로 밝혀지고 말았다. 정교주의의 분명하고 흔들리지 않는 자세 앞에서, 이콘반대주의는 신학적 근거를 발견해야만 했고, 이단들은 콘스탄티노스 코프로니모스 황제가 적절한 이론가임을 발견했다. 정교의 가르침을 숙고한 후 이에 대답하면서, 콘스탄티노스는 하나의 글을 작성하는데,

---

05　P.G., 98, 80 A.

그 내용은 정교주의와 이콘반대주의 사이의 깊은 골을 드러내 주었다. 모든 이콘반대주의 경향이 이 곳에 집합되었고 그 극단으로까지 추구되었다. 이콘 개념 자체에 대한 그의 관점을 표현하고 있는 황제의 이 저작은 754년 이콘 반대 공의회에서 공개되었다. 공의회는 이 글을 전부 받아들일 수는 없었다. 그래서 몇몇 사항은 다소 완화되었다. 이렇게 해서 공의회는 동정녀와 성인 공경을 포기하지는 않았다. 하지만 콘스탄티노스는 후에 이것마저 포기하도록 강제한다. 그의 글에는 너무 조잡한 단성론적 표현도 포함되어 있어서 공의회는 이것을 수정하지 않으면 안 되었다. 앞으로 우리가 살펴보겠지만, 이콘반대주의를 정당화하기 위해 그는 단성론주의라는 비판을 오히려 정교주의에 전가했다. 이 공의회에는 동방의 총대주교들도 로마의 교황도 대표를 보내지 않았다. 공의회의 마지막 모임은 모든 참석자들이 장엄한 행렬로 공개 장소로 나가서 대중 앞에서 정교주의 고백자들에 대한 파문과 이콘반대주의 신앙을 선포하는 것으로 마무리되었다. 이 신앙 선언은 짤막한 도입부에 이어서 여섯 번에 걸친 세계공의회와 이 공의회들이 파문한 이단들을 열거하고, 754년의 공의회가 이 세계공의회들에 첨가되며 전적으로 정통임을 확인하는 것으로부터 시작되었다. 이어서 이콘 공경이 악마에 의해 고취되고 구약과 신약 성경에 의해 격퇴된 우상숭배에 그 기원을 두고 있다고 선언했다. 이어서 신학적 논증과 성경적, 교부적 논증으로 이어지는 일련의 논증으로 나아간다.

우리는 이 주장의 일반적인 특징들, 무엇보다도 이콘반대주의 사상이 갖고 있는 이콘에 대한 개념 자체에 잠시 주목하고자 한다. 이콘반대주의자들에게 이콘이란 과연 무엇인가? 그 본질은 무엇인가? 이콘은 표현된 인물과 무엇이 공통되며, 어떤 점에서 또 구별되는가? 사실, '이콘'에 대한 정의를 둘러싸고 두 진영 사이의 본질적인 차이가 노정되었다. 다시 말해 '이콘'이라는 용어 자체가 이콘반대주의와 정교주의에 의해 서로 다른 방식으로 이해되었다.

이콘에 대한 이콘반대주의적인 개념은 콘스탄티노스 코프로니모스의 글 속에서 명백하고 구체적으로 표현되었다. 이 개념은 이런 점에서 이콘반대주의의 모든 대표자들에게 공통된 하나의 관점을 잘 보여준다. 그에 의하면, 진정한 이콘은 표현된 존재와 동일한 본질을 가지고 있어야 한다. 즉, 이콘은 표현된 존재와 동일본질(omoousion)이어야 한다. 이 원칙에서 출발하여, 이콘반대주의는 그리스도의 유일한 이콘은 성만찬(l'eucharistie)이라는 불가피한 결론에 이른다. 그들은 말하기를, 그리스도는 우상숭배를 피하기 위해서 자신의 성육신의 형상으로서 빵을 선택했다. 왜냐하면 빵은 어떠한 인간적 유사성도 제공해 주지 않기 때문이다. "결과적으로 형상, 이콘 개념 자체는 이콘반대주의적 사고 안에서 정교주의의 사고와는 전혀 다른 것을 의미했다. 이콘반대주의자들이 그 원형과 동일한 어떤 것만이 진정한 이콘이라고 간주하는 한, 오직 거룩한 봉헌물(빵과 포도주)만이 그들에 의해 그리스도의 이콘으로 인정될 수 있었다. 그러나, 정교주의에 있어서 거룩한 봉헌물(빵과 포도주)은 결코 이콘이 될 수 없다. 왜냐하면 그것들은 그 원형과 동일한 것이기 때문이다."[06] 사실, 거룩한 봉헌물의 변모는 형상으로서가 아니라 그리스도의 "순결한 살과 보배로운 피"로 이루어진다. 그러므로 성만찬을 '형상'이라고 부르는 것은 정교주의자들에게 낯선 것이고 이해할 수 없는 것이다. 제7차 세계공의회의 교부들은 이러한 논리에 대해 "주님도 사도들도 교부들도 사제에 의해 봉헌된 무혈의 희생을 '형상'이라고 결코 부르지 않았으며, 반대로 그것을 언제나 '살 자체'요 '피 자체'라고 불렀다"고 대답하게 된다.[07] "정교인들에게, 이콘은, 이콘반대주의자들이 생각하는 바와 같이, 그것의 원형과 동일본질(consubstantielle; omoousion)이거나 동일한 것(tauton)이 결코 아닐 뿐만 아니라, 반대로 정교의 변증가들의 말처럼 '이콘'이라는 단어의 개념 자체가 이미 형상과 원형 사이의 본질적인 차이를 함축한다."[08] 왜냐하면 다마스커스의 요한 성인이 말대로, "표상(représentation)과 표현된 것(ce qui est représenté)은 서로 다르기 때문이다."[09] 이런 이유로 총대주교 니케포로스는 형상이 그 원형과 동일본질이라는 이 이론을 "몰상식하고 우스꽝스러운 것"으로 보았다.[10] 그는 이렇게 설명한다. "이콘은 원형과 흡사한 것 혹은 원형의 모방, 그것의 반영이다. 그러나 본질에 있어서 그것은 그

---

06 G. Ostrogorsky, "Les fondements de la querelle sur les saintes icônes", *Semin. Kondakov*. II, Prague, 1928(러시아어).
07 6ᵉ session, Mansi XIII, 264.
08 G. Ostrogorsky, *ibid.*, p. 48.
09 *3ᵉ Traité à la défense des saintes icônes*, chap. XVI, P.G. 94, I, 1337 passim.
10 P.G. 100, 225, 그리고 계속.

원형과 구별된다. 이콘은 모방 예술 덕분에 그 원형과 닮았지만 본질은 그 원형과 구별된다. 만약 이콘이 그 원형과 조금도 구별되지 않는다면, 그것은 이콘이 아니라 원형 그 자체일 것이다."[11] 스투디오스 테오도로스 성인은 보다 적나라하게 주장한다. "어떤 사람도 실재와 그 그림자 … 원형과 그 표상, 원인과 결과가 본질상 동일하다고 생각할 만큼 몰상식하지 않을 것이다."[12] "니케포로스 총대주교가 형상과 그 원형 사이의 차이를 지적하면서 이 차이를 수용하지 않고 그것을 이해하지 못하는 사람들은 당연히 우상숭배자라고 불릴 수 있다고 주장했을 때, 그는 정말로 문제의 핵심을 포착했다."[13] 정말로, 이콘이 표현하고 있는 인물과 이콘이 동일시된다면, 이콘 공경은 비록 거의 개발되지 않은 종교에서조차 받아들이기 불가능할 것이다. 이 점에는 모두가 동의한다. 본질적 동일성과는 다른 또 하나의 관계를 볼 수 없는 사람들은 자연스럽게 이콘 공경을 부정할 수밖에 없었다. 다른 한편 형상이라는 개념을 통해, "그 형상이 표현하고 있는 인물과의 본질적 차이, 이콘은 단지 어떤 점에서만 그 인물과 연결되어 있다는 것을 잘 포착하는 사람에게, 우상 숭배의 문제는 제기될 수조차 없다."[14]

이렇게 이콘반대주의 사고는 형상과 형상이 표상하고 있는 것

---

11 P.G. 100, 277, A.
12 P.G. 99, 341, B.
13 P.G. 100, 277, B.
14 G. Ostrogorsky, *ibid.*, pp. 50-51.

그림 13. 성 테오도로스 스투디오스, 모자이크, 11세기, 네아 모니 수도원, 히오스, 그리스

이 동일하다는 의미에서만 형상의 가능성을 받아들인다. 동일성이 없다면 형상도 없다. 결과적으로 한 화가에 의해 그려진 형상은 그리스도의 형상이 될 수 없다. 일반적으로 구상 예술은 하느님의 성육신에 대한 하나의 불경일 뿐이다. '단지 마음으로만 믿을 수 있고 말로만 고백할 수 있는 것에 대해 하나의 형태를 부여함으로써 무지한 화가는 무슨 짓을 하는가?'라고 이콘반대주의자들은 질문한다. 예수 그리스도는 하느님-인간의 이름이다. 그들은 말하기를, "결과적으로 그분을 표현함으로써 당신들은 두 가지의 신성모독을 저지르게 된다. 첫째, 당신들은 표현할 수 없는 신성을 표현하려고 시도한다. 둘째, 이콘 위에 그리스도의 신성과 인성을 표현하려고 애쓸 때, 당신들은 단성론자들이 그랬던 것처럼 그 둘을 혼합하게 된다. 당신들은 단지 그리스도의 몸, 볼 수 있고 만질 수도 있는 그분의 몸을 표현할 뿐이라고 대답한다. 그러나 이 몸은 인간적인 것이므로, 당신들은 단지 그리스도의 인간성, 오직 그분의 인간적 본질을 표현할 뿐이다. 그런데 이 경우 당신들은 인간성을 그것과 연합되어 있는 신성으로부터 분리한다. 이것은 네스토리우스주의이다. 실제로 예수 그리스도의 육체는 말씀이신 하느님의 육체이다. 그것은 말씀에 의해 완전히 수용되었고 신화(神化)되었다. 이콘 반대 공의회는 이렇게 힐문한다. 과연 어떻게 감히 이 불경스런 자들은 신성을 그리스도의 육체로부터 분리하려고 하는가, 어떻게 마치 보통 사람들의 육체처럼 그분의 육체만을 표현하려하는가? 교회는 그분 안에서 신성과 인성이 분리될 수 없는 방식으로 또 혼합됨이 없이 연합된 그리스도를 믿는다. 만약 당신들이 단지 그리스도의 인성만을 표현한다면, 당신들은 이 두 본성을 분리하게 되고, 그의 인성에 하나의 고유한 존재와 독립적인 생명을 부여함으로써, 인성에서 분리된 한 인격을 발견하게 되고, 결국은 성 삼위일체 하느님 안에 제 4의 위격을 도입하게 될 것이다."[15] 이렇게 이콘반대주의자들의 눈에는, 하나의 이콘을 만드는 것, 인간적인 수단을 통해서 하느님-인간을 표현하는 것은 불가능한 것이다. 바로 이런 이유로 성만찬만이 유일하게 주님의 이콘이 될 수 있다. 오스트로고르스키는 "현대의 몇몇 학자들, 특별히 개신교 신학자들이, 이 논리가 주제 밖에 있다는 사실은 보지 못하고, 오히려 이러한 논리를 아주 잘 정초된 것일 뿐만 아니라 결코 반박될 수 없는 것으로 간주한다는 사실은 매우 주목할 만하다"고 일갈한다.[16]

보다시피, 이콘반대주의자들은 그들의 주장이 칼케돈 공의회의 교리적 토양 위에 서 있기를 바란다. 그러나 그들의 논리가 가지고 있는 잘못은 정확하게 하느님-인간의 교리에 대한 근본적인 몰이해에 있으며, 형상의 수호자들은 이를 폭로하는 데 조금도 주저하지 않았다. 칼케돈 교리는 무엇보다도 본질과 위격 혹은 휘포스타시스 사이의 매우 명확한 구별을 전제한다. 이콘반대주의자들에게 결핍된 것은 바로 이 명확성이다. 성육신하신 말씀이신 하느님의 형상에서 이콘반대주의자들은, 그리스도를

---

15 이콘반대주의 까논의 요약. 참고. *Héfélé, Histoire des Conciles*, Paris, 1910, pp. 697-703.
16 G. Ostrogorsky, *ibid*., p. 50. 첫 번째 주.

표상함으로써 우리가 그분의 신성만을 표상하거나, 인간 예수를 표상함으로써 우리가 신성으로부터 분리된 그의 인간적 본질만을 표상한다는 식의 두 가지 가능성만을 본다. 이것도 저것도 이단이다. 제 3의 가능성은 존재하지 않는다.

그러나 정교주의자들은 본질과 위격 사이의 구별을 온전히 이해함으로써 바로 이 세 번째 가능성을 지적하고 그것은 이콘반대주의자들의 모든 딜레마를 제거해 버린다. 이콘은 본질이 아니라 위격을 표상한다. "표상된 모든 것은 본질이 아니다. 표상된 것은 바로 위격이다"(perigraptos ara o christos kat hypostasin kan tè Theotèti aperigraptos)라고 스투디오스 테오도로스 성인은 설명한다.[17] 우리 주님을 표상할 때, 우리는 그분의 신성이나 그분의 인간성을 표현하는 것이 아니라, 칼케돈 교리의 표현대로 혼동되지 않고 분리되지 않는 이 두 본질을 자신 안에 인지할 수 없는 방식으로 연합시킨 그분의 위격을 표현한다.

예전에 단의론자(monothélites)들은 본질에 해당하는 것을 위격에 귀속시켰다. 예컨대, 그리스도는 한 위격이다. 그러므로 그는 단 하나의 의지와 단 하나의 행위만을 가진다. 반대로 이콘반대주의자들은 본질에다가 위격에만 고유한 것을 귀속시킨다. 그로부터, 이콘반대주의 사고의 혼동이 뒤따른다. 의지와 행위가 예수 그리스도의 두 본질 각각에 고유한 것이어서 각각 두 본질에 조응하는 두 의지와 두 행위를 가진다면, 반대로 그분의 형

---

17 *3e Réfutation*, chap. XXXIV, P.G. 99, 405 B.

상은 그분의 두 본질의 어떤 것에 고유한 것이 아니라 그의 위격에 고유한 것이다. 이콘은 신적 본질의 형상이 아니다. 그것은 성육하신 신적 위격의 형상이다. 그것은 육체 안에 오셔서 볼 수 있게 되고 결과적으로 인간적 수단을 통해서 표상할 수 있게 되신 하느님의 아들의 특징을 전해 준다. 정교주의자들에게 본질의 문제는 제기조차 되지 않는다. 이콘이 모든 초상화와 마찬가지로 인격적인 형상일 수밖에 없다는 사실은 그들에게 너무나도 분명한 것이다. 왜냐하면 다마스커스 요한 성인이 설명한 대로, "본질은 고유한 존재를 가지지 않으며 오직 위격들 안에서만 나타나기 때문이다."[18] 본질은 위격 안에서만 존재하며 각 위격은 충만하게 그 본질을 소유한다. 성 삼위일체의 위격 각각은 신적 본질의 충만을 소유한다. 모든 인간 위격(인격)은 인간 본질의 충만을 소유한다. 본질은 모든 사람에게 동일한 것이다. 그러나 인격은 수없이 많고 그 각각은 유일하고 대체될 수 없다. 사람들을 표상할 때, 우리는 단 하나의 동일한 본질의 수많은 다양성이나 이 본질의 한 부분을 표현하지 않는다. 반대로 우리는 구체적인 인격을 표상하며, 이 인격 각각은 공통의 인간 본질을 소유하는 자기만의 방식을 가지며, 이러한 방식들은 베드로, 요한, 바울로와 같이 각 인격에게 고유한 특징을 제공해 준다.[19] 이콘

---

18 *De la foi orthodoxe*, chap. v, "Sur le nombre des natures", P.G. 94, 1004 A.

19 '인격'(혹은 위격, hypostase)이라는 단어는, 흔히 '개인'(individu)과 동의어로 사용되지만, 정교 신앙에서는 완전히 다른 의미를 가진다. 본질, 인격, 은총 등에 관한 정교회의 가르침을 알고자 하는 사람들에게 우리는 다음의 책들을 적극 추천한다. V. Lossky, *Théologie mystique de l'Eglise d'Orient*, Paris, 1944 ; *A l'image et à la ressemblance de Dieu*, Aubier-Montaigne, Paris, 1967. 한국어 번역본 : "동방교회의 신비신학", 블라디미르 로스키, 정교회출판사, 2019.

은 그 원형과 연결되어 있다. 그러나 그것은 표상의 대상과 이콘이 동일하기 때문이 아니다. 그것이 어림없다는 것은 명백하다. 반대로 이콘은 그 위격을 표현하고 또 그 위격의 이름을 지닌다는 사실로 인해 그 원형과 연결된다. 바로 이러한 사실이 형상을 통한 위격과의 교제와 이 위격에 대한 앎을 가능하게 해 준다. 제7차 세계공의회의 교부들이 대 바실리오스 성인의 말을 인용하면서 "형상에게 주어진 공경은 바로 그것의 원형에게로 향한다"고 말할 수 있는 것도 바로 이 관계 때문이다.[20] 교부들은 이를 설명하면서 종종 이콘을 세속적인 초상화와 비교하곤 한다. 황제의 초상화는 황제이다. 마찬가지로 "그리스도의 표상은 그리스도이다." 그리고 한 성인의 표상은 바로 그 성인이다. "능력은 이 둘 안에서 단절되지 않고 영광도 분리되지 않는다. 그러나 형상에 주어진 영광은 이 형상이 표상하고 있는 분에게 속한다."[21]

달리 말해서, 이콘반대주의자들에게는 두 대상 사이의 동일성 혹은 차이라는 두 가지 가능성만 존재하지만, 정교주의자들에게는, 비록 본질은 다를지언정 동시에 구별되기도 하고 동일하기도 한 이 두 대상 사이의 어떤 연관성이 존재한다. 성 삼위일체의 위격들은 서로 서로 구별된다. 그러나 동일 본질이다. 다시 말해 본질에 있어서 동일하다. 이콘 안에서는 반대로 본질의 차이와 위격의 동일성이 존재한다. 스투디오스 테오도로스 성인은

---

20 Basile de Césarée, *Du Saint-Esprit*, chap. XVIII ; Mansi XIII, 324.
21 Saint Jean Damascène, *Annexes au 1er Traité de la Défense des saintes icônes*, P.G. 94, I 1256 A.

이를 다음과 같이 표현한다. "삼위일체 안에서 그리스도는 그 위격에 있어서 성부와 구별된다. 이콘 안에서는 그리스도는 본질에 있어서 그분의 표상으로부터 구별된다."²²

그리스도교 이콘의 기초인 그리스도의 형상을 거부함으로써, 이콘반대주의자들은 자연스럽게 이외의 다른 모든 이콘도 거부했다. 그리스도의 이콘이 거부된 이상, 다른 것들, 즉 동정녀와 성인들의 이콘을 받아들이는 것은 옳지 못하다고 그들은 말한다.

우리가 이미 말한 바와 같이, 콘스탄티노스 코프로니모스의 관점을 조금 수정한 이콘 반대 공의회의 신조는 동정녀와 성인들에 대해서는 가장 큰 존경을 가지고 이렇게 말한다. "이교도의 예술을 가지고 어떻게 감히 하늘과 모든 성인들보다 높으신 하느님의 어머니를 표상할 수 있는가?" 또 말하기를, "생명 없고 조잡한 물질로 어떻게 감히 별처럼 빛나는 성인들에게 누를 끼칠 수 있겠는가?" 그러나 깊은 공경심이 배어 있는 이러한 항변으로 시작하면서도 이콘반대주의는 그것의 정상적이고 필연적인 발전의 결과, 성모와 성인들에 대한 공경을 부정하기에 이르게 된다. 비잔틴의 연대기 저자인 테오파니스는 레온 3세 황제가 이미 그들

---

22 *3ᵉ Réfutation*, chap. III, par. 7, P.G. 99, 424. 역자주) 이처럼 형상은 동일성과 차이를 둘 다 포함한다. 동일하기만 하다면 더 이상 형상이 아니며, 다르기만 할 뿐 닮지 않았다면 그것 또한 형상이 아니다. 그러나 이 동일성과 차이가 무엇이냐 라는 문제는 형상 개념 자체가 결정하지 않는다. 그래서 "그리스도는 보이지 않는 하느님의 형상"이라고 할 때, 이 때의 형상 개념은 성부와 성자 사이의 본질의 동일성과 위격의 차이를 함축하는 의미이다. 반대로 이콘이 그리스도의 형상이라고 할 때 그것은 본질의 차이와 위격의 동일성을 함축한다. 또 예를 들어 모든 성도들도 그리스도의 형상이라고 할 수 있는데, 이 때는 형상 개념이 본질의 동일성과 위격의 차이를 함축하며, 본질의 동일성은 세례와 신화를 통한 인간 본성의 변모에 그 근거를 둔다 하겠다.

에 대한 공경심을 저버렸다고 주장하지만, 다른 자료들은 이를 확증해 주지 않는다. 어쨌든 이콘 반대에 관한 황제의 칙령에 대해 자신의 첫 번째 『거룩한 이콘들의 수호를 위한 글』을 통해서 다마스커스의 요한 성인은 이미 이콘에 대한 부정이 어디로 향하게 될지 분명하게 보았다. 꽤 온건한 이콘반대주의 흐름에 대해 응답하면서, 그는 "당신들이 그리스도의 형상은 만들면서 성인들의 형상은 만들지 않는다면, 당신들이 성인들의 표상을 금지하는 것이 아니라 성인들에 대한 공경을 금지하는 것이 된다. … 당신들이 이콘에 반대해서가 아니라 성인들에 반대해서 투쟁하는 것이 된다."[23] 요한 성인은 이콘 공경과 성인 공경 사이에 존재하는 이 밀접한 관련성을 잘 보았다. 그는 또한 성인들을 표상하는 것에 대한 거부의 결과들 또한 잘 보았다. 성인들을 공경하기를 거부함으로써, 이콘반대주의자들은 자연스럽게 그들의 성유해와 보다 일반적으로는 모든 물질적인 것에 대한 공경을 부정하기에 이르렀다. 반대로 정교주의자들에게는 구원은 정확히 물질과 연관된다. 왜냐하면 구원은 하느님께서 인간의 육체를 자신의 위격 안에서 연합시키심으로써 실현되었기 때문이다. 이콘반대주의에 응답하면서, 다마스커스 요한 성인은 다음과 같이 말한다. "나는 물질을 흠숭하지 않는다. 그러나 나는 물질들을 창조하신 하느님을 흠숭한다. 그분은 나 때문에 물질이 되셨고, 물질로 살기를 원하셨고, 물질을 통해서 나의 구원을 이루셨다."[24]

---

23 1er Traité à la Défense ···, chap. XIX, P.G. 94, I, 1249.
24 Ibid., chap. XVI, P.G. 94, 1245.

보다시피, 이렇게 이콘반대주의의 사상은 가장 본질적인 점에 관해서 정교회의 가르침과 일치하지 않는다. 이콘의 개념조차도 극단적으로 대립된다. 그러했기 때문에 이 두 진영은 어떠한 화해에도 이를 수 없었다. 그들은 서로 다른 두 가지 언어로 말했다. 그리스도를 표상하는 것이 불가능하다는 이콘반대주의의 논증은 '표현할 수 없음'에 대한 잘못된 이해, '영적인' 것과 '감각적인' 것 사이의 분리, 복음의 역사적 실재에 대한 불충분한 인식에 병적으로 집착한 결과이다.[25]

우리가 언급했던 주장들에 덧붙여서, 이콘반대주의자들은 이콘을 공경해선 안 되는 또 다른 일련의 이유를 내놓았다. 그 중 하나는 "이콘을 거룩한 대상으로 성별하기 위해 행하는 기도도 존재하지 않는다. 그러므로 이콘은 거룩하지 않다. 화가가 이콘에 부여하는 가치 말고는 어떤 가치도 존재하지 않는다"[26]는 것, 다시 말해 단지 미적이고 심리적이며 역사적인 가치만 남게 된다는 것이다.

제7차 세계공의회의 교부들은 이에 대해 이렇게 주장한다. "우리가 거룩하다고 간주하는 많은 대상들도 특별한 기도에 의해 성화된 것이 아니다. 왜냐하면 그것들은 오직 그 이름으로 인해 거룩함과 은총으로 충만하기 때문이다. 그래서 우리는 이런 종류의 대상을 공경할 만한 가치가 있다고 간주하며, 그것들에 입

25　G. Florovsky, *Les Pères byzantins des Ve-VIIIe siècles*, Paris, 1933 ; *La défense des saintes icônes*(러시아어).

26　6e session, Mansi XIII, 268 et ss.

맞춘다. 그래서 생명을 주는 십자가 그 자체는, 비록 특별한 기도에 의해 그것이 성화되지 않았다 할지라도, 공경할 가치가 있다고 간주되며, 우리에게 성화를 가져다주는 하나의 수단으로 봉사하는 것이다. 그러므로 이콘반대주의자들은, 십자가가 특별한 기도에 의해 성화되지 않았다는 이유로 그것을 마치 평범한 대상이요 공경의 가치가 없는 것이라고 생각하든지 아니면 이콘도 똑같이 거룩하고 공경할 만한 것으로 여기든지 해야만 할 것이다."[27] 그러나, 이콘반대주의자들은 십자가만은 계속해서 공경했는데, 이것은 이콘에 대한 그들의 태도에 비추어 볼 때, 엄청난 자가당착이 아닐 수 없다.

공의회의 교부들에 따르면, 거룩한 대상임을 알려주기 위해 붙여지는 "거룩한 이콘들"이라는 이름 때문에, 또한 실제로 은총이 이콘에 현존하기 때문에, 이콘은 은총과 거룩함으로 충만하다. 스투디오스 테오도로스 성인은 "십자가의 형상과 다른 신적인 대상들 안에서 신성은 동일하게 현존한다. 그러나 그것은 본질에 있어서 동일하기 때문이 아니다. 왜냐하면 이 대상들은 하느님의 육체가 아니기 때문이다. 반대로 그것은 이 대상들이 신성과 관계되어 있기 때문이다. 왜냐하면 그것들은 은총과 존엄에 참여하기 때문이다."[28]라고 말한다. 이콘은 하느님의 이름에 의해 또 하느님의 친구들, 즉 성인들의 이름에 의해 성화된다고 다마

---

27 *Ibid.*, 269 D.
28 *1er Réfutation*, chap. X. P.G., 99, 340.

스키스의 요한 성인은 설명한다.[29] 바로 이 때문에 이콘은 하느님의 성령의 은총을 받는다.[30]

그들의 신학적 논증에 덧붙여서, 이콘반대주의자들은 또한 성경적이고 교부적인 논증에 호소했다. 그들이 끊임없이 호소하는 주된 요소는 구약의 금지이다. 우리는 이미 교회가 이 금지의 의미를 어떻게 이해하는지를 살펴보았다. 그렇기 때문에 이를 다시 다루지는 않겠다. 더 나아가 이콘반대주의자들은 이콘을 만들거나 공경해도 된다는 근거는 신약 성경 어디에도 적시되지 않았다고 주장한다. "그리스도의 이콘을 만드는 관습은 그리스도의 전승과 사도들의 전승 더 나아가 교부들의 전승 어디에서도 그 토대를 발견하지 못한다"는 것이다.[31] 그러나 스투디오스 테오도로스 성인은 "그리스도는 그 어디서도 단 한마디라도 그분의 말씀을 기록하라고 명하지 않으셨다. 그럼에도 불구하고 그분의 형상은 사도들에 의해 묘사되었고 오늘날까지 보존되었다. 종이와 잉크로 표상된 분이 또한 이콘 위에 다양한 색으로 혹은 다양한 물질로 표상되는 것이다."[32]라고 말한다.

---

29 *IIe Traité à la Défense* ⋯, chap XIV, P.G., 94, I, 1300.

30 정교의 응답과 이콘반대주의자들의 고발은 똑같이 제7차 세계공의회 시대에는 이콘을 축성하는 의식이 존재하지 않았다는 사실을 증명해 준다. 이것은 우리의 큰 관심을 끈다. 왜냐하면 우리들에게는 이콘을 축성하는 관습이 존재하지만, 정교의 응답은 매우 의미심장하기 때문이다. 불행하게도 축성 의식은 정교 신자들에 의해 항상 바르게 이해되고 있지는 않다는 점을 말해둘 필요가 있다. 종종 신자들은 어떤 점에서 이콘으로 규정하기에는 무리가 있는 종교적인 주제의 그림을 교회에 가져온다. 그리고는 기도로 그것을 축복하면 이콘이 될 수 있다고 생각한다. 축성 의식은 어떤 대상을 다른 것으로 만들어 주는 마술이 아니다. 이콘이 아닌 형상은 그것이 축복되었다고 해서 이콘이 되지는 않는다.

31 6e session, Mansi XIII, 268 B-C.

32 *1re Réfutation*, chap. X. P.G. 99, 340 D.

퀴니섹스트 공의회의 까논에 대해서는 침묵하면서, 이콘반대주의자들은 세계공의회가 이 주제와 관련하여 아무런 가르침도 제공하지 않는다고 주장했다. 그들은 소위 교부들의 문헌을 그들 주장에 대한 버팀목으로 삼았다. 이콘반대주의자들은 그들의 논증 과정에서 종종 매우 부정직한 방법을 사용하곤 했다는 점을 언급할 필요가 있다. 그래서, 754년의 이콘 반대 공의회 이후에 그들은, 우리가 제7차 세계공의회의 의사록을 통해서 알 수 있는 바와 같이, '거룩한 얼굴' 이콘의 역사를 언급하고 있는 문헌들을 숨겼다. 이 공의회의 다섯 번째 회의에서는, 이콘반대주의자들에 의해 숨겨졌었지만 다시 이 공의회에 제출되었던 몇몇 책이 언급되고 있다.[33]

2세기의 영지주의적인 위경인 『사도들의 행전들』에 덧붙여서 이콘반대주의자들은 4세기 카이사레아의 유세비오스(Eusèbe de Césarée)와 키프로스의 주교였던 에피파니오스 성인의 글을 자주 인용한다. 제7차 세계공의회의 교부들은 첫 번째의 참고 문헌은 잘 정립된 것으로 간주한다. 그럼에도 불구하고 유세비오스는 그의 아리우스주의적인 경향 때문에 교회 안에서 큰 권위를 가질 수 없었다.

에피파니오스 성인에 대해서는 이 공의회의 교부들은 그의 신학적 가르침 안으로 들어서지 않고, 반대로 단지 구체적인 사실들에 입각한다. 한편으로 그의 이콘반대주의적 사상을 확인시켜

---

33 Mansi XIII, 169.

주는 소위 에피파니오스 성인의 것으로 주장되는 글이 있다. 그러나 다른 한편 그가 주교로 있었던 키프로스에서 교회들은 그의 생전에도 그림으로 장식되어 있었다는 점은 부정할 수 없는 사실이다. 따라서 공의회의 교부들은 에피파니오스 성인의 것으로 간주되는 글이 잘못 추정된 것으로 간주했다.[34]

더 나아가 이콘반대주의자들은 형상에 대해 완전히 적대적인 한 문헌을 안키라의 테오도토스(Théodote d'Ancyre) 성인의 것으로 주장했는데, 실상은 전혀 사실과 다르며, 공의회의 교부들도 다시 한번 이를 확인해 주었다. 근거 문헌을 확보하기 위해 이콘반대주의자들은 우리가 이미 이콘 공경의 입장을 검토한 바 있는

---

[34] 에피파니오스 성인의 이콘반대주의 문제는 항상 논쟁을 유발해 왔다. 그래서 콘스탄티노플 총대주교 니케포로스 성인은 그의 한 저작『에피파니오스주의자들에 반대하여』(Contre Epiphanides)와 두 번째 이콘 반대 공의회에 대한 그의 반박들(Adv. Epiphanidem, J.B. Pitra, Spicilegium Somesmense IV, pp. 292 ss.) 속에서 문제의 글을 연구했다. 그는 이들 글이 이콘반대주의자들에 의해 왜곡 위조되었다는 결론에 도달했다. 다마스커스의 요한 성인은 보다 덜 확고하다. 그에 따르면, 에피파니오스 성인에게 귀속된 저작은, "많은 사람들이 그렇게 하는 관습을 가지고 있었던 것처럼" 동일한 이름을 가진 다른 사람에 의해 쓰여졌을 것이라고 한다. 다른 한편, 그것은 이콘반대주의 그 자체보다는 그것의 남용과 관련된 것일 수 있다.(1er Traité à la Défense…, chap. XXV, P.G. 94, I, 1257 B-C) 현대 학계에서는 이 문제에 대해 의견일치를 보지 못하고 있다. 그래서 홀(K. Holl) 같은 사람은 에피파니오스를 이콘반대주의자로 결론 내렸고(Die Schriften des Epiphanios gegen die Bildeverehrung, 1928), 오스트로고르스키는 정반대의 견해를 피력했다.(Studien zur Geschichte des byzantinischen Bilderstreites, chap. III tout entier) 플로로프스키(G. Florovsky)는 에피파니오스에게 귀속된 이야기에 관해서조차 이콘반대주의자들의 삽입인 것이 거의 확실하며 후에 그 자신의 글에 첨가되었다고 생각한다.(Les Pères orientaux du IVe siècle, N.Y. 1972) 그러나 플로로프스키는 에피파니오스의 글이 암묵적으로 이콘반대주의적인 입장을 포함하고 있다고 평가하지만, 이를 4세기의 상황에 비추어 설명한다. 에피파니오스에게 "상징주의에서 현실주의로 이콘이 전이되는 과정은 분명 혼란스러운 것으로 보일 수 있었다"는 것이다.(p.203) 메이엔도르프(J. Meyendorff)는 에피파니오스의 글에서 비판받는 부분들의 진정성은 매우 의심스러운 것이라고 믿는다.(Le Christ dans la théologie byzantine, Paris, 1969, p.240) 반대로 클라우저(Th. Klauser)는 그것들의 진정성을 확신을 가지고 주장한다.(Die Äusserungen der alten Kirche zur Kunst. Gesammelte Arbeiten zur Liturgie-Geschichte, Münster, 1974, pp. 329-337). 쉔보른(Ch. Schönborn)은 유세비우스와 에피파니오스에게서, 비록 "후자에 있어서 그것이 덜 체계적이긴 하지만", 그리스도론과 이콘 사상 사이의 동일한 연관성을 발견한다(L'icône du Christ, ibid., p. 77)

대 바실리오스 성인에게서조차 이콘반대주의의 경향을 발견하기에 이르렀다. 바실리오스 성인은 "복된 사람들의 삶이야말로 어떤 의미에서 하느님께 흡족한 삶의 형상이다"라고 말했다. 바로 이 구절에서 이콘반대주의자들은 글로 쓰여진 형상이 이미 존재하기 때문에 그려진 형상은 더 이상 필요 없다는 주장을 추론해 냈다.[35]

제1차 이콘반대주의 시대를 마무리짓는 제7차 세계공의회는 니케아에서 787년 9월 24일에 열렸다. 이 공의회의 의사록에는 307명의 서명이 들어있다. 로마의 교황 아드리아누스 1세는 두 명의 특사를 보냈고, 알렉산드리아와 안디옥의 총대주교는 그들의 대표들을 보냈다. 이들은 또한 예루살렘의 총대주교의 전언을 동반했는데, 이 전언은 이콘 의식의 회복에 전적으로 동의한다는 내용을 담고 있다.

공의회는 12명의 이콘반대주의 주교를 공개적인 참회를 거쳐 교회에 받아들이는 것으로부터 시작되었다. 두 번째 모임에서는 교황 아드리아누스 1세의 두 가지 전언이 낭독되었다. 하나는 콘스탄티노플 총대주교 타라시오스 성인에게 보낸 것이고 다른 하나는 콘스탄티노스 황제와 그 모친, 여황제 이리니에게 보내진 것이었다. 교황은 이콘 의식에 대한 찬성을 표시했고 그 필요성을 주장했다. 그러나 교황의 정교 신앙 선언은 우상숭배라는 고발을 반박하는 것으로 제한되었다. 그런데 여기에 동방 교회에

---

35 6ᵉ session du Septième Concile, Mansi XIII, 300, A-B.

서는 이미 오래 전에 극복된, 따라서 거의 시대에 뒤쳐진 하나의 주제가 들어 있었다. 교황은 성경에서 헤루빔의 형상들을 포함하고 있는 장막을 근거로 들었다. 이어서 그는 그의 생각에 이콘에 호의적인 입장을 피력하고 있는 일련의 희랍교부와 라틴 교부를 인용하는데, 그 중에서 특별히 문맹자는 책을 통해 읽을 수 없었던 것을 교회 벽의 그림을 통해서 읽어야 한다고 주장했던 교황 그레고리우스 1세 성인의 본문을 인용했다. 이 모든 것은 교회에 너무도 중요한 그리스도론적 논증을 결여하고 있기 때문에 정교주의자들에게도 이콘반대주의자들에게도 설득력을 가질 수 없었다. 그러나 주교들 중에서 첫 번째 명예를 누리는 로마 교황의 의견은 커다란 역할을 했다. 비록 그것이 기초가 충분치 않았고 정교의 입장을 약화시키거나 적어도 공의회의 주장에 효과적으로 기여할 수 없는 위험이 있었지만, 사람들은 그의 의견을 존중했다. 교황의 전언에 보다 큰 무게를 실어주기 위해, 희랍 출신 주교들은 "문맹자는 책을 통해 읽을 수 없었던 것을 교회 벽의 그림을 통해서 읽어야 한다"는 대(大) 그레고리우스 성인의 말을 인용한 본문에 다음과 같은 문구를 첨가하여 더욱 구체화시켰다. "그리고 이렇게 형상을 매개로 해서, 그 형상을 보는 사람들은 우리 주님 예수 그리스도의 성육신을 통한 구원을 믿고 기억하는 것에로 고양된다." 그들은 이렇게 해서 교황의 논증에 그리스도론적인 기초를 제공해 주었고 그것을 비잔틴의 신학적 논의 수준으로까지 끌어올렸다.[36] 교황의 전언 본문은 교회에 의해 제기된 또 다른 문제들에 관한 구절에서도 다시 한번 보충되었다. 어쨌든 교황의 두 특사는 이러한 교정에 반대하지 않았고, 공의회에서 이렇게 수정된 전언이 그들이 가져온 전언과 같은 것임을 선언했다.[37]

이어서 교부들은 이콘 공경에 관한 진정한 교리를 확립했다. 그들의 결정은 무엇보다도 먼저 성경에 기초했다. 구약에서 그들은 출애굽기 25장 1절과 17-22절을 인용했다. 여기서 하느님은 헤루빔 형상들이 장막 안에 놓여져야 한다고 명령하신다. 또 민수기 7장 88-89절을 인용하는데, 여기서 하느님은 헤루빔들 사이에서 모세에게 말씀하신다. 그들은 또한 에제키엘의 환상 부분(에제키엘 3:16-20)을 인용하는데, 그것은 헤루빔들이 포함된 성전과 관련된 것이다. 신약에서 교부들은 장막을 다룬 신약 본문인 히브리인들에게 보낸 편지 9장 1-5절을 인용한다. 이어서 요한 크리소스토모스 성인, 니싸의 그레고리오스 성인, 대 바실리오스 성인, 시나이의 닐로스 성인 그리고 그 밖에 우리가 이미 알고 있는 증언들과 퀴니섹스트 공의회의 까논 제82항이 뒤따른다.

이어서 다음과 같은 질문이 공의회에 제기되었다. "이콘을 어떻게 공경하는 것이 합당한가?" 의견은 여러 갈래로 나뉘었다. 콘스탄티노플 총대주교 타라시오스 성인과 같은 사람들은 이콘

---

36 서방의 신학 저술가들 중에서 오직 교황 그레고리우스 2세 성인만이 형상에 대한 변증에 있어서 성육신 교리에 의지했다는 것을 주목해야 한다. 로마 출신이었던 그는 동방의 강한 영향력 아래 있었다.

37 G. Ostrogorsky, "Rome und Byzanz im Kampfe um die Bilerverehrung", *Semin. Kondak.* VI, Prague, 1933, pp. 73-87.

이 거룩한 그릇들과 같이 공경되어야 한다고 주장했다. 동방 총대주교들의 대표들은 이콘은 십자가와 마찬가지의 의미를 가지기 때문에 그와 같은 차원에서 공경되어야 한다고 평가했다. 공의회는 후자의 견해에 동의했다.

이어서 이콘반대주의가 이단으로 정죄되었다. 교부들은 이론에 있어서나 실천에 있어서나 이콘반대주의는 과거의 모든 오류와 이단을 총괄하며, 수많은 이단과 오류의 절정이라고 결론짓기에 이르렀다. 이콘반대주의자들에게 파문이 선고되었고 그들의 저작은 몰수되었다. 교황 특사의 주도 아래 공의회가 열렸던 성 소피아 대성당 한가운데에 한 이콘이 모셔졌고, 모두가 장엄하게 그것에 공경을 표했다.

콘스탄티노스 코프로니모스 황제에 의해 소집된 이콘 반대 공의회는 다른 지역 교회들이 이에 동의하지 않았기 때문에 세계공의회가 될 수 없다고 선언되었다. 그것은 더더욱 "제7차 공의회"라고 불릴 수 없었는데, 그 이유는 이 공의회가 다른 여섯 번의 공의회들, 특별히 공의회 교부들이 제6차 세계공의회라고 불렀던 퀴니섹스트 공의회와 일치하지 않았기 때문이다. 다른 한편 그리스도교 예술은 그리스도교 교리와 일치하며 하느님께서는 구약에서 그분으로부터 재능을 부여받은 사람들에게 장막을 장식할 수 있는 지혜와 특별한 학식을 더하여 주심으로써 예술을 성화시키셨다.

여섯 번째 회기의 공의회 의사록이 잘 보여주는 것처럼 이어서 하나의 신학적 토론이 전개되었다. 이콘반대주의 교리는 한 점한 점 구체적으로 제기되었고, 이에 대해 우리가 이미 부분적으로 살펴본 것과 같이 교회의 응답이 주어졌다.

마지막 두 모임은 공의회의 규범(horos)이라 불리는 최종적인 결정을 내리는 데 할애되었다. 이 규범은 이콘 공경의 교리를 정식화하고 있는데 다음이 바로 그 본문이다.

"우리는 어떤 것도 새롭게 도입함이 없이, 글로 쓰여진 것이건 그렇지 않은 것이건, 우리를 위해 확립된 교회의 모든 전통을 보존한다. 그 중의 하나가 그려진 형상을 통한 표상(eikonikès anaziographèseôs)이다. 왜냐하면 이 표상은 말씀이신 하느님께서 우리의 유익을 위하여 환상적인 방식이 아니라 진정으로 성육신하셨다는 믿음에 대한 복음 설교의 역사와 일치하기 때문이다. 왜냐하면 서로를 지시하는 것은 의심의 여지없이 서로 상대를 통해서 의미를 가지기 때문이다.

사실이 이러하므로 왕도를 따라 전진하고 우리들의 거룩한 교부들에 의해 신성하게 영감 받은 가르침과 성령께서 그 안에 살아 계시는 보편적인 교회의 전통을 따르면서 정확하고 완벽한 검토를 거친 끝에, 우리는, 생명을 주는 거룩한 십자가와 마찬가지로, 색깔을 통해, 작은 돌 조각이나 이 목적에 부응하는 그 밖의 다른 재료로 만들어진 귀중한 이콘이, 그것이 우리 주 하느님 구세주 예수 그리스도의 이콘이건, 존엄하시고 흠 없으신 거룩한 성모님의 이콘이건, 혹은 거룩한 천사들과 거룩하고 공경 받아 마땅한 성인들의 이콘이건 간에, 성물(聖物)과 성의(聖衣)에, 벽면과 나무판자 위에 그려져 하느님의 거룩한 교회 안에, 그리고 집안과 거리에 놓여져야 한다고 결정한다. 왜냐하면 우리가 형상을 통해서 그분들의 표상을 볼 때마다, 또 그 형상을 관상함으로써 그 원형을 상기하도록 격려될 때마다, 우리는 그분들에 대한 보다 큰 사랑을 얻게 되기 때문이다. 또한 그것들에 입맞추고, 그것들에 공경(vénération, proskunèsin)을 표함으로써 더욱 그분들에게 영광을 돌리도록 격려되기 때문이다. 하지만 이것은, 우리의 신앙에 따라 오직 신적인 본질에게만 적합한 진정한 흠숭(adoration, latreian)과는 구별되는 것이며, 오히려 선조들의 귀중한 관습에 따라 향과 촛불로 영광을 돌리는 거룩한 십자가의 형상과 거룩한 복음서와 그 밖에 성물과 같은 방식으로 공경하는 것이다. 왜냐하면 형상에 돌려진 영광은 그것의 원형에게로 향하며, 이콘을 공경하는 사람은 이콘에 표상된 인격을 공경하기 때문이다. 실제로, 우리들의 거룩한 교부들의 가르침이 이와 같았고, 복음을 땅 끝까지 전파한 거룩하고 공번된 교회의 전통이 또한 이와 같다. 이렇게 해서 우리는 그리스도 안에서 말했던 바울로와 모든 신성한 사도 모임과 우리가 따르는 전통을 잘 지켜온 교부들의 모든 거룩함을 좇는다. 그래서 우리는 예언자적으로 교회의 승리 찬가를 이같이 노래한다. '수도 시온아, 환성을 올려라. 이스라엘아, 큰소리로 외쳐라. 수도 예루살렘아, 마음껏 기뻐하며 축제를 베풀어라. 주께서 원수들을 쫓으셨다. 너를 벌하던 자들을 몰아내셨다. 이스라엘의 임금, 주께서 너희와 함께 계시니 다시는 화를 입을까 걱정하지 마라.'(스바니아 3:14-15)

그러므로 우리는, 불경스런 이단들의 본을 따서 감히 이와 다르게 생각하거나, 가르치거나, 교회의 전통을 멸시하거나, 새로운 것을 발명하거나, 복음서건 십자가 표상이건 이콘이건 순교자들의 거룩한 유해이건 간에 교회에 의해 성화된 것을 부정하는 자들, 또한 공번된 교회의 전통에 대해 나쁘고 해로우며 파괴하고자 하는 생각을 가진 자들, 그리고 성물과 공경스런 수도원을 감히 세속적으로 사용코자 하는 자들에 대해, 만약 그들이 주교나 사제이거든 직위에서 파문될 것이요, 수도사나 신자라면 출교할 것을 결정한다."[38]

이 공의회 결정 속에서 교부들은 수차에 걸쳐 교회의 전통과 전통들에 호소한다. 이렇게, "확립된 교회의 전통들을 보존하면서" 공의회는 "신적으로 영감 받은 교부들의 가르침과 공번된 교회의 전통"을 따라 결정을 내린다. 우리가 이미 살펴본 것처럼, '전통'(tradition)은 여기서 교부들에 의해 혹은 '교회의 전통들'(les traditions de l'Eglise)이라는 복수의 형태로 혹은 '공번된 교회의 전통'(la Tradition de l'Eglise catholique)이라는 단수의 형태로 사용된다. 이 복수와 단수는 각각의 경우 '전통'이라는 단어에 부여되는 의미에 조응한다.

교회의 전통들은 거룩한 교부들에 의해 전해지고 교회에 의해 보존된 신앙의 규범(les règles de foi)이다. 그것들은 하느님의 계시를 외적으로 전승해 주는 다양한 형태들, 즉 인간의 자연적인 능력과 특성에 관계된 형태로, 말, 형상, 몸짓, 관습 … 혹은 더 나

---

38 Mansi XIII, 377-380.

아가 전례 전통, 이콘 전통 그 외의 여러 가지가 이에 속한다.

두 번째의 경우, 즉 단수로 사용될 때의 '전통'이라는 단어는 또 다른 의미를 가진다. 그것은 모든 것으로부터 자유롭고 인간의 능력이나 특성에 의존하지 않는 교회의 거룩한 전통이다. 모스크바의 필라렛 대주교는 "참되고 거룩한 전통은 단순히 가르침과 규범과 예식과 관습에 대한 가시적 언어적 전승인 것만이 아니라 동시에 은총과 성화의 효과적인 그러나 비가시적인 전승이기도 하다"[39]라고 말했다. 이 경우 전통의 개념은 그리스도의 몸의 각 지체들에게 인간의 지성의 빛 안에서가 아니라 자신의 고유한 빛 안에서 진리를 듣고 지각하고 알 수 있는 능력을 제공해 주시는 성령께서 교회 안에서 살아가시는 삶으로 정의될 수 있다. 그것은 "하느님 영광을 아는 지식이 빛나도록 하기 위해 우리 마음 안에 빛나시는"(고린토 4:6) 하느님의 빛에 의해 인간 안에 생성된 진정한 지식이다. 달리 말해서, 전통은 성령 안에서 진리를 알 수 있는 능력이며, 교회의 근본적인 능력, 즉 계시 진리의 인식, 성령의 빛을 통해 참과 거짓을 구별하고 경계 지을 수 있는 능력을 실현시키는 "진리의 영"이 인간에게 부여된 것이다. "성령과 우리의 결정입니다"(사도행전 15:28)라고 말할 수 있는 것은 단지 이 전통 안에서 살아감을 통해서이다.[40] 이 전통은 교회 전통의 다양한 형태들 속에 살아 있고 또 제공된다. 이콘 전통은 정확히 그 중의 하나이며 제7차 세계공의회의 교부들도 그것을

39　G. Florovsky, *Les voies de la théologie russe*, Paris, 1937, p. 178(러시아어) 에서 재인용.
40　이 주제와 관련해서는 V. Lossky, *Der Sinn der Ikonem*, Bern, 1952를 참고하라.

말하고 있다.

공번된 교회의 전통에 입각해서, 공의회는, 이콘반대주의자들이 상기시킨 바와 같이 이콘의 존재와 관련하여 어떤 단서도 포함하고 있지 않는 성경이 아니라 이 거룩한 전통이 바로 이콘 존재의 토대라는 것을 보여준다. 성경 또한, 성경이 없었기에 오직 이 거룩한 전통에 의거해 살아가야만 했던 교회의 초기 몇 십 년 동안 바로 이 전통에 따라서 기록되었다. 우리가 알고 있는 것처럼, 현대 개신교는 성경에서 하느님 계시의 유일한 표현을 발견한다. 그러나 공의회의 결정이 말해 주고 있는 바와 같이, 교회의 전통 안에서 성령에 의해 계시되고 제공된 진리는 기록 전승으로 제한되지 않는다. 지상에서 사시는 동안 그리스도께서 행하신 일도 우리가 성경을 통해 알고 있는 것으로 제한되지 않는다. "예수께서는 이 밖에도 여러 가지 일을 하셨다. 그 하신 일들을 낱낱이 다 기록하자면 기록된 책은 이 세상을 가득히 채우고도 남을 것이다."(요한 21:25) 다마스커스의 요한 성인은 이렇게 덧붙인다. "사도들은 기록으로 남기지 않고도 많은 것들을 전해 주었음에 틀림없다. 그래서 이방인의 사도는 '그러므로 교우 여러분, 굳건히 서십시오. 그리고 우리가 전한 말이나 써 보낸 글을 통해서 여러분에게 가르쳐준 전통을 굳게 지키십시오.'(테살로니카 2:15)라고 증언하고 있으며, 또 고린토에 보낸 편지에서는 '여러분이 늘 나를 기억하고 내가 전해 준 전통을 그대로 지키고 있으니 정말 잘한 일입니다.'(고린토전 11:2)라고 쓰고 있다."[41]

이렇게 이콘은 교회 전통의 한 부분을 구성하며, 또한 이콘 전통을 보존함으로써, 공의회의 표현처럼, "우리는 바울로와 … 모든 사도들의 신성한 모임을 좇는다." 왜냐하면 "그림 형상을 만드는 전통은 사도 설교의 시대에 이미 존재했었으며, 우리는 거룩한 교회들의 모습과 지금까지 보존된 글을 통해 이를 증언하는 거룩한 교부들과 역사가들을 통해서 그것을 안다."[42] 다시 말해서, 이콘은 그리스도교의 초기부터 전통을 표현하기 위해 존재했던, 하느님의 계시를 전승하는 하나의 수단이었다. 그리고 이콘반대주의는 전통들 중에 하나(이콘)를 거부함으로써 교회의 거룩한 전통을 왜곡했다.

참되고 거룩한 전통은 오순절 성령 강림의 연장인 교회 안에서, 즉 진리를 계시하시고 우리를 그 안에서 세우시는 성령의 은총이 끊이지 않는 물결로 흘러넘치는 곳에서만 가능하다. 교회 안에 살아 계신 성령에 의해 인도된 공의회는 이콘 공경의 교리를 확립한다. 이콘은 우리의 공경의 대상이다. 그것은 오직 하느님께만 돌려지는 참된 흠숭(adoration)과는 구별되는 것으로 우리가 십자가와 복음서에 표하는 것과 똑같은 공경(vénération)을 의미

---

41 *De fide orth.*, liv. IV, chap. xvi, P.G. 94, 1173과 1176. 다마스커스의 요한 성인이 바울로를 참조했던 것에 우리는 다음과 같은 주장을 덧붙일 수 있다. 만약 그리스도교가 성경에만 제한되었다면, 사도들의 대다수는 "세상으로 가서 모든 피조물에게 복된 소식을 전하라"고 하신 주님의 지상 명령을 수행하지 않았다고 하는 참으로 황당한 결론에 도달하지 않을 수 없을 것이다. 실제로, 열두 사도에 덧붙여 그리스도께서는 70명의 다른 제자들을 두셨다. 그러나 도대체 기록된 문서로 남아있는 것이 무엇인가? 4 복음서와 몇몇 서신과 사도 행전 밖에는 없지 않은가! 그러나 글로 남겨지지 않은 것도 교회 전통들 안에서, 특별히 전례와 이콘 안에서 동등하게 살아있었다.

42 6ᵉ session, Mansi XIII, 252.

한다. 달리 말해서, 우리는 말로 된 형상(image verbale)과 동일하게 눈으로 볼 수 있는 형상(image visible)을 공경해야만 한다.

복음서와 십자가에 대한 공경은 결코 교리적으로 정식화되지 않았다. 왜냐하면 그것은 교회 안에서나 심지어는 이단들에게조차 단 한 번도 의심의 대상이 되지 않았기 때문이다. 그러나 형상과 관련해서는 교회는 이콘반대주의에 맞서서 이콘의 존재 자체뿐만 아니라 그것에 대한 공경의 교리적 토대를 확인하지 않으면 안 되었다.

그러므로 공의회는 이콘이 성경과 마찬가지로 "말씀이신 하느님의 성육신이 환상이 아니라 참된 실재임을 증명하는 데" 봉사한다고 확인한다. 그것은 우리가 이미 퀴니섹스트 공의회의 까논 제82항을 통해서 알고 있었던 사실, 즉 이콘은 성육신 사건에 기초를 둔다고 하는 사실을 표현하고 확인한 것이다. 이콘은 성육신과 관련된 모든 추상적 사고와, 이러한 사고로부터 말미암은 모든 오류와 이단을 반박하는 데 봉사한다.

공의회는 성경과 거룩한 형상이 "서로 지시하며 서로 설명해 준다"고 확인한다. 단 하나의 증언이 말과 형상이라는 서로 다른 두 방식으로 표현된다. 그리고 이 둘은 동일한 계시를 교회의 거룩하고 살아있는 전통의 빛 아래서 전승해 준다. 공의회 의사록은 우리에게 이렇게 들려준다. "만약 교부들이 복음서를 읽어야 한다는 것을 우리에게 전해 주지 않았다면 그들은 또한 형상을 만들어야 한다고 전해 주지도 않았을 것이다. 그러나 만약 그들이 하나를 전해 주었다면, 그들은 또한 우리에게 다른 하나도 전해 주었음에 틀림없다. 왜냐하면 표상은 복음서 이야기들과 분리될 수 없기 때문이며 역으로 복음서의 이야기 또한 그 표상들과 분리될 수 없기 때문이다. 둘 다 선한 것이며 공경 받아 마땅하다. 왜냐하면 그것들은 서로가 서로를 설명해 주며, 반박의 여지없이 서로가 서로를 증명해 주기 때문이다."[43] 이렇듯 볼 수 있는 형상과 말로 된 형상은 동등하다. 성경의 말씀이 하나의 형상인 것과 마찬가지로, 그려진 형상 또한 하나의 말씀이다. 대 바실리오스 성인을 참고하면서 공의회 교부들은 "말이 청각을 통해 전해 주는 것을 그림은 침묵 속에서 표상을 통해 보여준다"고 말한다. 다른 곳에서 그들은 또한 "서로가 서로를 보충해 주는 이 두 수단, 즉 독서와 볼 수 있는 형상을 통해서, 우리는 동일한 것에 대한 지식을 획득한다"고 말한다.[44] 달리 말해서, 이콘은 복음서와 마찬가지의 진리를 포함하고 선포한다. 이콘은 복음서와 거룩한 십자가와 마찬가지로 하느님의 계시와 또한 하느님과 우리 사이의 교제의 여러 측면들 중에 하나이다. 즉 그것은 하느님의 행위와 인간의 행위의 연합이 성취되는 한 형식이다. 거룩한 형상도 복음서도 똑같이, 그것들의 직접적인 의미를 넘어서서, 천상의 세계에 대한 반영이다. 두 가지 모두 그것들이 포함하고 있는 성령의 상징이다. 이렇게 두 가지 모두 구체적이고 정확한 사실들을 전해 주는 것이지 인간적인 생각을 전해 주는 것이 아니다. 그렇지 않다면, 어떻게 이콘이 복음서에 조응할 수 있고

---

43 *Ibid.*, 269 A.
44 *Ibid.*, 300 C.

그것을 설명해 줄 수 있으며, 그 역 또한 어떻게 가능하겠는가?

그러므로 교회의 눈으로 볼 때, 이콘은 성경을 묘사하는 하나의 예술이 아니다. 그것은 성경에 상응하고 그것과 동등한 하나의 언어이다. 그러나 그것은 성경의 문자에 조응하지도 또 대상으로서의 책 그 자체에 조응하는 것도 아니다. 오히려 그것은, 모든 전례 본문이 그런 것처럼, 복음 설교, 즉 성경의 내용 그 자체, 그것의 의미에 조응한다. 이것이 바로 이콘이 교회에서 성경에 버금가는 역할을 차지하고 또 전례적이고 교리적이며 교육적인 의미를 가지는 이유이다.[45]

이콘 안에서 성경의 내용은, 인간의 모든 기관에 호소함으로써, 이론적인 가르침의 형태가 아니라 전례적인 방식, 즉 살아있는 방식으로 전달된다. 성경이 담고 있는 진리는 이콘 안에서 교회와 교회 전통의 영적 체험의 빛 아래서 전달된다. 그러므로 이콘은 우리가 이미 말한 바와 같이, 전례 본문이 성경에 조응하는 것과 마찬가지의 방식으로 성경에 조응한다. 실제로 전례 본문은 성경을 있는 그대로 재현하는 것에 그치지 않는다. 그것들은 성경을 가지고 마치 직물을 짜듯 한다. 성경의 여러 부분을 엇갈리게 하고 또 서로 조우하게 만듦으로써, 전례 본문은 그 의미를 드러내고, 우리로 하여금 복음 설교를 삶으로 체험할 수 있는 방법을 지시해 준다. 이콘은 거룩한 역사의 여러 시점을 표상함

---

45 형상은 말이 가지지 못하는 몇몇 가능성을 가지고 있다는 사실을 염두에 둘 필요가 있다. 이콘은 우선 보다 직접적인 표현 형태이다. 또 한편, 형상을 통한 일반화는 말을 통한 것보다 더 방대하고 더 간결하다. 이렇게 하나의 이콘은 축일 전례 전체가 표현하는 것을 직접적이고 간결한 방식으로 단번에 보여준다.

으로써 그것들의 살아있는 의미를 가시적인 방식으로 전달해 준다. 이렇게 전례와 이콘을 통해 성경은 교회 안에 그리고 교회의 각 지체들 안에 살아있게 된다. 이것이 바로 전례적인 형상과 전례적인 말의 일치가 핵심적인 중요성을 가지는 이유이다. 왜냐하면 이 두 표현 형태는 서로가 서로에 대한 일종의 통제를 형성하기 때문이다. 그것들은 동일한 생명을 누리며, 예배 의식 안에서 공통의 구성 작용을 가진다. 이들 표현 형태 중 어떤 하나에 대한 거부는 다른 것의 쇠퇴를 불러들인다. 8-9세기 이콘반대주의자들에게서 일어났던 것이 바로 이와 같은 현상이다. 전례 생활의 완전한 쇠퇴와 그에 따른 영적 삶의 퇴조는 바로 거룩한 형상을 거부한 결과였다.

이콘을 대체하기 위해, 이콘반대주의자들은 전례에서 설교와 종교적인 시들을 강화했고, 온갖 종류의 음악을 도입했다. 이것과 관련하여 교황 그레고리우스 2세 성인은 황제 레온 3세에게 이렇게 편지했다. "당신은 백성들이 쓸데없는 강론과 경박스러운 주제와 현악기와 타악기와 피리와 어리석은 짓들에 몰두하게 만들었습니다. 참된 감사와 영광돌림 대신에 당신은 백성들을 우화들 속으로 내몰았습니다."[46] 이렇게 전례 전통은 그것이 포함하고 있는 모든 것과 단절되었다. 실제로 이콘과 전례를 통해서, 하느님의 계시는 믿음의 백성을 관통하고 그들의 삶을 성화시키고 그 삶의 진정한 의미를 제공해 주고 이렇게 해서 모든 신

---

46 2e message, Mansi XII, 978 B.

자들이 성취해야할 생의 과제가 된다.

다른 한편, 대 바실리오스 성인의 말을 인용하면서, 공의회는 "이콘에 돌려진 존엄은 그 원형에게로 향하며 이콘을 공경하는 사람은 이콘이 표상하고 있는 분의 인격을 공경한다"고 주장한다. 이렇게 이콘은 표상된 인격들과 은총 안에서 기도하고 그들과 교제하는 신자들 사이의 매개로 봉사한다. 그래서 성인들과 신자들 사이에 어떤 관계와 접촉이 확립된다. 교회 안에서 회중은 전례가 행해질 때 이콘과 전례 기도를 매개로 하여 천상 교회와 완전히 하나가 되도록 해 주는 교제로 들어간다. 전례 안에서 교회는 하나이다. 교회는 완전한 충만 속에서 여기에 참여한다. 천사들과 사람들, 산 자들과 죽은 자들, 그리고 창조 세계 전체가 이 속에서 하나가 된다. 집례자가 향을 칠 때, 그는 그의 행위 안에서 교회 안에 있는 표상된 모든 성인들과 신자들의 회중 전체를 포괄한다. 그것을 통해서 지상 교회와 천상 교회의 일치를 표현해 준다.

그러므로 그리스도교 예술은 그 본질에 있어서 전례적이다. 그것은 예술이 전례의 분위기 형성을 돕거나 그것을 보충해 주기 때문이 아니라 오히려 완벽하게 전례와 조응하기 때문이다. 이렇게 예배 의식적인 예술이라 해서, 이콘이 예술사가들이 이해하고 있는 의미에서 단지 종교에 봉사하는 것,[47] 즉 교회가 외부

---

47 "이콘은 어떤 경우에도 정교 예배 의식에 있어서 하나의 통합된 부분이거나 특별히 본질적인 부분이 아니다." H.G. Beck, *Von der Fragwürdigkeit der Ikone*, Bayerische Akademie der Wissenschaften, Sitzungsberichte, Jahrgang, 1975, Heft 7, München, 1975, p. 33.

에서 차용하여 사용한 보조적인 요소는 결코 아니었다. 이콘은 말과 마찬가지로 종교에 통합된 부분이다. 그것은 하느님을 알게 해 주는 하나의 수단이며 하느님과 접촉할 수 있는 다양한 길 중의 하나이다. 그리스도교만의 독특한 기호요, 그리스도교의 깃발이요 생명인 고귀한 십자가와 마찬가지로 이콘 또한 신앙 고백이요 신앙 선언이다.

제7차 세계공의회의 결정은 로마 교회를 포함한 모든 교회의 대표들에 의해 서명되었다. 공의회의 의사록을 전해 받은 교황 아드리아누스 1세는 그것을 라틴어로 번역하게 했다. 이 번역은 너무도 부정확하고 거칠어서 9세기 로마의 학자였던 도서관 사서 아나스타시오스는 그것이 완전히 해독할 수 없는 전혀 다른 것이 되었다고 말했다. 이 첫 번째 번역은 좋지 않은 결과를 가져왔고, 수많은 오해를 불러 일으켰으며, 특별히 다소 온건한 것이긴 하지만 샤를마뉴의 이콘반대주의를 초래하기도 했다. 이 번역의 주요한 오류 중의 하나는 거룩한 형상에 대한 우리들의 태도인 이콘 공경(vénération de l'icône)의 교리 자체와 관련된다. 희랍어 본문이 '프로스퀴네시스'(proskunèsis)란 단어를 사용한 곳마다, 라틴어는 '아도라티오'(adoratio, 흠숭)라는 단어를 사용했다. 그런데, '프로스퀴네시스'는 '공경'(vénération)을 의미하는 것이지 '흠숭'(adoration)을 의미하는 것은 아니며, 또한 공의회는 이콘에 대한 우리의 태도는 '공경'의 예를 표하는 것이지 오직 하느님께만 적합한 진정한 흠숭(latreia)이 아님을 옳게 지적하고 강조했다.[48]

그러나 정말로 비극적인 것은, 이 번역의 실상 그 자체가 아니다. 그것은 오히려 서방에서 이 번역을 신뢰하였고 아무도 그것의 오류를 알아채지 못했다는 사실에 있다.

교황이 라틴어로 번역된 제7차 세계공의회 의사록을 보냈을 때, 샤를마뉴는 거기서 발견한 내용 때문에 격노했고 아드리아누스 1세 측근에게 격렬하게 이의를 제기했으며, 공의회 의사록이라고 믿어진 것에 대한 응답으로 프랑크 신학자들이 작성한 『카롤랑의 서(書)』(les Livres Carolins)라고 불리는 한 문서를 교황에게 보냈다. 이 신학자들이 제7차 세계공의회를 어떻게 이해했는지 몇 가지 예를 인용해 보자.

오직 성만찬만이 그리스도의 진정한 형상이라고 주장했던 이콘반대주의자들에게 공의회는 그리스도도, 사도들도, 교부들도 감사의 성만찬 예물을 형상이라 부르지 않았고, 반대로 그리스도의 진정한 살이요 피라고 불렀다고 응수했다. 이콘반대주의자들의 주장도, 정교의 응답도 이해하지 못한 채, 프랑크 신학자들은 제7차 세계공의회에 대해 이렇게 응답했다. "이콘과 성만찬을 같은 수준에 올려놓는 것과 '땅의 산물들(빵과 포도주)이 지극히 공경 받기에 합당한 신비로 변모되는 것처럼, 형상도 표상된 인격들에게 돌려진 공경으로 변모된다'고 말하는 것은 어리석고 무모하다." 보다시피 이것은 완전한 몰이해이다. 교회역사가 에펠레

---

48 "이 구분은 서방에서 결코 이해되지 못했다"고 메이엔도르프는 언급한다.(*Le Christ dans la théologie byzantine*, Paris, 1969) 그는 덧붙여서 "토마스 아퀴나스도 형상에 대한 '상대적인 흠숭(latria)'(adoration relative)을 승인했고, 이것은 1450년 성 소피아의 정교회 공의회에 의해 라틴 교회를 우상 숭배로 고발하게 하는 결과를 초래했다"고 말한다.(p.251)

(Héfélé)는 그의 저서『공의회들의 역사』(Histoire des Conciles)에서 이에 관해 이렇게 썼다. "니케아 공의회(787년)는 이런 주장을, 더 나아가 이것과 유사한 어떤 주장도 하지 않았다."[49] 교황 아드리아누스 1세는 그의 응답에서 성만찬과 형상을 혼동한 것은 공의회의 교부들이 아니라 이콘반대주의자들이었다고 설명해야만 했다.

그러나 본질적인 것은 바르지 못한 번역이 아니었다. 그것은 그리스 신학자들과 프랑크 신학자들 사이에 있었던 이콘에 대한 태도에 있어서의 원칙과, 거룩한 형상의 의미와 목적을 이해하는 방식의 차이였다. 그래서 우리는『카롤링의 서(書)』에서 다음과 같은 문구를 읽을 수 있다. "이들(그리스인들)은 이콘에 거의 모든 희망을 걸고 있다. 반면 우리는 고대 교부들의 전통을 따라 성인들을 그들의 몸을 통해, 아니 오히려 그들의 유해와 그들의 의복을 통해 공경한다." 그러나 그리스인들은 성유해를 뒷전으로 물리치고 이콘만을 특별히 선호한 것은 아니다. 그들은 단지 각각을 그 자신의 고유한 자리에 놓았을 뿐이다.『카롤링의 서(書)』는 또 "우리는 이콘을 십자가나 성배(聖杯)들 혹은 성경과 같은 대열에 놓을 수 없다"고 주장한다. 왜냐하면 그 저자들의 생각에 의하면 "형상은 예술가들의 환상의 산물"이기 때문이다.[50]

이콘에 대해서 세계공의회와 프랑크 신학자들 사이에 존재하는 차이점은 우리가 인용한 예들에 국한되지 않는다. 제7차 세계공의회가 거룩한 형상에 대한 신학을 발전시킬 무렵과 "동일한

---

49 Héfélé, *Histoire des Conciles*, t. III, 2ᵉ partie, p. 1073.
50 Liv. 2, chap. XXVI, Héfélé, *ibid.*, p. 1073.

시기에 『카롤랑의 서(書)』는 서방 예술을 그 뿌리로부터 오염시켰다"[51]라고 우리는 말할 수 있다. 그것은 단지 그들이 거룩한 형상을 교리적 토대로부터 박탈해 버렸기 때문만이 아니라, 또한 거룩한 형상을 예술가들의 환상에 내맡겨 버림으로써 이콘반대주의 시기에 이미 구시대적인 것이 되어버린 교황 대 그레고리우스 성인의 태도와도 어긋나 버렸기 때문이다. 샤를마뉴의 입장이기도 했던 그들의 태도는 이렇게 요약할 수 있다. 이콘을 파괴해서도 또 공경해서도 안 된다. 이콘반대주의에 맞서서 이콘의 존재 이유를 변호하는 듯하였지만 서방은 비잔틴에서 논쟁되었던 문제의 핵심 자체를 이해하지 못했다. 비잔틴 사람들에게 생사가 걸린 문제였던 것들이 서방에서는 주목받지 못하고 지나가 버렸다. 이것이 바로 교황 아드리아누스 1세와의 논쟁에서 샤를마뉴가 승리할 수 있었던 이유이다. 한편 교황은 양보해야만 했다.

샤를마뉴는 794년 프랑크푸르트에서 공의회를 소집하였다. 300여 명의 주교로 구성된 이 공의회는 『카롤랑의 서(書)』만큼 멀리 나가지는 않았고 성유해 공경을 위한다는 목적으로 이콘 공경을 금지하지는 않았다. 그러나 공의회는 754년의 이콘 반대 공의회뿐만 아니라 제7차 세계공의회도 거부했다. 공의회는 이렇게 말한다. "이것도 저것도 충분히 제7차 세계공의회라는 이름에 합당하지 않다. 형상은 교회 장식과 과거 행위에 대한 기억을 위해서만 가치가 있고 오직 하느님만을 흠숭해야 하며 성인들만

---

51 P. Evdokimov, L'art sacré, n° 9-10, Paris, 1953, p. 20.

공경해야 한다는 정통 교리에 입각해서, 우리는 형상을 흠숭하려는 공의회도 형상을 금지하려는 공의회도 원치 않는다. 따라서 우리는 이 우스꽝스런 공의회의 글들을 거부한다."[52]

우리는 사태의 전적인 몰이해를 본다. 제7차 세계공의회는 이콘에 대한 흠숭을 금지했고, 프랑크푸르트 공의회는 그것에 대해 분개한다. 그러나 몰이해의 절정은 제7차 세계공의회의 결정에 서명했었던 아드리안 1세의 교황 특사들이 이 프랑크푸르트 공의회의 결정에 서명했다는 사실이다.

825년 파리에서 소집된 또 다른 공의회는 똑같이 제7차 세계공의회를 정죄했다. 프랑크푸르트 공의회 이후 곧이어 뛰랑의 끌로드(Claude de Turin) 주교가, 그리고 파리 공의회 이후 리용의 아고바르(Agobard de Lyon) 주교가 형상을 공격했다. 우리는, 끌로드 주교가 스스로를 십자가의 적이라고 선언했을 때, - 비잔틴의 집요했던 이콘반대주의자들조차 감히 선언할 수 없었다 - 서방의 이콘반대주의는 그 절정에 다다랐다고 말할 수 있다.[53]

이렇게 프랑크푸르트 공의회는 이콘의 사용은 승인했지만, 거기서 어떠한 교리적 전례적 중요성도 보지 못했다. 이콘은 단지 "교회의 장식"이나 "과거사의 기억" 정도로 간주되었을 뿐이다. 한 가지 의미심장한 사실은, 로마 교회가 비록 제7차 세계공의회를 인정했었음에도 불구하고 실천적으로는 프랑크푸르트 공의회의 입장에 머물러 있었다는 것이고, 이것이 바로 이콘이 정교

---

52 Héfélé, *op.cit.*, p. 1068.
53 L. Bréhier, *L'art chrétien, ibid.*, p. 196.

인들에게는 교회의 한 언어이고 신적 계시의 한 표현이며 예배 의식의 통합적인 한 부분인데 반해, 로마 교회에서는 이콘이 결코 이러한 역할을 하지 않았던 이유이다. 샤를마뉴 시대까지만 해도 로마 교회는 아직 정교에 확고히 서 있었다는 것은 사실이다. 거의 30년 이상 동안 (적어도 794년 프랑크푸르트 공의회와 825년 파리 공의회 사이에) 샤를마뉴와 그의 후계자 루이(Louis le pieux)의 제국 안에 있었던 지역 교회들은 이콘 문제에 관해서 가톨릭 교리와 로마의 모(母)교회에 공개적으로 대립해 있었다. 그러나 이 대립은 점차 사라지게 되었다.[54] 시간이 지남에 따라 로마 교회는 『카롤랑의 서(書)』와 프랑크푸르트 공의회가 제시한 원칙이 강제됨을 보아야 했고, 결국은 제7차 공의회의 결정과 멀어지면서 새로운 길을 걷게 되었다.

"감히 … 새로운 것을 발명하거나, 복음서건 십자가 표상이건 이콘이건 순교자들의 거룩한 유해이건 간에 교회에 의해 성화된 것을 부정하는 자들 … "이라는 이 제7차 공의회 결정의 마지막 말에 비추어서 그리스도교 세계 안의 현재 상황을 고려해 보면, 우리는 정교회만이 이 결정에 충실하게 머물러 있음을 보게 될 것이다. 정교로부터 분리된 세계에 관해 말하자면, 혹자는 이콘이나 성인들의 유해를 공경하길 거부하는 프로테스탄트들처럼 교회에 의해 성화된 것을 거부했고, 혹자는 로마 가톨릭 교인들처럼 새로운 길에 들어서게 되었다.

---

54 Bolotov, *L'Histoire de l'Eglise pendant la période des Conciles Oecuméniques*, III. Histoire de la pensée théologique, Pétrograd, 1918, p. 586(러시아어).

이콘반대주의 시기의 총결산은 참으로 무거운 것이었다. 이 시기를 경과하면서 당연히 있어야 했던 것들은 수없이 파괴되었고 그래서 우리는 이콘반대주의 시기 이전의 이콘들의 극히 일부분만을 소유하게 되었다. 한 현대 저술가는 이렇게 쓰고 있다. "사람들은 형상이 존재하는 곳은 어디든지 그것들을 불사르거나 땅에 내던져 버리거나 혹은 덧칠하여 지워버림으로써 형상들을 파괴했다." 또 다른 이는 "모자이크로 된 것은 뽑아버렸고 채색 밀랍으로 그려진 것은 긁어내버렸다. 모든 아름다움이 교회에서 사라졌다"고 말한다.[55] 멀리 떨어진 지방에는 그리스도교 예술 작품을 찾아 파괴하기 위해 관리들이 보내졌다. 수많은 정교인들이 사형 당하거나 고문 당하고 투옥되었으며 그들의 재산은 몰수되었다. 또 어떤 사람들은 먼 지방으로 쫓겨나거나 추방되었다. 한마디로 그것은 진정 하나의 재난이었다. 그러나 교회에게 이 재난은 종국적으로 하나의 승리였다. 정교인들은 이콘반대주의 이전에는 종종 그리스도교 예술의 중요성에 대한 분명한 의식을 가지고 있지 못했다. 그러나 박해의 격렬함과 이콘 공경의 고백자들이 보여준 확고함은 거룩한 형상의 중요성을 단번에 모두에게 부각시켰다. 모든 박해와 잔인성에도 불구하고, 또 총대주교가 서명한 이콘반대주의 황제의 칙령에도 불구하고, 또 754년 공의회에 모인 338명의 이콘반대주의 주교들의 놀라운 숫자에도 불구하고, 이콘을 공경하고 그것을 소유한 사람들에게 내린

---

55 Ch. Diehl, *Manuel d'art byzantin*, t. I, Paris, 1926, p. 364. 에서 재인용.

파문에도 불구하고, 믿음의 백성은 이콘에 대한 예식을 절대로 포기하지 않았다. 이콘 수호의 전위였던 수도사들과 소박한 신자들은 비록 교회가 금지한 것처럼 여겨질 수 있는 이러한 결정을 맹목적으로 수용하지 않았다. 왜냐하면 그들은 교회가 할 수 있는 것과 또 받아들일 수 없는 것을 잘 알았기 때문이다. 다마스쿠스의 요한 성인은 "우리의 목적은 공격당한 진리에 손을 내미는 것이다"라고 말했다.[56] 투쟁의 불꽃 속에서, 교회는 자신의 가르침의 풍요와 깊이를 표현할 수 있는 말들을 발견했다. 우리는 교회의 고백을 물려받았고, 그것은 우리 시대에 특별히 시사성을 가지는 보물이 되었다.

정말이지, 이콘반대주의가 야기한 재난은 하나의 숭고한 분투, 교회의 모든 힘들의 긴장, 순교자들과 고백자들의 피, 변증 교부들의 영적 체험과 지혜, 정교 백성의 흔들리지 않는 신앙, 정교주의에 충실하게 머물러 있었던 주교들의 확고함과 대담함을 요구했다. 그것은 진정으로 교회 전체의 분투였다.

투쟁의 목적은 예술도, 이콘의 교육적 혹은 장식적인 역할도 아니었다. 그것은 또한 신학적 "상부 구조"도 아니었고, 예식이나 단순한 그리스도교적 용례에 관한 논쟁도 아니었다.[57] 이 투쟁의 목적은 성육신 교리에 대한 참된 고백과 그리스도교 인간학이었다. "그것은 진정으로 교리적인 논쟁이었고, 신학적 깊이가 여

---

56 *1er Traité à la Déf*⋯, chap.III, P.G. 94, I, 1233.

57 베크(H.G. Beck)는 여기서 단지 "그리스도교적 실천에 관한 질문(eine Frage christlicher Praxis)" 만을 본다.(*Von der Fragwürdigkeit der Ikone, ibid.*, p. 44)

기서 드러났다."[58]

하느님의 성육신 교리에는 두 가지 핵심적인 측면이 있다. "인간이 하느님이 될 수 있도록 하기 위해 하느님께서 인간이 되셨다." 한편으로 하느님께서 세상에 오시고 세상의 역사에 참여하시며, "우리들 가운데 사셨다." 다른 한편, 인간의 신화(神化, déification)와 이를 통한 모든 창조 세계의 변모, 하느님 나라의 건설이라는 성육신의 목적과 의미가 있다. 교회는 이 세상에서 "다가올 왕국"의 전조를 형성하며, 이것이야말로 교회의 존재 이유이다. 그렇기 때문에 삶 전체, 모든 활동, 예술적 창조를 포함한 모든 인간의 창조 활동이 바로 이 목적으로 수렴된다.

그런데, 이콘반대주의는 그 가르침과 실천을 통해서 교회의 이 구원의 사명을 기반에서부터 허물어뜨렸다. 이론적으로 이콘반대주의는 성육신 교리를 거부하지 않는다. 반대로 그들은 이콘에 대한 그들의 증오를 오히려 이 교리에 대한 막대한 충성심을 통해 정당화시켰다. 그러나 실제로는 그 반대였다. 하느님의 인간적 형상을 거부함으로써, 그들은 외연적으로 물질 일반의 성화를 거부했다. 그들은 이를 통해 모든 지상적 거룩함을 거부했고 심지어 인간의 성화(聖化)와 신화(神化)의 가능성조차 부정하기에 이르렀다. 달리 말해서, 성육신의 결과와 물질적이고 가시적인 세상의 성화를 거부함으로써, 이콘반대주의는 구원의 모든 경륜을 허물어뜨렸다. 말씀의 성육신은 이렇게 해서 그 의미를 상실하

---

58 G. Florovsky, *Les Pères byzantins* …, *ibid.*, p. 247(러시아어).

게 되었다. 이콘반대주의 주교와 논쟁하면서 키프로스의 요르고스 성인은 "당신처럼 생각하는 사람은 하느님의 아들을 모독하고 그분의 육체 안에서 성취된 경륜을 고백하지 않는다"고 말했다.[59] 형상에 대한 거부를 통해서 그리스도교는 하나의 추상적인 이론이 되어 버렸다. 그것은 사실을 추상화시켜버렸고, 이미 오래 전에 반박된 가현설(docétisme)이라는 낡은 이단으로 인도되었다. 그 결과 이콘반대주의가 교회의 전반적인 세속화(laïcisation), 교회 생활의 모든 측면에 대한 비신성화와 연결되었다는 것은 조금도 놀랄 일이 아니다. 교회의 고유한 영역과 그 내적 구조는 세속 권력에 의해 침해되었고, 성당은 세속적 형상들로 범람하였으며, 예배 의식은 세상적인 음악과 시구들로 왜곡되었다. 그렇기 때문에, 이콘을 수호하면서 교회는 하느님의 성육신이라는 그리스도교 신앙의 토대만이 아니라 또한 동일하게 교회의 존재 의미 자체를 수호했다. 교회가 세상의 요소들 안으로 흡수되어 가는 것에 맞서서 교회는 투쟁했다. 이 투쟁의 저변에는, "본질적으로 정교(l'orthodoxie) 그 자체와 관련된 사태가 자리잡고 있었다".[60]

이콘 내용의 교리적 기초는 앞선 세기 이단적인 그리스도론과 인간론에 맞서서 투쟁해온 여러 세대의 교부들에 의해 정초되

---

59 G. Ostrogorsky, "Les ouvrages des apologistes orthodoxes", *Semin. Kondak.*, I., Prague, 1927, p. 46(러시아어)의 인용에서.

60 G. Florovsky, "Origen, Eusebius, and the iconoclastic Controversy", *Church History*, vol. XIX, n° 2, 1950, p. 5. ; G. Ladner, "Der Bilderstreit und die Kunstlehren der byzantinischen und abendländischen Theologie" *Zeitschrift für Kirchengeschichte* B. 50, 1931 ; "Origin and significance of the byzantine iconoclastic controversy", *Medieval Studies* II, 1940 ; P. Lukas Koch, "Zur Theologie der Christus-Ikone", *Benediktinische Monatschrift, Beuron* XIX(1937), 11/12 ; XX (1938) 1/2, 5/6, 7/8.

었다. 그래서 우리는 다음과 같은 쉔보른(Chr. von Schönborn)의 결론을 우리 것으로 삼을 뿐이다. "그리스도론 논쟁은 오랜 세기를 거쳤다. 교회는 그 동안, 성부 하느님과 동일 본질이신 형상이시며(니케아 I), 변화를 겪지 않으신 채 육화되셨으며(에페소), 참 하느님이요 참 인간이시며(칼케돈), 우리를 위해 고통받으러 오신 삼위일체의 한 위격이시며(콘스탄티노플 II), 그의 인간적 의지와 행위가 하느님의 뜻과 완전한 조화를 이루며 죽음에 이르기까지 기꺼이 고통 받기로 동의하신 하느님의 말씀(콘스탄티노플 III) 예수 그리스도의 '거룩한 얼굴' 안에 계시되고 인침 받은 신비를 끊임없이 고백해 왔다. 이 파란만장한 세기, 그리스도에 대한 참된 고백을 둘러싼 이 끔찍하고도 고통스러운 투쟁들을 되돌아 본 후, 시선은 조용하고 평화스런 한 형상, 즉 그리스도의 이콘 위에 멈추어 포개진다."[61]

이콘에 대한 이콘반대주의적 태도와 이와 관련된 여러 주장들의 기초는 구약의 금지 조항이 아니다. 비록 논쟁의 초기에 이 논증이 지녔던 중요성을 부정할 수 없지만 말이다. 확실히 이콘반대주의는 동방에서 생겨났고 그래서 종종 셈족의 정신 세계와 형상에 대한 동방의 마술적 개념에 의해 영향 받은 것처럼 특

---

61 Christoph von Schöborn O.P., "*L'Icône du Christ* …", *ibid.*, p.134. 바로 여기서 다양하게 평가되는 제7차 세계공의회 교부들의 확언의 참되고 심오한 의미를 살펴볼 필요가 있다. 이 확언에 의하면, 그리스도교 예술은 거룩한 교부들에 의존하며 오직 그것의 예술적인 측면만이 예술가들에 의존한다.(Mansi XIII, 252 C)

62 G. Ostrogorsky, *Les ouvrages des apologistes orthodoxes*, *ibid.*, p.36(러시아어).

63 이 저자는 "이콘반대주의가 비잔틴에서 백성 대중들 속에서가 아니라 지식인들 사이에, 헬레니즘 문화가 특별히 창궐했던 황제의 궁정에서 폭넓게 확산되었다"는 점을 주목한다.("-Origen, Eusebius …", *ibid.*, p.9)

징지어진다.[62] 이 모든 것은 이콘반대주의의 몇몇 경향에서 주요한 역할을 했다. 그럼에도 불구하고, 이단 그 자체는 보다 심오한 뿌리를 가지고 있다. 플로로프스키의 연구와 같이 일관성 있는 여러 연구는 이를 잘 보여준다. 정교 신학자로서 이콘반대주의의 기원에 대해 연구하면서, 플로로프스키는 지금까지 너무도 자주 반복되어 온 설명들을 뒤엎을 필요가 있다고 결론짓는다. 이콘반대주의적 사고에 근본적으로 영감을 준 것은 헬레니즘이었고, 이 이단들은 사실상 그리스도교 이전 헬레니즘으로의 복귀였다는 것이다.[63] 저자는 모든 대립을 세속적인 과정의 새로운 국면으로 간주하며 8-9세기의 대립에서 이콘반대주의는 오리게네스주의와 플라톤주의적 특징을 가진 집요한 입장을 대변한다고 주장한다.[64] 제5차 세계공의회에 의해 정죄된 오리게네스주의는 이 시기에 결코 극복된 문제가 아니었다. 그것은 여전히 살아있는 사유의 한 흐름이었고 그의 추론의 상징적이고 우화적인 방법은 이콘반대주의의 신학적 추론에 호의적인 것이었던 것은 어쩔 수 없었다. 사실상 그것은 물질과 정신의 고대 이원론으로의 회귀였다. 이러한 체계에서, 형상은 영성에 있어서 하나의 장애에 지나지 않았다. 그것은 단지 형상이 조잡한 물질로 만들어졌기 때문만이 아니라 물질에 불과한 몸을 표현하기 때문이다. 오리게네스의 그리스도론은 그의 열렬한 제자였던 카이사레아의 유세비오스(Eusèbe de Césarée)가 콘스탄티노스 황제의 자매였던 콘

---

64 G. Florovsky, "Origen, Eusebius ...", *ibid.*, p. 22.

그림 14. 판토크라토, 목판 템페라, 6세기 초. 성 카테리나 수도원, 시나이, 이집트

스탄티아에게 보낸 편지 안에서 전개한 추론의 배경이었고 전조였다. 콘스탄티아가 그리스도의 이콘을 보고 싶어 했을 때, 유세비오스는 주님의 몸은 현재 헤아릴 수 없는 영광으로 변모되었기 때문에 그분의 역사적인 모습을 표현하는 형상은 과거로의 후퇴일 뿐이라고 그녀에게 설명했다. 즉 승천 이후 그리스도께서 머물러 계시는 이 영광을 관상하는 것은 오직 영으로만 가능한 것이며 오직 이교도들만이 표현할 수 없는 것을 표현하려고 애쓴다는 것이다.

사실, 여기서 문제되는 것은 고대 세계가 그리스도의 계시를 충만하게 받아들일 수도 소화할 수도 없었다는 어려움이었고, 이 어려움은 모든 이단들의 기초였으며 결코 극복되지도 극복될 수도 없는 것이었다. 그래서 이레네 성인은 오리게네스의 지성주의가 출현하기 이전에 이미 그리스도의 계시가 그의 육체적 현현과 통합되어 있음을 수호하기 위해서 투쟁하지 않았던가? 쉔보른은, 아리우스로부터 시작해서 결국은 오리게네스주의적 상징주의와 복음주의적인 역사주의 사이의 이 대결로 불가피하게 이어지게 될, 헬레니즘적 유산에 의해 얼룩진 그리스도론의 발전을 매우 근거 있게 보여주었다. 이것이 바로 "그리스도교적 형상에 반대한 논쟁적 논리들이 출현하기 시작했을 때, 그것은 너무 자주 유세비오스나 에피파니오스, 아마세의 아스테리우스, 『순결에 관하여』(De Pudicitia)의 몬타누스주의자 테르툴리아누스 등

---

65 "L'Icône du Christ …", ibid., p. 84, note.

논란의 여지가 있는 신학적 관점에 의해 정당화되었던" 이유이기도 하다.[65] 이 대립의 전야에, 퀴니섹스트 공의회가 상징을 제거했을 때, 공의회는 하나의 원리로서의 상징주의를 겨냥하고 있었다는 점을 상기하자. 또한 이 상징주의는 "그리스의 우화들을 새롭게 사용했던 오리게네스와 디디모스와 에바그리오스"(공의회의 첫 번째 규범)에 의해 대표되었던 "이교도적 미성숙"에 다름 아니었음을 상기할 필요가 있다.

이콘반대주의는 그리스도론 논쟁 시기의 일련의 주요한 이단들을 마감 지었다. 그들 각각은 하느님 경륜의 이러저러한 측면들, 하느님의 성육신에 의해 다가온 구원의 문제에 공격을 가했다. 그러나 이콘반대주의는 특별한 한 측면만을 공격한 것이 아니라 구원의 경륜 전체를 공격했다. 매우 복잡한 이 이단이 정교의 가르침 전체에 대한 일반적인 공격을 대변하는 것과 마찬가지로 이콘 예식의 회복은 단지 특수한 승리가 아니라 정교주의 그 자체의 승리였다. 교회는 다양한 수많은 이단들에 맞서 승리했고 또 승리해 나갈 것이다. 그러나 이 승리들 중 단 하나, 즉 이콘반대주의에 대한 승리만이 '정교의 승리'(Triomphe de l'Orthodoxie) 그 자체로 장엄하게 선포되었다.

9장
이콘의 의미와 내용

이콘의 의미와 내용은 교회가 이콘반대주의에 응답하고 정식화한 가르침으로부터 도출된다.

이콘 공경의 교리적 토대와 전례 형상의 의미는 특별히 두 축일 전례를 통해서 드러난다. 우리가 이미 언급한 바 있는 '거룩한 얼굴' 축일과 이콘 승리와 하느님의 성육신 교리의 결정적인 승리를 경축하는 '정교 승리' 축일이 그것이다.

우리는 정교 승리 축일의 콘타키온(kontakion)을 연구의 바탕으로 삼을 것이다. 이 콘타키온은 이 축일을 말로 표현해 주는 진정한 이콘이다. 이 본문은 놀랄만한 풍부함과 깊이로 형상에 대한 교회의 가르침 전체를 표현해 준다. 우리는 이것이 10세기 이후의 것은 아니라고 추정한다. 오히려 이 축일의 까논과 동시대일 가능성이 높다. 그럴 경우 그것은 9세기, 즉 정교 승리의 시기로까지 소급된다. 실제로, 축일의 까논은 제2차 이콘반대주의 시기의 정교 고백자였던 '낙인찍힌 자' 테오파니스(Théophane le Marqué) 성인에 의해 쓰여졌다. 테오파니스 성인은 이어서 니케아의 대주교가 되었고 847년경에 사망하였다. 이 까논은 그러므로 이콘을 위한 투쟁에 몸소 참여했던 사람에 의해 쓰여졌다.

축일 콘타키온은 교회의 체험 전체, 하느님의 계시에 대한 구체적이고 살아있는 체험, 피 흘려 수호한 체험을 총괄적으로 표현해 준다. 세 문장에 불과한 간결하고 정확한 형태로, 이콘의 승리에 맞추어 구원의 모든 경륜과, 이를 통해, 형상과 그 의미에 대한 가르침을 표현한다.

> 성부의 말씀은 묘사될 수 없었지만 성모님 당신을 통해 성육신하심으로써 묘사될 수 있게 되셨습니다.
> 말씀은 더럽혀진 형상을 옛적 존엄의 상태로 회복시키셔서, 신적인 아름다움과 연합하셨습니다.
> 구원을 고백하면서 우리는 이것을 행동과 말로 표현합니다. (보다 정확하게, 우리는 이것을 행동과 말로 형상화시킵니다.)

이 콘타키온의 첫 번째 부분은 삼위일체 하느님의 두 번째 위격의 낮아지심과, 이를 통해서, 이콘의 그리스도론적 기초를 표현한다. 이어지는 구절은 성육신의 의미와 더불어 인간, 더 나아가 우주와 관련된 하느님의 계획의 실현을 드러내준다. 우리는 이 첫 두 구절이 "인간이 하느님이 될 수 있도록 하시기 위해 하느님께서 인간이 되셨다"는 교부들의 정식을 분명히 밝히고 있다고 말할 수 있다. 콘타키온의 마지막은 인간의 하느님을 향한 응답, 즉 성육신이라는 구원의 진리에 대한 고백, 하느님의 경륜에 대한 인간의 수용과 하느님의 사역에 대한 인간의 참여, 결과적으로 우리들의 구원의 실현을 표현한다. "구원을 고백하면서 우리는 이것을 행동과 말로 표현합니다."

"성부의 말씀은 묘사될 수 없었지만 성모님 당신을 통해 성육신하심으로써 묘사될 수 있게 되셨습니다"라는 콘타키온의 첫 번째 부분의 내용은 다음과 같이 요약될 수 있다. 성 삼위일체의 두 번째 위격은 원래의 존재대로, 즉 신적인 본질의 충만을 소유하신 하느님으로, 또한 그분의 신성 안에서 "성부 하느님의 묘사될 수 없는 말씀"으로 온전히 머물러 계시면서 인간이 되신다. 하느님께서 자신이 창조하신 인간적 본질을 수용하신다. 그분은 성모님으로부터 이 인간적 본질을 총체적으로 빌어오시지만, 그분의 신성이 수정되지도 또 그것이 인성과 혼합되지도 않는 하느님이요 동시에 인간이신 분이 되신다. 금욕가 마르코스(Marc l'Ascète)의 표현을 따르자면, "육신이 말씀이 될 수 있게 하시려고, 말씀이 육신이 되셨다."[01] 그것은 하느님의 낮아지심, 케노시스이다. 피조물이 절대 접근할 수 없는 분이, 또 어떤 수단을 통해서도 묘사되거나 표현될 수 없는 분이 인간의 육신을 수용하심으로써 묘사될 수 있고 또 표현될 수 있는 분이 되신다. 예수 그리스도, 하느님-인간의 이콘은 칼케돈 교리를 형상으로 표현한 것

---

01 니콜라스 수사에게 보내는 편지, *Philokalie russe*, t. I, p. 420.

이다. 실제로 이콘은, 신적 본질로는 성부와 동일본질이시고 인간적 본질로는, 이 교리의 용어에 따르자면, "모든 점에서 우리와 같지만 죄는 없으신" 바 우리와 동일본질이신, 인간이 되신 하느님의 아들의 위격을 표상한다. 바울로 성인이 말한 것처럼 그리스도께서는 지상에서의 생애 동안 자신 안에 하느님의 형상과 종의 형상을 결합시키셨다.(필립비 2:6-7) 그리스도를 둘러싸고 있었던 사람들은 그분에게서 단지 예언자에 준하는 한 인간만을 보았다. 불신자들에게 그분의 신성은 종의 모습에 의해 숨겨졌다. 그들에게 구세주께서는 단지 역사적 인물, 인간 예수에 불과했다. 가장 사랑하는 제자들조차 종의 모습이 아닌 영광을 덧입은 신화(神化)된 인성 안에 계신 그리스도를 수난 직전에 그것도 단지 한번만 볼 수 있었을 뿐이다. 다볼산 정상에서의 변모의 순간이 바로 그것이다. 그러나 교회는 "들을 수 있는 귀" 못지않게 "볼 수 있는 눈"을 가지고 있다. 이것이 바로 교회는 인간의 말로 쓰여진 복음으로 하느님의 말씀을 들으며 그분의 신성에 대한 확고한 신앙의 눈을 통해 그리스도를 생각하게 되는 이유이다. 또한 이것이 바로 교회가 이콘에서 그분을 단지 평범한 한 인간이 아니라, 영광 안에 계시는 하느님-인간으로, 심지어는 그분이 가장 비참에 처한 순간에서조차 그렇게 나타내 보여주는 이유이다. 우리는 교회가 어떤 방법을 통해 그렇게 하는지 보게 될 것이다. 여기서는 단지, 바로 이러한 이유로 인해 정교회는 그리스도의 이콘에, 서방의 종교 예술이 그렇게 하듯이, 단지 육체적이고 정신적으로 고통 받는 한 인간의 모습을 표상하지 않는다는 사실을 적시하는 것으로 만족하자.

하느님-인간의 형상, 우리가 살펴본 바와 같이, 이콘반대주의자들은 바로 이것을 이해할 수 없었다. 그들은 어떻게 그리스도의 두 본질을 표상할 수 있느냐고 질문했다. 그러나 정교인들이 표상하려고 의도했던 것은 그리스도의 신적인 본질도 인간적인 본질도 아니었다. 우리가 이미 말한 것처럼, 그들은 그분의 위격, 즉 그 안에서 이 두 본질이 섞임이나 분열 없이 연합하고 있는 하느님-인간의 위격을 표상했다.

정교 승리 축일의 콘타키온이 성 삼위일체 하느님의 한 위격에게 드려지지 않고, 오히려 성모님께 드려진다는 것은 매우 특징적이다. 우리는 여기서 그리스도와 성모님에 대한 가르침이 통일되어 있는 한 표현 앞에 서게 된다. 삼위일체의 두 번째 위격의 성육화는 그리스도교의 근본적인 교리이다. 그러나 이 교리의 고백은 동정녀 마리아를 진정 하느님의 어머니로 고백할 때만 가능하다. 실제로, 하느님의 인간적 형상의 부정은 논리적으로 하느님을 낳으신 모성의 부정으로 귀결되고 결국 우리의 구원의 의미에 대한 부정에 이르게 된다. 반대로 그리스도 이콘의 존재와 공경은 성모의 역할을 전제하며, "지금 말씀대로 저에게 이루어지기를 바랍니다"(루가 1:38)라는 성모의 동의는 성육신의 불가결한 조건이었고 또한 하느님께서 볼 수 있고 또 표상될 수 있는 분이 되도록 해 주었다. 교부들에 의하면, 하느님-인간의 표상은 그 어머니의 표상될 수 있는 인성에 정확히 기초한다. 테오도로스 스투디오스는 "묘사될 수 없는 성부로부터 나셨기 때문에 그리스도는 형상을 가질 수 없었다. 실제로, 성경이 어떤 표상으로도 금하고 있는 바의 신성에 그 어떤 형상이 적합할 수 있겠는가? 그러나 묘사될 수 있는 어머니로부터 그리스도께서 나셨을 때, 그분은 당연히 그 어머니의 형상과 조응하는 한 형상을 가지신다. 그래서 만약 그리스도께서 예술을 통해 표상될 수 없다면, 그것은 결국 그분이 단지 성부로부터만 나셨고 성육신하지는 않으셨다고 말하는 것이 될 것이다. 그러나 이것은 우리의 구원을 위한 모든 하느님의 경륜에 반대되는 것이다."[02]라고 설명한다. 제7차 세계공의회는 어머니로부터 빌리신 육체에 따라 하느님-인간을 표상할 수 있다는 이 가능성을 성부 하느님의 표상이 부재하다는 사실과 대립시킨다. 공의회의 교부들은 황제 이사우로스 레온(Léon l'Isaurien)에게 보낸 편지에서 보여준 교황 그레고리우스 2세 성인의 위대한 논증을 반복해서 주장한다. "왜 우리는 주 예수 그리스도의 성부를 묘사하거나 표상하지 않는가? 왜냐하면 우리는 그분이 어떤 분인지 알지 못하기 때문이다. … 만약 우리가 그분의 아들 성자를 보아서 아는 것처럼 성부 하느님을 보아서 알고 있다면, 우리는 그분을 묘사하거나 예술을 통해 표상하려고 시도할 것이다."[03]

  공의회의 이러한 논리 전개와 테오도로스 스투디오스 성인의 언급은 우리에게 커다란 시사점을 제공해 주는 교리적으로 매우 중요한 한 가지 주제를 건드리고 있는데, 그것은 바로 현재

---

02 *3ᵉ Réfutation*, chap. II, P.G. 99, 417 C.
03 Mansi XII, 963 E.

의 교회 관습에 존재하는 성부 하느님의 표상이다. 잘 알고 있듯이, 인간의 생각이 참된 신학의 정상에 항상 머물러 있지는 않았던 것처럼, 마찬가지로 예술 창작 또한 정통 이콘 사상의 정상에 항상 있지는 못했다. 여러 가지 오류들 중에서도 우리는 특별히 17세기부터 정교회에 폭넓게 보급된 성부 하느님의 형상을 만난다. 우리는 1666-1667년 모스크바 대(大)공의회의 성부 하느님 형상 금지 결정과 관련하여 이 주제를 더욱 상세하게 분석하게 될 것이다. 그러므로 여기서는 위에서 인용한 본문과 관련된 몇 가지 원칙에 대해 숙고해 보는 것으로 제한하겠다.

보다시피, 제7차 공의회는, 성육신하지 않으셨고 보이지 않으시며 따라서 표상할 수 없는 성부 하느님에 대한 형상은 존재하지 않는다고 말한다. 공의회는 성육신하신 성자 하느님의 표상 가능성과 성부 하느님의 표상 불가능성의 차이를 강조한다. 그러므로 우리는 공의회가 교회의 교리적 관점에서 성부 하느님을 형상화하는 것의 불가능성을 주장했다고 정당하게 결론 내릴 수 있다. 우리는 이를 통해서 모든 정교 이콘주의의 기초가 되는 복음적 현실주의(réalisme évangélique)로 다시 한번 되돌아오게 된다. 우리는 확실히 무엇이든지 표상할 수 있다. 왜냐하면 인간의 공상은 제한이 없기 때문이다. 그러나 모든 것이 표상될 수 있는 것은 아니라는 것 또한 사실이다. 하느님과 관련된 많은 것들이 형상에 의해 표상될 수 없을 뿐만 아니라 말로도 묘사될 수 없으며 심지어는 인간에 의해 지각될 수조차 없다. 공의회가 성부 하느님의 형상을 가질 수 없다고 말하면서 토대로 삼은 것은 바로 성부 하느님의 지각될 수 없고 알 수 없는 이 특징이다. 우리는 성 삼위일체 하느님에 대한 지식에 이를 수 있는 단 하나의 열쇠만 가지고 있다. "나를 보는 사람은 나를 보내신 분도 보는 것이다"(요한 12:45), "나를 보았으면 곧 아버지를 본 것이다"(요한 14:9)고 했듯이, 우리는 성자를 통해서 성부를 알고, 또 "성령의 인도를 받지 않고서는 아무도 '예수는 주님이시다.' 하고 고백할 수 없습니다"(고린토 12:3)라고 했듯이, 성령을 통해서 성자를 안다. 그러므로 우리는 단지 우리에게 계시된 것만을 표상할 수 있다. 즉 예수 그리스도, 성자 하느님의 성육하신 인격만을 표상할 수 있다. 또한 성령은 신현현(Théophanie) 사건에서의 비둘기나, 오순절(Pentecôte) 사건에서의 혀 같은 불의 모습 등을 통해, 그분이 발현하신 대로 표상된다.

콘타키온의 첫 번째 부분이 이콘의 토대인 하느님의 성육신에 대해 말한다면, 두 번째 부분은 이미 말한 바와 같이 성육신의 의미와 그 귀결로서 신약 시대의 형상이 갖는 의미와 내용을 표현한다. "말씀은 더럽혀진 형상을 그것의 옛적 존엄의 상태로 회복시키셔서, 신적인 아름다움과 연합하셨습니다."

성육신을 통해서, 하느님의 말씀은 아담의 타락으로 더렵혀진 하느님의 형상을 인간 안에 재창조하고 갱신하신다.[04] 새 아담, 새 창조와 천상의 인간의 맏물이신 그리스도께서는 인간을 첫 아담이 창조된 그 원래 목표에로 이끌어 가신다. 이 목표에 도달하

---

04 다음을 참조하라. Saint Athanase le Grand, *Sur l'Incarnation*, P.G. 25, 120 CD.

기 위해서는 기원, 즉 아담의 출발점으로 되돌아가야만 했다. 성경에서 우리는 다음과 같은 구절을 읽는다. "하느님께서 말씀하시길, 우리의 형상(image)과 모양(ressemblance)을 따라 사람을 만들자."(창세기 1:26) 그러므로 성 삼위일체의 계획에 의하면, 인간은 창조주의 형상이어야 할뿐만 아니라 하느님과 닮은 형상이어야 한다. 그러나 하느님의 창조에 대한 창세기의 묘사는 더 이상 '모양'을 언급하지 않는다. "하느님께서 자신의 형상을 따라 사람을 창조하셨다. 그분은 그를 하느님의 형상에 따라 창조하셨다"(창세기 1:27) 혹은 "하느님께서 아담을 창조하실 때, 하느님의 형상에 따라(κατα εικονα Θεου) 그를 창조하셨다."(창세기 5:1)[05] 우리는 본문이 '형상'이라는 단어를 반복적으로 사용하여 강조하지만 '모양'이라는 단어는 명백하게도 그렇지 않다는 점을 언급할 수 있다.[06]

사람을 하느님의 '형상과 모양에 따라' 창조하시고자 했던 하느님의 계획과 '하느님의 형상을 좇아' 창조하신 것에 대한 성경 이야기의 의미를 교부들은 하느님의 형상대로 창조된 인간은 이어서 하느님의 모양을 실현시키도록 소명 받았다는 의미로 해석했다. '하느님의 형상대로'라 함은 이 모양을 획득할 수 있는 가능성을 가지고 있음을 의미한다. 달리 말해서, '하느님의 모양대로'라 함은 성취해야할 하나의 역동적 과제로 사람에게 주어진 것이다.

세례를 통해서 은총은 타락한 인간에게서 하느님의 형상을 회

---

05 칠십인역에 따라 성경을 인용했다.
06 이 주제에 관하여 다음을 참고하라. V. Lossky, *Théologie mystique de l'Eglise d'Orient*, chap. VI, "Image et ressemblance", Paris, 1944.

복한다. 이 은총은 이후에 덕을 획득하려는 인간의 노력과 더불어 하나님의 모양을 형성해 나갈 것이며, 이때 덕의 최정상에는 하느님과의 닮음의 가장 고귀한 특징인 사랑이 자리잡는다. "화가들이 무엇보다도 먼저 한 가지 색으로 초상화의 윤곽을 그리고, 이어서 조금씩 색에 색을 덧입히고 풍요롭게 함으로써, 초상화의 모델과의 닮음이 구체화되는 것과 마찬가지로, … 하느님의 은총 또한 세례를 통해 본래 처음의 인간 존재가 가졌던 그대로의 형상을 재형성하는 것으로부터 시작한다. 이어서 우리가 모양의 아름다움을 우리의 의지 전체로 열망하게 될 때, … 은총은 덕에 덕을 꽃피우게 하고 영혼의 아름다움을 영광에서 영광으로 승화시킴으로써, 그 영혼의 아름다움이 모양이라는 특징을 얻게 해 준다."[07]

그런데, 인간은 하나의 '작은 세계'요 소우주(microcosme)이다. 인간은 창조된 생명의 중심이다. 따라서 하느님의 형상인 인간은 하느님께서 피조물에 역사하시는 통로이다. 바로 인간에 의해서, 인간을 통해서 피조물들은 영적인 생명에 참여한다. 하느님께서 모든 가시적 피조물들의 머리로 삼은 인간은 자신 안에서 만물의 연합과 조화를 실현시켜야 했고, 전 우주를 하느님께 연합시켜야 했으며, 그를 통해서 하느님께서 "만물 위에 만물"이 되시는 유기적인 통일체로 만들어야만 했다. 왜냐하면 창조의 궁극적 목적은 그것의 영광스런 변모(transfiguration)이기 때문이다.

---

07 Diadoque de Photicé, *Oeuvres spirituelles*, chap. LXXXIX, Paris, 1955, p.149.

그러나 인간은 자신의 소명을 완수하지 못했다. 하느님을 배반했고, 그 의지의 긴장은 약화되었으며 그 본성의 무기력함이 하느님을 향한 열망을 압도했다. 이것은 인간 즉 소우주의 황폐를 야기했으며, 이어서 필연적으로 전 우주적 황폐함, 피조 세계 전체의 재앙을 초래했다. 가시적 세계 전체가 무질서, 투쟁, 고통, 죽음과 부패에 빠졌다. 이 세상은 더 이상 하느님의 아름다움을 온전히 반영하지 못하게 되었다. 왜냐하면 이 우주의 중심에 새겨진 하느님의 형상(즉 인간)이 희미해졌기 때문이다. 이것은 인간의 소명과 정확하게 반대되는 것이었다. 그러나 하느님의 뜻은 변하지 않았다. 인간은 더 이상 자신의 고유한 능력으로 자신의 본성을 최초의 순결함으로 회복할 수 없게 타락했고, 따라서 인간이 더 이상 완수할 수 없게 된 이 과제는 새로운 아담이신 그리스도에 의해서 성취되었다. "하느님께서 창조하신 대로의 인간은 세상에 더 이상 존재하지 않았다. 그리고 누구도 타락 이전의 아담과 같게 되는 것은 불가능했다. 그렇지만 누군가 그런 인간이 되어야 함은 피할 수 없는 것이었다. 그래서 하느님께서는 처음에 아담을 창조하셨을 때의 인간을 원하셨고, 그분의 아들을 지상에 보내셨다. 그 아들은 참 하느님이시며 동시에 참 인간이 되셨다. 아들은 신성에 합당한 인간을 발견되도록 하기 위해, 오셔서 성육신하시고 온전한 인성을 수용하셨다. 여기 한 인간이 계신다. 그와 같은 사람은 이전에도 지금도 이후에도 없을 것이다. 그러나 왜 그리스도께서 그렇게 되셨는가? 하느님의 율법과 계명을 보존하고 악마와 투쟁해서 승리하기 위해서이다."[08] 원죄의 사슬로부터 인간을 구원하기 위해서는 하느님께서 처음에 창조하신 대로의 인간, 즉 죄 없는 인간이 있어야만 했다. 왜냐하면 죄는 인간의 본성에 첨가된 하나의 외적인 것이며, 창조된 인간 의지의 발명품이며, 니싸의 그레고리오스 성인의 말대로, 생명의 충만함에 대해 피조물의 자발적 포기이기 때문이다.

하느님 아들의 성육신은 인간을 본래의 순결함으로 재창조한 것일 뿐만 아니라 첫 아담이 성취하지 못했던 것의 실현이다. 제7차 세계공의회의 교부들은 다음과 같이 말한다. "하느님께서 인간을 불멸성 안에서 다시 창조하셨고, 인간에게서 더 이상 제거할 수 없는 선물을 주셨다. 이 재창조는 하느님과 더욱 더 닮았고 첫 창조보다 더 좋은 것이다. 그것은 영원한 선물이다."[09] 이 불멸성의 선물은 하느님의 아름다움과 영광에 다가갈 수 있는 가능성 안에 있다. "그분은 그것을 신적인 아름다움과 연합시키셨습니다"라고 콘타키온은 노래한다. 인간의 본성을 수용하심으로써, 그리스도께서는 그것을 은총으로 흠뻑 적시고, 그것이 하느님의 생명에 참여하도록 하심으로써 인간에게 하느님 나라로 갈 수 있는 길, 신화와 변모의 길을 열어 주셨다. 그리스도의 온전한 생명을 통해서 인간 안의 하느님의 형상은 회복되었다. 자발적으로 용납하신 수난을 통해서 그리스도께서는 원죄의 권세

---

08   신신학자 시메온 성인의 것으로 여겨지는 교리학습으로 러시아판 *Oraison* I, par. 3, Moscou, 1892, p. 32.에서 재인용.

09   5ᵉ session, Mansi XIII, 216 A.

를 무력화시키시고 인간을 창조의 본래적인 과제인, 하느님의 모양을 실현할 수 있도록 인도하셨다. 그리스도 안에서의 인간 본성의 신화를 통해서 이 모양은 전적이고 완벽한 차원에서 실현되었다. 실제로, 신화는 인성과 신성, 인간의 의지와 하느님의 의지 사이의 완벽한 조응, 전적인 연합(그들의 협력, synergie)을 의미한다. 이것이 바로 하느님의 모양이, 하느님의 형상이 정화되고 재형성된 갱신된 인간에게만 가능한 이유이다. 이 가능성은 인간 본성의 어떤 기관들 안에서 그리고 무엇보다도 자유 안에서 실현된다. 하느님의 모양의 획득은 자유 없이는 불가능하다. 왜냐하면 그것은 하느님과 인간의 살아있는 접촉 안에서 실현되기 때문이다. 인간은 성 삼위일체의 뜻에 의식적이고도 자유롭게 들어서며, 그의 역량의 범위 안에서 또 성령의 도우심으로 삼위일체 안에서 하느님에 대한 자신의 닮음을 창조해 간다. 여기서 문자적으로 "매우 닮은"이라는 뜻을 가진 슬라브어 단어 '프레포도브니'가 거룩함의 수도원적 유형에 적용됨을 이해할 수 있다.[10] 인간의 재탄생은 "현재와 같은 비천한 상태"의 본성을 신적인 생명에 참여시킴으로써 변화시키는 데 있다. 왜냐하면 대 바실리

---

[10] 끼릴로스와 메토디오스 성인의 시대에 그리스어 οσιος를 번역하기 위해 고안된 이 단어는 인간이 하느님의 모양을 획득함을 지칭한다. 다른 언어에서는 이에 해당되는 표현이 존재하지 않는다. 하지만 이 용어와 그 반대어는 - '다름'(dissemblance), '차이'(dissimilitude) - 상당히 옛적부터 발견된다. 플라톤은 그의 『Politique』에서 세상과 이데아의 부조응함을 표현하기 위해서 철학적인 의미로 이 용어를 사용했다. 대 아타나시우스 성인도 벌써부터 이 용어를 그리스도교적인 의미로 사용했다. "세상을 창조하신 분은, 세상이 태풍을 맞아 다름의 영역에 삼켜질 위험에 떨어진 것을 보시고, 영혼의 키를 잡으시고 세상의 모든 범죄함을 바로잡으심으로써 구원하러 오셨다." 아우구스티누스 성인도 그의 『Confession』에서 "나는 당신으로부터 멀리, 다름의 영역에 있습니다"라고 말한다.

오스 성인과 신학자 그레고리오스 성인이 반복적으로 언급한 고전적인 표현을 빌자면 "인간은 피조물이지만 하느님이 되라는 분부를 받았기" 때문이다. 그러므로 이제부터는 그리스도를 따라감으로써 또 그의 몸에 연합됨으로써, 인간은 자신 안에 하느님의 모양을 재확립할 수 있고, 그것이 온 우주를 비추게 할 수 있다. 바울로 성인의 말을 따르자면, "우리는 주님의 영광을 마치 거울 속에서 보는 것처럼 보지만, 우리는 영광에서 영광으로 그분의 형상으로 변화된다."(고린토 3:18) 인간 인격이 이 목표에 도달하게 될 경우 그것은 신적인 생명에 참여하게 되고 자신의 본성까지도 변모시킬 것이다. 인간은 하느님의 아들, 성령의 전(殿)(고린토 6:16)이 되고, 은총의 선물을 증가시켜감으로써, 자기 자신까지도 넘어서서 타락 이전 아담보다도 더 높이 고양되어 간다. 왜냐하면 인간은 최초 인간의 순결함으로 되돌아갈 뿐만 아니라 신화되고 변모되며 하느님의 아름다움과 연합되기 때문이다. 다시 말해 인간은 은총을 통해 신이 된다.

　인간의 이러한 상승은 타락의 과정을 역전시키며 우주를 무질서와 부패로부터 해방시키기 시작한다. 왜냐하면 한 성인에 의해 획득된 신화는 다가올 우주적 변모의 맏물이기 때문이다.

　하느님의 형상은 인간 안에서 지워질 수 없으며 세례는 그것을 회복시키고 정화시킬 뿐이다. 그러나 하느님과의 닮음은 증가될 수도 감소될 수도 있다. 자유로운 존재로서 인간은 하느님 안에서 확신할 수도 있고 하느님께 거역할 수도 있다. 인간은 원한다면 멸망의 자식도 될 수 있다. 그러면 하느님의 형상은 그 안에서 희미해지고, 인간은 비참한 다름, 하느님에 대한 하나의 '풍자'를 자신의 본성 안에 실현하게 된다.

육체를 포함해서 인간 본성 전체의 다가올 변모는 다볼산 정상에서의 주님의 변모 안에서 우리에게 계시된다. "그 때 예수의 모습이 그들 앞에서 변하여 얼굴은 해와 같이 빛나고 옷은 빛과 같이 눈부셨다."(마태오 17:2, 마르코 9:1-8, 루가 9:28-36) 주님께서는 제자들 앞에 더 이상 '종의 모습'이 아니라 하느님으로서 나타나셨다. 그리스도의 온몸은 변모되어 마치 신성의 찬란한 옷과 같이 되었다. 다볼산의 변모 사건에서 "신성만이 사람들에게 나타난 것이 아니라 인성 또한 신적인 영광 속에서 나타났다."[11] 제7차 세계공의회의 교부들은 이렇게 설명한다. "변모 사건의 특징과 관련해서 변모는 인간의 형상을 떠남으로써가 아니라 오히려 그분의 영광이 인간의 형상을 비춤으로써 이루어졌다."[12] 다시, 그레고리오스 팔라마스 성인의 말을 따르자면, "그리스도께서는 어떤 낯선 것을 수용하신 것도, 어떤 새로운 상태를 취하신 것도 아니며 오히려 그분의 제자들에게 단순히 있는 그대로의 자신을 드러내 보여주셨다."[13] 변모, 그것은 성 삼위일체 하느님의 두 번째 위격이 누리시는 신적인 영광의 발현이며, 이 발현은 인간 전 존재에 의해 지각될 수 있는 것이었다. 그리고 이 두 번째 위격이신 성자는 심지어 성육신 안에서도 성부와 성령과 공통으로 누리는 이 신

---

11 Métropolite Philarète, *Oeuvres complètes*(러시아어), Hom. 12, Moscou, 1873, p. 99.
12 6ᵉ session, Mansi XIII, 321 C.D.
13 P.G. 150, 1232 C.

그림 15. 주님의 변모, 목판 템페라, 2004년, 서미경 따띠안나 作
성 니콜라스 주교좌 대성당, 서울

성으로부터 조금도 분리되지 않으셨다. 위격적으로(위격 안에서) 연합된 그리스도의 두 본성은 서로 구별되어 - 칼케돈의 교리적 정식의 용어를 빌자면 "섞이거나 혼합되지 않은 채" - 존재하지만, 신적인 에너지들은 그리스도의 인성을 관통하며 바로 이 에너지들이 인성을 '창조되지 않은 빛'의 광채를 통해 변모시킴으로써 그것을 찬란히 빛나도록 해 주었다. 그것은 "그분의 능력 안에서 나타난 하느님 나라"이다.(마르코 9:1) 교부들에 의하면, 그리스도께서는 제자들에게 모든 사람이 부름 받은 바의 신화된 상태를 제자들에게 보여주셨다. 우리 주님의 몸이 신적인 영광과 헤아릴 수 없는 빛으로 찬란히 빛나심으로써 영화롭게 되시고 변모되신 것과 마찬가지로 성인들의 몸도 신적인 영광의 능력으로 변모됨으로써 영화롭게 되고 빛나게 된다. 사로브의 세라핌(Séraphin de Sarov) 성인이 모토빌로프(Motovilov)에게 설명할 뿐만 아니라 스스로 보는 앞에서 변모됨으로써 직접적으로 그리고 가시적으로 드러내주고자 했던 것도 바로 인간의 하느님과의 이와 같은 닮음이었다.[14] 또 신신학자 시메온 성인은 다음과 같은 방식으로 이 비추임(illumination)에 대한 자신의 고유한 체험을 묘사한다. "이 상태에서 그는 성령으로 불탔고 그의 영혼은 완전히 불이 되었다. 성령께서는, 그의 몸에도 그분 자신의 고유한 광채를 제공해 주셨다. 그것은 마치 물질적인 불이 쇳덩이에 자기 자신의 고유한 본성을 전해 주는 것과 같다."[15]

---

14 I. Gorainoff, *Séraphin de Sarov*, Bellefontaine, 1973, pp. 208-214.

15 Syméon le Nouveau Théologien, *Catéchèse 83, Eth. VI, Traités théologique et éthiques* II, J. Darrouzès A.A.의 서문, 비평 및 주석, Paris, 1967, pp. 128-129.

쇳덩이가 불이 되지만 정화된 쇳덩이로 남아 있는 것과 마찬가지로, 은총과 접촉된 인성도 그 자체로 온전히 남아 있으며 그 안에 어떤 것도 잃어버리지 않는다. 반대로, 인성은 불과 접촉한 쇳덩이처럼 정화된다. 은총은 이 본성을 관통하고 그것과 연합되며, 이렇게 해서 인간은 이 지상에서부터 다가올 세상의 생명을 누리기 시작한다. 이런 이유로 우리는 성인이 죄인보다 더욱 충만하게 인간적이라고 말할 수 있다. 왜냐하면 그는 인간 본성에 본질적으로 낯선 죄로부터 해방되어 인간 존재의 원초적인 의미를 실현시키며, 자신의 삶을 통해서 하느님 나라의 건설에 참여하고, 이로써 하느님 나라의 썩지 않는 아름다움을 덧입기 때문이다. 이것이 바로 정교회가 인식하는 아름다움은 현재 상태의 피조물에게 고유한 것이 아니라 하느님께서 만물 안에서 전부가 되실 다가올 세상의 속성인 이유이다. 주일날 아침 기도 예식의 쁘로끼메논(prokiménon)인 시편 93편은 다가올 영원한 생명의 형상을 "주님께서 위엄을 옷으로 입으시고 왕위에 오르셨다"고 표현한다. 아레오파고의 디오니시오스 성인은 하느님을 '아름다움'이라고 부른다. 왜냐하면 하느님은 모든 피조물에게 각각 고유한 아름다움을 선사하셨고 또 한편 그분 자신이 또 다른 아름다움, 즉 고유한 '신적인 아름다움'을 피조물들에게 덧입혀 주셨기 때문이다. 각각의 피조물은 그 자신 안에 자신의 창조주의 인(印)침을 지닌다. 그러나 이 인침은 아직 신적인 닮음(모양)은 아니며 단지 피조물에 고유한 아름다움일 뿐이다.[16] 인간에게 그것은 하느님께 다가갈 수 있는 하나의 수단이요 길이 될 수 있다. 실제로, 바울로 성인에 따르면, "하느님의 보이지 않는 완전성들, 그분의 신성의 영원한 능력은 세상의 창조 이래, 우리가 그 작품들 안에서 그것들을 생각할 때마다, 눈으로 볼 수 있게 되었다."(로마 1:20) 그러나 교회에 있어서, 가시적 세계의 가치와 아름다움은 현 세상의 사라져버릴 찬란함에 있는 것이 아니라 인간에 의해 실현될 잠재적인 세상의 변모에 있다. 다시 말해, 진정한 아름다움은 성령의 빛남, 거룩함, 다가올 세상에의 참여이다.

그래서 콘타키온의 두 번째 부분은 이콘에 대한 교부들의 이해로 우리를 인도하며, 우리로 하여금 퀴니섹스트 공의회 까논 제82항의 심오한 의미를 포착할 수 있도록 해 준다. "이콘에 우리는 주님의 거룩한 육체(la chair sainte)를 표현한다"고 총대주교 게르마노스 성인은 말한다.[17] 제7차 세계공의회의 교부들은 다음과 같은 용어로 이를 설명한다. "가톨릭 교회는 그림에 그리스도를 그분의 인간적 형상으로 표현하지만, 교회는 결코 그분의 육체를 그와 연합된 그분의 신성으로부터 분리하지 않는다. … 우리가 주님의 이콘을 만들 때, 우리는 그분의 육체가 신화되었다고 고백하며 이콘에서 원형과의 닮음을 표현하는 형상 이외의 어떤 것도 인정하지 않는다. 이 때문에 이콘은 늘 그분의 이름을 포함한다. 오직 이 안에서만 이콘은 그 원형에 참여하게 되며,

---

16 Saint Denis l'Aréopagite, Des Noms divins, chap. iv, 7, P.G. 3, 701 C. trad. française de M. de Candillac, Paris, 1943, p. 100.
17 P.G. 98, 157 BC

이 때문에 이콘은 공경스럽고 거룩한 것이 된다."[18]

테오도로스 스투디오스 성인은 다시 한번 더욱 분명한 어조로 설명한다. "그리스도의 표상은 사도가 언급한 한 바의 부패할 인간과의 닮음에 있는 것이 아니라 반대로 주님께서도 스스로 말씀하셨듯이, 썩지 않을 인간과의 닮음에 있다. … 왜냐하면 그리스도는 단지 한 인간이 아니라 인간이 되신 하느님이시기 때문이다."[19]

이콘의 내용에 대해 설명하는 테오도로스 스투디오스 성인과 제7차 공의회 교부들의 이러한 말들은, "그들은 우리들에게 총체적인 구원을 포기하라고 요구해선 안 됩니다. 또 구세주에게 단지 뼈나 핏줄이나 인간의 외적인 모습만을 귀속시키려 해서도 안 됩니다. … 그러므로 인간을 총체적으로 부여잡으십시오. 그리고 거기에 신성을 더하십시오"[20]라고 신-인간을 고백하는 신학자 그레고리오스 성인의 말에 대한 하나의 응답이라 볼 수 있다.

인용된 본문을 비교해 볼 때, 교부들이 이해했던 신약시대 형상의 과제는 예술을 수단으로 해서 할 수 있는 가장 충실하고 가장 완전한 방식으로 하느님의 성육화의 진리를 보여주는 데 있음

---

18 6e session, Mansi XIII, 344.

19 *Sept chapitres contre les iconoclastes*, chap. I, P.G. 99, 488.

20 *1er lettre à Clidénius contre Apollinaire*, P.G. 37, 184 AB. (역자주 : 나지안주스의 신학자 그레고리오스 성인은 그리스도께서 인간의 육체만을 취하셨고 인간의 영혼은 그분의 신성이 대체했다고 주장하는 아폴리나리우스의 이단적인 주장에 맞서서, "수용되지 않은 것은 구원받을 수 없다"는 위대한 신학적 통찰에 입각해서 그리스도께서는 인간을 총체적으로 다시 말해 인간의 육체만이 아니라 인간의 정신과 영혼까지 다 수용하셨으며, 이 수용된 인간 정신과 영혼은 그리스도 본연의 신성과는 다른 것임을 주장했다. 그렇지 않다면 인간의 구원은 단지 부분적인 것에 머물고 말 것이라고 주장했다.)

을 우리는 알게 된다. 인간 예수의 형상은 하느님의 형상이다. 그래서 제7차 세계공의회의 교부들은 그분의 이콘을 보면서 "동일한 그리스도 안에서, 우리는 묘사할 수 없는 분과 표상된 분을 동시에 관상한다"[21]고 말했다.

우리가 보다시피 이콘은 해체될 운명의 썩어질 육체가 아니라 은총에 의해 변모되고 조명된 육체, 즉 다가올 세상의 육체(고린토 15:35-46을 보라)를 표상한다. 이콘은 물질적 수단을 통해서 신적인 아름다움과 영광을 육안(肉眼)에 가시적으로 전달해 준다. 그래서 교부들은 이콘이 그 원형의 신화된 상태를 전해 주고 또 그 원형의 이름을 지니기 때문에 거룩하며 공경 받아 마땅하다고 말했다. 또한 이러한 이유로 그 원형에 속하는 은총은 이콘에 현존하게 된다. 다시 말해, 표상된 인물의 거룩함과 그 이콘의 거룩함은 모두 성령의 은총에 의해 촉발되며, 바로 이 은총 안에서 이콘을 매개로 신자들과 성인 사이의 교제가 펼쳐진다. 이콘은 말하자면 그 원형의 거룩함에 참여하고, 또 이콘을 매개로 우리들은 기도를 통해 이 거룩함에 참여하게 된다.

제7차 세계공의회의 교부들은 세심하게 이콘과 초상화를 구별한다. 초상화는 평범한 인간을 표상하지만, 이콘은 하느님과 연합된 인간을 표상한다. 그러므로 이콘은 그 내용 자체로 이미 초상화와 구별되며 이 내용은 이콘에게만 고유한 그래서 이콘을 그 어떤 형상과도 구별시켜 주는 특별한 표현 형식을 창조해낸다.

---

21 6ᵉ session, Mansi XIII, 244 B.

이콘은 거룩함(sainteté)을 보여주고자 하며 그래서 이 거룩함은 은밀하게 숨겨져 있거나 우리의 생각에 의해 추가되는 어떤 것이 아니라 우리의 육안으로 볼 수 있는 것이 된다. 인간의 성화를 표현한 형상인 이콘은 다볼산에서의 변모 안에서 계시된 실재(réalité)를 표현한다. 이런 이유로 특별히 거룩한 얼굴(la Saint Face) 축일(8월 16일)을 비롯한 전례 본문은 이콘의 내용과 변모 사이의 병행을 확립한다. "거룩한 산에서 신적인 광명의 새벽을 드러내시는 주님을 보고 으뜸가는 사도들은 땅에 쓰러지고 넘어져 절합니다. 그리고 지금은 바로 우리들이 햇빛보다 더욱 찬란하게 빛나는 거룩한 얼굴 앞에 경배드립니다. … ", 또 "오 창조주시여, 어둠에 갇힌 인간의 형상을 밝게 비추심으로써, 당신은 이것을 다볼산에서 베드로와 천둥의 아들들에게 보여주셨습니다. … 그리고 지금, 인간을 사랑하시는 주님이시여, 순결하신 당신 형상의 광명으로 우리들을 강복하시고 성화시키소서."[22] 다른 전례 본문을 통해서도 묘사되는 이 병행은 하나의 단순한 시적 상상이 결코 아니다. 그렇다면 그것은 전례 본문에 대한 신적인 영감과 양립할 수 없을 것이다. 그것은 분명 이콘의 영적인 내용에 대한 하나의 지시이다. 주님의 이콘은 우리에게 다볼산에서 사도들에게 계시되었던 바로 그것을 보여준다. 우리는 단지 예수 그리스도의 얼굴만이 아니라 또한 그분의 영광과 이콘의 상징적 언어를 통해 우리 눈에 가시화된 신적 진리의 빛을, 다시 말해 퀴니섹스

---

[22] 2e et 3e stichères, ton 4.

트 공의회가 언급한 대로 "화가들에 의해서 모든 사람들의 눈에 가시화된 하나의 완성"을 관상한다.

정교 승리 축일의 콘타키온의 마지막 구절에서 이콘의 이러한 영적 실재는 실천적 가르침으로서의 가치를 드러낸다. "구원을 고백하면서, 우리는 이것(말하자면 앞의 첫 두 구절에서 표현된 신적 경륜)을 행동과 말로 표현합니다." 이렇게 콘타키온은 하느님께 드리는 인간의 응답, 즉 구원의 신적 경륜에 대한 수용과 고백으로 끝난다.

어떻게 말로 구원을 고백할 것인가는 이해하기가 쉽다. 행동을 통한 고백은 그리스도의 계명을 완성하는 것으로 이해될 수 있다. 그러나 여기서는 단지 그것만을 의미하지 않는다. 우리는 이 구절들에 대한 가장 분명한 설명을 정교 승리 축일의 시노디콘(Synodikon)에서 발견한다. 이 시노디콘[23]은 이콘반대주의 이단을 파문에 처하고 정교 고백자들을 영원히 기념하고자 하는 일련의 선언을 포함한다. 그 중에서 세 번째 문장은 "말과 이콘으로 진리를 전파하고 선언하기 위해, 진리를 믿고 또 글로 자신의 말

---

[23] 우리에게까지 전해오는 가장 오래된 시노디콘의 본문은 11세기의 본문에 근거한 16세기 사본이다. 마드리드 사본이라 불리는 이 본문은 1891년 러시아에서 우스펜스키(Th. Ouspensky)에 의해 출판되었다. (Otcherki vizantiiskoï obrazovannosti, p. 89) 이 본문의 일곱 문단은 이콘에 대한 모든 교리적 가르침을 종합한다. 그것은 각 문장의 마지막에 정통 신앙을 고백한 사람들에 대한 영원한 기념을 선언한다. 반대로 또 다른 다섯 구절은 잘못된 신앙의 오류를 밝히고 이어서 진정한 교리를 왜곡시키는 사람들을 파문에 처한다. 17세기 러시아 교회에서 이 시노디콘은 상당히 수정되어서 형상에 관련된 모든 교리적 가르침이 사라져버렸고 그 결과 형상의 의미도 완전히 수정되었다. 정통 가르침에 대한 표현은 예를 들자면 제7차 세계 공의회에의 동의와 같은 일반적 차원의 확언들로 대체되었다. 이 본문은 형상에 대해서는 단 한 문장만 이를 포함하고 있는데, 그것도 크게 흥미롭지 못한 것이다. 왜냐하면 그것은 우상숭배라는 비판에 대한 거부로 제한되어 있기 때문이다. 이 문장은 트렌트 공의회(1563) 까논의 한 문장과 너무나 흡사하다.

을 증언하거나 표상으로 자신의 행동을 증거하는 사람들을 영원히 기념할지어다"라고 선언한다. 그러므로 표상은 표상하는 행위를 함축한다. 그러나 형상의 창조 또한 하나의 행위를 구성한다. 그러므로 콘타키온에서 이 마지막 구절은 내적 행위와 외적 행위라는 이중적인 의미를 가진다. 다시 말해서, 그것은 성인들과 같이 교회의 생생한 경험을 획득한 사람들에 의해 말 혹은 형상으로 표현된 교회의 살아있는 경험을 요약한다. 한편으로 인간은 성령의 은총 안에서 또 이를 통해서 하느님과의 닮음을 회복하고 자신을 내적 활동(영적인 실천)을 통해서 변화시켜 나가며 자신을 그리스도의 살아있는 이콘으로 만들어 갈 수 있다. 이것이 바로 교부들이 '활동적 삶'(la vie active)이라 부른 것이다. 다른 한편, 인간은 다른 사람들의 유익을 위해서 자신의 성화된 상태를 가시적 형상이나 언어적 형상으로 변환시킨다. "우리는 이것을 행동과 말로 표현한다." 그러므로 인간은 자신을 둘러싸고 있고 또 하느님께서 이 땅에 오심으로써 성화시키신 물질들을 이용해서 하나의 외적인 이콘을 또한 창조할 수 있다. 우리는 확실히 단지 말만으로도 내적인 영적 상태를 표현할 수 있지만 표상을 통해서 이러한 상태는 확연하게 드러나고 가시적으로 확인될 수 있다. 그것은 제7차 세계공의회의 규범에 따라 "서로가 지시하는" 말과 형상을 통해서 보여진다.

이콘의 내용에 대해 우리가 말한 모든 것은 바울로의 고린토인들에게 보낸 첫째 편지 15장 35-38절 본문과 비교될 수 있다. 그는 우리의 사멸할 몸을 땅에 떨어진 씨앗에 비교한다. 현재의 삶을 통해서 이 씨앗은 싹을 틔워야 한다. 다시 말해 다소간 미래의 생명에 들어서야 한다. 보편적 부활의 때에 하느님께서 우리에게 기쁨으로 주시고자 하는 모습으로 활짝 꽃피우기 위해 우리는 지금 이곳에서부터 다가올 세상의 생명에 들어서야만 한다. "썩을 몸으로 묻히지만 썩지 않는 몸으로 다시 살아납니다. 천한 것으로 묻히지만 영광스러운 것으로 다시 살아납니다. 약한 자로 묻히지만 강한 자로 다시 살아납니다. 육체적인 몸으로 묻히지만 영적인 몸으로 다시 살아납니다. 육체적인 몸이 있으면 영적인 몸도 있습니다."(고린토 15:42-44) 새로운 아담이신 그리스도께서 우리의 인간 본성을 불멸성 안에서 갱신시키셨고 재창조하셨다. "첫 사람 아담은 생명 있는 존재가 되었지만 나중 아담은 생명을 주는 영적 존재가 되셨습니다. 그러나 영적인 것이 먼저 있었던 것이 아니라 육체적인 것이 먼저 있었고 그 다음에 영적인 것이 왔습니다. 첫째 인간은 흙으로 만들어진 땅의 존재이지만 둘째 인간은 하늘에서 왔습니다. 흙의 인간들은 흙으로 된 그 사람과 같고 하늘의 인간들은 하늘에 속한 그분과 같습니다. 우리가 흙으로 된 그 사람의 형상을 지녔듯이 하늘에 속한 그분의 형상을 또한 지니게 될 것입니다. 형제 여러분, 이 말을 잘 들어두십시오. 살과 피는 하느님의 나라를 이어받을 수 없고 썩어 없어질 것은 불멸의 것을 이어받을 수 없습니다."(고린토 15:45-50) 좀 더 뒤에 사도는 또 이렇게 말한다. "이 썩을 몸은 불멸의 옷을 입어야 하고 이 죽을 몸은 불사의 옷을 입어야 하기 때문입니다."(고린토 15:53) 다볼산에서의 변모의 빛은 이미 다가올 세상의 영광이다. 왜냐하면 죽음 이후에 성인들을 부활시키는 힘은, 바로 그들의 생애 동안 그들의 영혼과 몸을 살아 있게 하시는 성령이시기 때문이다. 그래서 우리는 이콘이 인간의 일상적이고 평범한 얼굴을 전해 주는 것이 아니라 그들의 영광스럽고 영원한 얼굴을 전해 준다고 말한다. 왜냐하면 정확히 이콘의 의미와 존재 이유는 썩지 않을 것의 상속자들, 하느님 나라의 상속자들을 보여주는 것이며, 그들은 이곳 지상의 삶에서부터 이미 그 맏물이기 때문이다. 이콘은, 욕망을 사멸시키고 모든 것을 성화시키는 은총의 실재적인 임재를 증거하는 인간에 대한 형상이다. 그래서 그의 육체는 썩어질 일상적인 육체와는 본질적으로 다르게 표상된다. 이콘은 어떤 영적 실재를 흥분하지 않고 소박하게 전달해 준다. 만약 은총이 한 인간 전체를 조명해서 그의 영적이고 육적인 존재 전체가 기도에 몰입하고 그래서 신적인 빛 안에 머물게 된다면, 이콘은 살아있는 이콘이 된 이 사람과 하느님과의 진정한 닮음을 가시적인 방식으로 고정시킨다. 이콘은 신성을 표상하지 않고 반대로 사람이 신적인 생명에 참여한 것을 가리킨다.[24]

---

[24] 우리는 종종 이단들과 때로는 어떤 정교회인들로부터, 서방의 형상, 즉 로마 가톨릭 교회의 형상이 네스토리우스주의에 기울어졌다면, 반대로 정교회의 이콘은 단성론주의적으로 이해될 수 있다고 말하는 것을 듣곤 한다. 이콘의 내용에 대해서 우리가 말한 것은 우리로 하여금 이러한 비판이 얼마나 어리석은 것인가를 측정할 수 있도록 해 준다. 로마 가톨릭 교회의 형상이 거룩한 것의 단지 인간적인 측면, 즉 단지 지상적인 실재만을 표상한다는 점에서 실제 네스토리우스주의적이라고 말할 수 있을 지언정, 정교회의 이콘은 단성론과는 아무런 관련도 없다. 왜냐하면 그것은 신성도, 신성에 의해 흡수되어 버린 인간도 표상하지 않기 때문이다. 그것은 그 지상적 본성을 충만하게 간직한, 죄로부터 정화되고 신적인 생명에 연합된 인간을 표상하기 때문이다. 정교회의 거룩한 예술을 단성론으로 고발하는 것은 그 내용을 전혀 이해하지 못한 소치이다. 우리는 동일한 이유로 거룩한 성경과 정교회의 전례도 단성론으로 고발할 수 있게 될 것이다. 왜냐하면 그것들은 이콘과 마찬가지로 피조물과 신적인 은총이라는 이중적인 실재를 표현하기 때문이다.

그러므로 성인 공경과 이콘 공경 사이에는 유기적인 관계가 있다. 바로 이 때문에 성인 공경 의식을 반대하는 종교(나 종파)에서는 (특별히 개신교에서는) 거룩한 형상이 존재하지 않을 뿐만 아니라, 거룩함에 대한 개념이 정교회와 다른 곳에서는 형상이 전통 속에서 약화되기 마련이다.

정교 승리 축일 콘타키온에 대한 분석은 우리를 신약성경적인 거룩한 형상의 이중적 현실주의에 대한 보다 명쾌한 이해로 안내한다. 하느님-인간이신 예수 그리스도 안에서 "하느님의 완전한 신성이 깃들어 있는"(골로사이 2:9) 것과 마찬가지로 그리스도의 몸인 교회는 동시에 신적이고 인간적인 유기체이다. 교회는 자신 안에 역사적이고 지상적인 실재와 성령의 은총, 하느님의 현실과 세상의 현실이라는 두 실재를 연합한다. 거룩한 예술의 존재 이유는 바로 이 두 가지 실재를 가시적으로 증언하는 것이다. 그것은 이 두 가지 방향 모두에서 아주 실재적이다. 또 그 점에서, 마치 거룩한 글들이 모든 다른 문학 작품과로 구별되는 것처럼, 이콘도 모든 다른 형상과 구별된다.

그리스도와 성인들과 거룩한 역사의 사건들을 표상할 때, 교회는 충실하게 역사적 실재를 보존한다. 구체적인 역사에 충실하는 것만이 이콘으로 하여금 우리가 성령의 은총 안에서 이콘이 표상하고 있는 분과의 인격적인 만남을 가질 수 있는 가능성을 만들어 준다. 황제와 황비에게 보낸 총대주교 타라시오스 성인의 글에서 그는 "우리 주 예수 그리스도의 귀중한 이콘을 받아들이는 것이 마땅합니다. 왜냐하면 그분은 완전한 인간이 되셨기 때문이며, 더군다나 이 이콘들은 역사적 정확성에 기초해서 복음서 이야기에 맞게 그려졌기 때문입니다"라고 말한다.[25] 성인들의 특징들은 충실하게 보존될 것이며 역사적 진실에 대한 이 충실성만이 성인들의 이콘이 또한 안정성을 얻도록 해 준다. 실제로 그것은 단지 전통에 의해서 축성된 형상의 단순한 전승만이 아니라 이콘이 표상하고 있는 인물과의 직접적이고 살아있는 관계를 보존하는 것과 관련된다. 이런 이유로 가능한 한 성인을 특징짓는 면모를 놓치지 않는 것이 매우 중요하다. 확실히 그것이 항상 가능한 것은 아니다. 성인들의 생애만큼이나 그들의 면모 또한 종종 어느 정도는 잊혀질 수밖에 없고 그것을 재구성하는 것은 여간 어려운 일이 아니다. 이 유사성은 따라서 완벽하지 못할 위험이 있다. 또한 화가의 실수가 그것을 감소시킬 수도 있다. 그럼에도 불구하고 이 유사성은 결코 완전히 사라질 수는 없다. 더 이상 줄일 수 없는 최소한의 것은 항상 잔존해서 이콘과 그 원형과의 관련성을 유지할 수 있도록 해 준다. 테오도로스 스투디오스 성인이 말한 바처럼, "비록 작업의 불완전함으로 인해 우리가 이콘 안에서 원래의 모델과 완벽하게 일치하는 형상을 볼 수는 없다 해도 우리의 말이 모순되는 것은 아니다. 왜냐하면 이콘을 공경하는 것은 이콘이 그 원형과 유사성을 결여하고 있다는 점에서가 아니라 반대로 그것이 원형과 유사하다는 점에서 이루어지기 때문이다."[26] 달리 말해서 이 경우, 핵심이 되는 것은 이

---

25 Mansi XIII, 404 D.
26 Réfut. III, 5, P.G. 99, 421.

콘과 그 모델이 유사성을 결여하고 있다는 점이 아니라 반대로 이콘이 그럼에도 불구하고 전형적인 특징을 보존하고 있다는 점이다. 이콘 화가는 어쩔 수 없는 경우 몇몇 전형적인 특징에 제한을 둘 수 있다. 그러나 대부분의 경우, 원형에 대한 충실성은 그리스도와 동정녀의 이콘은 제쳐두더라도 정교회 신자들이 가장 공경 받는 성인들을 힘들이지 않고 단번에 이콘에서 식별할 수 있을 만큼 강하다. 심지어는 신자가 알지 못하는 어떤 성인을 보아도 그 신자는 이 성인이 어떤 차원의 성덕(sainteté)을 가졌는지, 예를 들면 순교자인지, 사제였는지, 수도사였는지 등등을 어렵지 않게 말할 수 있다.

정교회는 화가의 상상력이나 혹은 다른 모델에 근거해서 그려진 이콘을 결코 용납하지 않았다. 왜냐하면 그것은 원형과의 의식적이고 총체적인 단절을 의미하는 것이기 때문이다. 그렇게 되면 이콘이 지니는 이름은 더 이상 표상된 인물과 부합하지 않게 될 것이며 그것은 교회가 관용할 수 없는 명백한 거짓말이 될 것이기 때문이다.(비록 이 규칙의 위반과 잘못된 사용이 불행하게도 지난 몇 세기 동안 매우 흔하게 존재했지만 말이다.) 형상과 원형 사이의 단절을 피하게 위해서 이콘화가들은 옛날 이콘과 참고서를 모델로 삼는다. 옛날 이콘화가들은 이웃의 얼굴을 알고 있는 것처럼 성인들의 얼굴을 알고 있었다. 그들은 완전히 얼굴을 외워서 그리거나 혹은 기초 그림이나 초상화를 이용해서 성인들을 그렸다. 사실상, 어떤 한 사람이 성덕으로 굉장한 명성을 얻게 되면, 그가 죽은 후 성유해를 수집하고 성인으로 축성하기 전에, 먼저 그의 형

그림 16. 성 베드로 사도, 프레스코, 4세기
도미틸라 카타콤, 로마, 이탈리아

그림 17. 성 베드로 사도, 목판 템페라, 6세기
성 카테리나 수도원, 시나이

상을 그려서 신자들 사이에 보급했다.[27] 사람들은 이런 방식으로 모든 종류의 정보와 기초 그림과 동시대인의 증언을 보존했다.[28]

그러나 알다시피 아무리 정확한 것이라 할지라도 역사적 실재만으로 홀로 이콘을 구성하는 것은 아니다. 표상된 인물이 신적인 은총의 담지자라는 점에서 이콘은 우리에게 그의 성덕을 가리켜 주어야 한다. 그렇지 않으면 그것은 아무런 의미도 없게 될 것이다. 만일 성육신하신 하느님의 인간적 면모를 표상할 때 이콘이 우리에게 마치 사진과 같은 방식으로 단지 역사적인 실재만을 보여준다면, 그것은 교회가 그리스도를 불신자의 눈으로 바라보고 있음을 의미할 것이다. 그러나 신신학자 시메온 성인의 주석을 따르면, "나를 보았으면 곧 아버지를 본 것이다."(요한 14:9)라고 하신 그리스도의 말씀은 오직 인간 예수를 보면서 동시에 그분의 신성을 관상했던 사람들이 들은 것이다. "실제로, 만

---

27 이콘의 초상화적 기초에 대해서 말하면서, 콘다코프(N.P. Kondakov)는 이콘을 그리기 위한 하나의 자료로서 초상화 사용의 특징적인 예를 인용한다. 1558년에, 노브고로드 대주교였던 니키타스 성인의 거의 흠이 없이 보존된 유골이 발견되었을 때, 유품 중 성인의 초상화가 있었고, 그것은 다음과 같은 편지와 함께 교회 권위자들에게 보내졌다. "성인의 은총에 힘입어, 우리는 여러분께 종이에 그려진 주교 니키타스 성인의 형상을 보냈습니다. … 이 모델에 따라, 여러분들은 성인의 이콘을 만드십시오." 종이에 그려진 초상화를 보충하기 위해서 이어서 니키타스 성인의 외형적 모습과 의복 등을 특징짓는 구체화 작업이 뒤따른다.(*L'Icône russe*, 3, 1er partie, pp. 18-19(러시아어))

28 16세기 말엽, 살아있는 전통이 퇴락하기 시작했을 때, 더 정확히 말해 우리가 전통으로부터 멀어지기 시작했을 때, 이콘화가들이 사용하는 자료는 체계화되었고, 그래서 나타난 것이 바로, 삽화를 동반하거나 혹은 포함하지 않은, 포들리닉크(Podlinnik)라고 불리는 교과서다. 그것들은 주요 색깔을 지정해줌으로써 성인들과 축일의 전형적인 이콘기법을 고정시켜 놓았다. 이콘에 대한 삽화가 없을 경우는, 성인들을 특징지우고 또 그에 따라 색깔을 지정해 주는 간결한 설명이 포함된다. 이 포들리닉들은 이콘화가들에게 자료로써 불가결하다. 그러나 그것들은 그리 중요한 것이 아니며, 그래서 어떤 경우에도, 마치 몇몇 서방의 저자들이 그렇게 하는 것처럼, 그것들에 이콘에 대한 까논이나 거룩한 전승(Tradition sacrée)에 부여되는 것과 같은 의미를 둘 수는 없다.

약 우리가 이 관상의 대상을 단지 육체적인 측면만 관련시켜 이해한다면, 그분을 못 박고 또 그분에게 침 뱉은 자들 또한 아버지를 보았다고 할 수 있을 것이다. 그렇게 되면 불신자들과 신자들 사이의 어떤 차이나 우열도 존재하지 않게 될 것이다. 왜냐하면 그토록 바라던 이 지복에 아무런 차이도 없이 모든 사람이 이르렀을 것이고 또 이르게 될 것이기 때문이다."[29]

" '역사적인' 그리스도, 이방인의 눈에 보였던 '나사렛의 예수', 교회 바깥에서의 그리스도 등은 참 증인들과 성령에 의해 조명된 교회의 아들들에게 주어진 계시의 충만 안에서 언제나 초월되었다. 그리스도의 인성에 대한 예배는 동방 전통에 낯설다. 아니 오히려 동방 신학에서의 신화된 인성은 제자들이 다볼산에서 보았던 것과 동일한 영광스러운 모습 – 즉, 성부와 성령과 함께 공유하는 공통의 신성을 가시적인 것으로 만들어 주는 성자의 인성 – 을 덧입는다."[30] 가시적인 것에서 비가시적인 것을, 이콘을 포함해서 예배에서 교회가 우리에게 드러내 주는 바의 영원을 시간적인 것 안에서 관상한다는 점에서, 교회의 관상은 세속적인 관점과 구별된다. 예배와 마찬가지로 이콘은 시간 안에 존재하는 영원에 대한 하나의 계시이다. 바로 이런 이유로 거룩한 예술 안에서는 한 인간에 대한 사실주의적인 초상화가 단지 하나의 역사적 자료가 될 수 있을 뿐, 어떤 경우에도 전례적인 형상, 즉 이콘

---

29 Syméon le Nouveau Théologien, *Traités théologiques et éthiques*, Introduction, texte critique et notes par J. Darrouzès A.A. Paris, 1967, t. II, pp. 86-87.

30 V. Lossky, *Théologie mystique de l'Eglise d'Orient*, ibid, p.242.

을 대체할 수 없다.

이미 말한 대로 이콘은 거룩함에 대한 영적 체험을 표현한다. 그리고 역사적 실재의 전승 속에 정통성이 존재하듯이, 우리는 또한 이콘 안에서 이 정통성을 보게 된다. 바울로 성인의 표현대로, 자신들의 성화 체험을 우리에게 나누어주는 "이렇게 많은 증인들이 구름처럼 우리를 둘러싸고 있다."(히브리 12:1) 시메온 성인은 "개념(noema)은 지성이 낳는 생각에 적용되어야 하지만, 이 말들을 [어떤 개념적인 것이 아니라] 눈으로 목격한 것에 대한 이야기처럼 받아들일 필요가 있다. … "고 말한다.[31] 그리고 사실, 오직 살아 있는 인격적 체험만이 표현하고자 하는 것에 실재적으로 조응하는 말과 형태와 색깔과 선(線)을 낳을 수 있다. 시메온 성인은 계속해서 "모든 사람은 어떤 것, 예를 들어 집이나 도시나 왕궁이나 … 혹은 극장 같은 것에 대해 발표를 할 때, 먼저 그것을 보아야 하고 그 내용을 깊이 있게 배워야만 한다. 그리고 나서야 그는 그럴 듯하게 말할 수 있다. 왜냐하면 그가 사전에 그것을 보지 못했다면, 자기 스스로 믿는 것만 가지고 무엇을 이야기 할 수 있겠는가? 그러므로 만약 어떤 누구도 최소한 눈으로 확인한 증인이 아니라면 이러한 가시적이고 지상적인 것에 대해서도 말하거나 묘

---

31 Saint Syméon, *ibid.*, pp. 94-95. (역자주 : 시메온 성인의 이 인용문은 소위 성인들이 관상 체험 후의 들려주는 이야기를 어떻게 이해할 것인가에 관한 것이다. 사람들은 그것을 하나의 관념적인 사태로 이해하고 그래서 그러한 경험을 개념적으로 표현하려고 하는 반면, 시메온 성인은 관상의 본질은 그야말로 '봄'에 있는 것이지 어떤 사유활동의 결과가 아니기에 개념적이기보다는 서술적, 묘사적일 수밖에 없음을 주장하는 것이다. 동방교회에서 성인들의 영적 체험에 대한 서술들은 그 체험에 대한 설명이나 분석이 아니다. 오히려 그것을 읽고 듣는 사람들을 동일한 체험에로 이끄는 것이다. 중요한 것은 성인들의 체험을 이해하는 것이 아니라 그 체험에 동참하는 것이기 때문이다.

사할 수 없다면, 하느님과 신적인 것과 성인들과 하느님의 종들과 그들 안에서 헤아릴 수 없는 방식으로 발생하는 하느님 체험에 대해서 과연 어떤 이들이 말할 능력을 가질 수 있겠는가? 바로 이 명료한 체험이 그들의 마음속에서 형언할 수 없는 능력을 만들어 낸다. 비록 적어도 먼저 지식의 빛으로 조명되지 않는 한 인간의 말은 빛에 대해 더 이상 말하는 것을 허용치 않는다. … "[32]

그리스도의 변모는 단지 세 명의 증인, 즉 이 계시를 '받아들일 능력이 있는' 세 명의 사도 앞에서 일어났다. 그들조차도 단지 그들의 능력이 닿는 한도 안에서만 (말하자면 이 계시에 대한 그들의 내적 참여의 한도 안에서만) "신적인 빛의 여명"을 보았다. 우리는 성인들의 생애에서 그것에 비견될 만한 것들을 알고 있다. 그래서 사로브의 세라핌 성인이 모토빌로프 앞에서 변모되었을 때, 세라핌 성인은 모토빌로프 자신이 어느 정도 그 변모에 참여할 때만 그것을 볼 수 있다고 그에게 설명했다. 다시 말해 그가 은총의 빛에 의해 조명되지 않는 한 그것을 볼 수 없다는 것이다. 또한 이것은 어째서 전통은 복음서 저자 루가 성인이 오순절 성령 강림 이후에야 동정녀의 이콘을 그릴 수 있었다고 확언하는지를 잘 설명해 준다. 신신학자 시메온 성인이 말한 이 "지식의 빛"이 없이는, 또한 성화(聖化)에 대한 참여와 구체적인 증거 없이는, 어떤 학문도, 어떤 기술적 완벽성도, 어떤 재능도 결코 충분하다고 할 수 없다. 늘 그리스도를 보고 믿어왔던 사도들도 성령이 그들에

---

32 *Ibid.*, pp. 96-99.

게 강림하시기 전에는 성령에 의한 성화의 직접적인 체험을 가지지 못했고 그 결과 그 체험을 말로나 형상으로나 옮겨 전달할 수 없었다. 이런 이유로 성경만큼이나 거룩한 형상도 오순절 성령 강림 이후에야 나타나게 되었던 것이다. 이콘의 창조 작업에서 어떤 것도 은총에 대한 인격적이고 구체적인 체험을 대신할 수 없다. 우리가 이러한 인격적 체험을 가지지 못하면, 우리는 단지 그러한 체험을 소유한 사람들의 것을 전승함으로써 이콘을 그릴 수 있을 뿐이다. 이것이 바로 공의회와 사제들의 입을 통해서 교회가 옛날 거룩한 이콘화가들이 그린 대로 이콘을 그릴 것을 명하는 이유이다. 데살로니끼의 시메온(Syméon de Salonique) 성인은 이렇게 말한다. "전통에 부합하게 색깔들을 가지고 표상하십시오. 그것이야말로 책으로 된 성경처럼 참된 그림이 됩니다. 그러면 신적인 은총이 그 위에 임하게 될 것입니다. 왜냐하면 표상된 것이 거룩하기 때문입니다."[33] "전통에 부합하게 표상하십시오." 왜냐하면, 전통 안에서 우리는 거룩한 이콘화가들의 체험, 교회의 살아있는 체험에 참여하기 때문이다.

제7차 세계공의회의 언급처럼 이 말들도 형상이 그 원형의 거룩함과 영광에 참여함을 강조한다. 다마스커스의 요한 성인은 또 이렇게 말한다. "하느님의 은총이 형상 위에 임하는데 왜냐하면 성인들은 그들의 생애 동안에 성령으로 충만했기 때문이다. 또한 마찬가지로 그들의 사후에도, 성령의 은총이 그치지 않고

---

33 *Dialogue contre les hérésies*, chap. XXIII, P.G. 155, 113 D.

그들의 영혼 안에 또한 무덤에 있는 그들의 육체 안에, 그들의 거룩한 형상 안에 머문다. 그러나 그것은 그들의 본성 때문이 아니라, 은총과 하느님의 역사의 결과로써 그러하다."[34] 형상에 임재하셔서, 정교 승리 축일의 시노디콘(문단 4)이 말하듯이 "신자들의 눈을 성화시키고" 영과 육의 질병을 치유하는 것은 바로 성령의 은총이다. "우리는 당신의 거룩한 형상을 공경합니다. 당신은 그 형상을 통해서 우리를 적들의 종살이에서 구하셨습니다." 혹은 "표상을 통해서, 당신은 우리의 악함을 치유하십니다."[35]

이 영적인 특질을 전하기 위해 이콘이 사용하는 방식은 그것이 제공해 주고자 하는 상태, 거룩한 금욕 교부들이 말로 묘사한 그 상태와 완벽하게 부합한다. 하느님의 은총은 어떤 인간적 방법으로도 표현할 수 없다는 것은 분명하다. 생애 동안, 우리가 어떤 성인을 만나게 된다해도 우리는 그의 거룩함을 보지 못한다. "눈 먼 사람이 빛을 보지 못하는 것처럼 세상은 성인들을 알아보지 못한다."[36] 우리가 보지 못하는 이 거룩함을 우리는 표상할 수도 없다. 그것은 말로도 형상으로도 어떤 인간적 수단으로도 복원될 수 없다. 이콘 안에서도 그것은 색이나 상징적인 선과 같은 형식을 통해서, 또 교회에 의해서 정립된 바, 엄격한 역사적 현실주의와 결합된 회화적인 언어를 통해서 지시될 수 있을

---

34 1er Traité à la defense des saintes icônes, 19, P.G. 94, I, 1249 CD.
35 거룩한 얼굴 축일(8월 16일), 영광송(glorification)과 까논의 일곱 번째 오디.
36 Philarète, métropolite de Moscou, Sermons, t. III, "Sermon" 57, pour l'Annociation, Moscou, 1874(러시아어).

뿐이다. 이런 이유로 이콘은 이런 저런 종교적 주제를 표상해 주는 하나의 형상에 그치는 것이 아니다. 왜냐하면 이 동일한 인물은 다른 방식을 통해서도 표상될 수 있기 때문이다. 이콘의 독특한 특징은 특별히 '어떻게'(comment) 표상하느냐, 다시 말해 표상된 사람의 성화된 상태를 지시해 주는 방식에 달려있다.

거룩한 얼굴 이콘 안에서 우리는 "햇빛보다 더욱 찬란하게 빛나는" 구세주의 얼굴 앞에 엎드려 절하며, 그리스도의 형상에 의해 우리가 "조명되기"(illuminé)를 간구한다고 전례 기도는 말해 준다.(8월 16일 스티히라) 이 경우, 성경이나 전례가 영적인 영역의 가르침을 줄 목적으로 감각적인 세상과 비교할 때 그것은 단지 적절한 형상이나 묘사일 뿐이라는 점을 유념할 필요가 있다. 그래서, 다마스커스의 요한 성인은 복음서 저자들이 전해 주는 그리스도의 변모 이야기에 대해 말하면서, 신적인 빛과 햇빛 사이의 비교가 비록 불충분한 것이지만 그럼에도 불구하고 그것을 정당화한다. 하지만 창조되지 않은 것을 피조물을 가지고 표상하는 것이 불가능하다는 점을 강조하면서 말이다.[37] 달리 말해서 태양의 물질적인 빛은 창조되지 않은 신적인 빛의 한 형상에 불과한 것이지 그 이상은 결코 아니다.

다른 한편, 그럼에도 불구하고 이콘은 절대적으로 명료한 성스런 본문들에 부합해야만 한다. 그것은 시적 형상이나 우화적인

---

37 Sermon pour la Transfiguration, P.G. 94, III, 545-546 ; 또 다음을 참고하라. B. Krivochéine, *L'enseignement ascétique et théologique de saint Grégoire Palamas*, Semin, Kondak. VIII, Prague, 1936, p. 135.

그림 18. 후광 데생

것이 아니라 구체적인 실재와 관련된다. 다시 말해 이 실재를 [회화적으로] 번역하는 것과 관련된다. 그러면, 이 조명(illumination), "햇빛보다 더욱 찬란하게 빛나는" 이 빛, 그 결과 인간의 모든 표상의 수단들을 능가하는 이 빛을 어떻게 회화적으로 번역할 것인가? 색깔들로? 그러나 그것들은 태양의 자연적인 빛을 표현하는 데도 불충분하다. 그러면 태양의 빛조차도 능가하는 빛을 색깔들이 어떻게 번역해 낼 수 있을까?

교부들의 글들과 성인들의 생애는 우리로 하여금 성인들이 최상의 영화로움을 얻는 순간 그들의 얼굴들을 내부로부터 빛나게 해 주는 어떤 빛에 대한 증언들과 만나게 해 준다. 그것은 마치 모세가 산에서 내려올 때 그의 얼굴이 빛났던 것과 같다. 모세는 자기 얼굴을 수건으로 가렸다. 왜냐하면 백성들은 그 광채를 견딜 수 없었기 때문이다. (출애굽기 34:30, 고린토후 3:7-8) 이콘은 이 빛

현상을 후광(nimbe)을 통해 번역한다. 후광은 영적 세계의 잘 정의된 어떤 사태를 정확하게 지시해 주는 외적 표시이다. 성인들의 영광스런 얼굴에서 빛나는 광채 그리고 몸의 가장 중요한 부분인 머리를 둘러싸고 있는 이 광채는 자연히 원의 형태를 가진다. 모토빌로프는 사로브의 세라핌 성인의 변모에 대해 언급하면서 이렇게 말한다. "생각해 보라. 태양의 중심에, 한 낮의 태양 광선보다도 더욱 강한 광채 안에서 당신에게 말을 건네는 한 사람의 얼굴을."[38] 이 빛을 있는 그대로 표상하는 것이 명백히 불가능하기 때문에, 그것을 화가가 번역하는 유일한 방법은 이 광채 나는 부분을 하나의 원 모양을 통해서 나타내는 것이다. 그것은, 다소간 외부에 이 관을 위치시키는 로마 교회의 형상에서 볼 수 있는 것처럼 성인의 머리 위에 관을 씌우는 것이 아니다. 반대로 그것은 얼굴의 광채를 가리키는 것과 관련된다. 후광은 하나의 우화적인 표현방식이 아니라 참되고 구체적인 하나의 현실에 대한 상징적인 표현이다. 그것은 비록 충분한 것은 아닐지라도 이콘의 불가결한 속성이다. 사실, 그것은 그리스도교적인 거룩함과는 다른 어떤 것을 나타내는 데 사용되기도 했다. 이교도들도 마찬가지로 종종 신적인 기원을 강조하기 위해서 그들의 신들과 황제들을 후광을 입혀 표현하곤 했다.[39] 그러므로 이콘을 다

---

38 I. Goraïnoff, Séraphin de Sarov, ibid., p. 209.
39 이교도들에게 이 빛이 어떤 차원의 것인지, 우리는 말할 수 없다. 한편, 교회는 교회 밖에서의 부분적인 계시를 인정해 왔기 때문에 창조되지 않은 빛의 신비는 어느 정도는 이교도들에게도 계시될 수 있다고 결론 내릴 수 있다. 어쨌든 그들 또한 신성이 빛과 관련되어 있음을 알고 있었다. 다른 한편, 교부들의 글들은 빛의 현상이 하나의 악마적인 기원을 가질 수도 있음을 우리에게 밝혀준다. 왜냐하면 악마는 종종 빛의 천사라는 특징으로 가장하기 때문이다.

른 형상으로부터 구별해 주는 것은 후광만이 아니다. 그것은 단 하나의 이콘 속성, 거룩함에 대한 하나의 외적 표현, 빛에 대한 하나의 증언일 뿐이다.[40]

그러나 만일 후광이 지워져 전혀 볼 수 없게 되었다 해도, 그 이콘은 여전히 이콘으로 남아있으며 따라서 다른 형상과 분명하게 구별된다. 그것의 모든 형태, 모든 색깔을 통해서 이콘은 우리에게 상징적인 방식을 통해서 "태양보다 더욱 찬란하게 빛나는" 얼굴을 가진 한 사람의 내적인 상태를 보여준다. 내적 완전의 이 상태는 표현할 수 없는 것이기에 교부들과 금욕 저술가들은 그것을 단지 "절대적인 침묵"(silence absolu)이라고 특징지었다. 그러나, 인간 본성과 특별히 몸에 임하는 이 조명(illumination)의 역사는 어느 정도는 간접적으로 묘사되거나 표상될 수 있다. 신 신학자 시메온 성인은 쇳덩이와 연합된 불의 형상에 의지했다. 다른 금욕가들은 우리에게 더욱 구체적인 묘사를 남겨주었다. "기도가 신적인 은총에 의해 정화되었을 때 … , 영혼 전체는 어떤 알 수 없는 힘에 의해서 하느님을 향해 당겨졌고, 그 힘은 영혼과 함께 몸조차도 이끌어 갔다. … 새 생명으로 거듭난 사람에게는 영혼이나 마음만이 아니라 육체까지도 영적인 위로와 복, 즉 살아있는 하느님의 기쁨으로 충만해진다."[41] 또 "쉼 없는 기도와 거룩한 성경을 통한 가르침은 권능의 왕을 보게 해 주는 마음

---

40 우리는 어떤 형상에서 일종의 사각형 모양의 후광을 보게 되는데 그것은 전혀 다른 것이다. 그것은 그 인물이 살아 생전에 표상되었음을 지시해 주는 것이었다.

41 Evêque Ignace Brianchaninov, *Essai ascétique*, t. I(러시아어).

의 영적인 눈을 열어준다. 그러면 큰 기쁨에 젖어들고 또 하느님을 향한 열망은 영혼 안에서 더욱 거세게 불타오른다. 그러면 육체도 또한 성령의 역사를 통해서 변모되며, 인간 전체가 영적인 존재로 된다."[42]

달리 말해서 보통의 분산 상태가, 즉 "타락한 본성으로부터 오는 여러 생각과 감각"이 인간 안에서 집중된 기도에 의해 대체될 때, 또 인간이 성령의 은총에 의해 조명될 때, 인간 존재 전체는 하느님을 향한 단 하나의 도약 안에서 융합된다. 인간 본성 전체는 영적으로 고양되고, 그 결과 아레오파고 디오니시오스 성인의 말대로, "본성 안에 무질서하던 것들은 정돈되고, 형태가 없었던 것은 형태를 찾고, 그래서 그의 생명은 충만한 빛으로 뜨거워진다."[43] 그럼으로써 "사람으로서는 감히 생각할 수도 없는 하느님의 평화"(필립비 4:7)가 인간 안에 머문다. 이 평화는 주님의 현존의 특징이다. 대 마카리오스 성인은 이렇게 말한다. "모세와 엘리야의 시대에 하느님께서 그들에게 나타나셨을 때, 수많은 트럼펫 소리와 권세들이 주님의 위엄에 앞서 나타났으며 주님을 시중들었다. 그러나 주님 자신의 오심은 다르게 나타나는데 그것은 평화와 침묵과 정적을 통해 현현한다. 왜냐하면 '보아라 세미한 미풍을. 바로 거기에 주님이 계시다'(열왕기상 19:12)라고 했기 때문이다. 이것은 주님의 현존이 평화와 조화에 있음을 보여

---

42 "Récit fort utile sur Abbas Philémon", 3, *Philokalie*, t. III, Moscou, 1888, p. 397(러시아어).
43 La Hiérarchie ecclésiastique, chap. II, III, trad. par M. de Gandillac, Paris, 1943, p. 361.

준다."⁴⁴ 인간은, 피조물로 존재함과 동시에 은총에 의해 신이 된다. 이 [신성(神性)에의] 참여는 물리적으로는 인간을 변화시키지 않는다. 그래서 니싸의 그레고리오스 성인은 이렇게 말했다. "우리가 보는 것은 변화하지 않는다. 노인은 청년이 되지 않고, 주름도 없어지지 않는다. 새롭게 되는 것은 죄로 더럽혀지고 낡은 습성으로 늙어버린 내적 존재이다. 바로 이 존재가 죄 없는 어린아이의 상태로 되돌아가는 것이다."⁴⁵ 달리 말해서, 몸은 그 구조와 생물학적 특징들, 인간 전체의 외적인 면모의 여러 특징적 요소를 간직한다. 잃어버리는 것은 아무 것도 없으며 단지 모든 것이 변화될 뿐이다. 은총에 완전히 연합된 몸은 하느님과의 연합을 통해서 환하게 밝혀진다. 대(大) 안토니오스 성인은 이렇게 말한다. "지성(intellect)과 연합된 성령은 머리부터 발끝까지 몸 전체가 제자리를 찾을 수 있게끔 지성을 교육한다. 그래서 눈은 순결하게 보고, 귀는 평화롭게 듣고, … 혀는 착한 말만 하고, 두 손은 펼쳐 올려 기도하고 사랑의 일을 완성하며, … 배는 꼭 필요한 음식만 섭취하고, 두 발은 하느님께서 원하시는 대로 바른 길을 따라 가도록 해 준다. 이런 방식으로 온 몸은 선에 익숙해지고 성령의 능력에 순종함으로써 변모되며, 그 결과 몸은 의인들의 부활에서 받게 될 신령한 몸의 이 특징들에 어느 정도 참여하게 된다."⁴⁶

---

44 Philokalie, t. I, Moscou, 1877, p. 192(러시아어).
45 G. Florovsky, Les Pères des IVe-Ve siècles, Westmead, 1972, p. 171(러시아어) 에서 재인용.
46 Philokalie, t. I, ibid., p. 21(러시아어).

인용된 교부들의 글들, 특별히 대 안토니오스 성인이 우리에게 가르쳐 주는 구체적인 것들은 말로 된 이콘이나 다름없다. 바로 이러한 이유로 그것들은 우리의 주제와 관련하여 대단히 중요하다. 안토니오스 성인이 말한 것처럼, 신적인 은총이 인체, 특별히 감각 기관에 행하는 사역은 이콘을 통해서 우리에게 보여진다. 말로 된 묘사와 형상 사이의 유비는 너무도 분명해서, 우리는 정교회의 금욕 체험과 정교회 이콘 사이의 존재론적 통일성이라는 분명한 결론에 이르게 된다. 이콘 안에서 우리에게 보여지고 전달되는 것은 정확히 정교회의 금욕가들이 묘사한 바로 그 체험이며 이 체험의 결과이다. 색깔과 형태와 선을 통해, 또 이콘에 있어서 유일한 회화적 언어인 상징적 현실주의(réalisme symbolique)를 통해서 하느님의 성전이 된 한 인간의 영적인 세계가 우리 앞에 드러난다. 교부 성인들이 증언하는 내적 질서와 평화가 이콘으로 구현된 외적 평화와 질서를 통해서 전달된다. 성인의 몸 전체가, 머리카락, 이마의 주름살, 의복과 그를 둘러싸고 있는 모든 것과 같은 세부적인 것들에 이르기까지 하나가 되고 최상의 조화에 이르게 된다. 거기에 인간의 내적인 분열과 혼돈에 대한 승리가 가시적으로 드러난다. 또 성인을 통해 인류와 세상 안에 있는 분열과 혼돈에 대한 승리가 또한 드러난다.

 익숙하지 않은 이 세부적인 특징들, 특별히 우리가 이콘에서 보게 되는 감각 기관들, 예를 들어 빛을 잃은 눈, 종종 괴상한 형태를 한 귀 등은 사실주의적인 방식으로 표현되지 않는다. 그것은 이콘 화가가 그것들을 있는 그대로 표현할 수 없었기 때문이 아니라 반대로 있는 그대로의 그것들은 아무런 의미도 가지지 못하며 그 어떤 것과도 조응하지 않기 때문이다. 이콘에서 감각기관의 역할은 자연 그대로의 모습을 보여주는 것이 아니라, 오히려 사람들의 습관적인 지각활동에서 벗어나 있는 것들을 감지하는 어떤 몸(영화롭게 되고 성화된 몸)의 현존 앞에 우리가 서 있음을 보여주는 것이다. 다시 말해, 물리적 세계의 지각을 넘어서서 영적인 세계의 지각을 보여주는 것이다. 사로브의 세라핌 성인이 모토빌로프 앞에서 스스로 변모되면서 그에게 진지하게 던졌던, "너는 무엇을 보느냐?" 또는 "너는 무엇을 느끼느냐?" 같은 질문이 바로 이를 잘 암시해 준다. 그런데, 모토빌로프가 보았던 빛과 그가 맡은 향기, 그가 느낀 따뜻함은 물리적 차원의 것이 아니다. 이 감각들은 이 때 물리적인 세계에서 작동하는 은총을 지각했다. 감각 기관들을 이콘에 표현하는 이와 같은 비사실주의적 방식은 세상적인 것들에 대한 듣지 못함, 반응 없음, 무정감, 모든 자극으로부터의 탈피를 표현해 주는 반면, 반대로 거룩함 안에서 다다르게 되는 영적 세계의 받아들임을 표현해 준다. 정교회 이콘은 성(聖) 대 토요일의 다음과 같은 성가를 형상을 통해 표현한 것이다. "모든 인간의 육체는 침묵하고 … 모든 세상적인 생각을 멀리할지어다. … " 모든 것은 여기서, 다시 한번 반복하지만, 평화와 질서, 내적인 조화를 표현하는 일반적인 조화에 종속된다. 왜냐하면 하느님 나라에는 무질서가 존재하지 않기 때문이다. 바울로 성인의 말을 빌어 "하느님은 평화와 질서의 하느님

이시다"라고 신신학자 시메온 성인은 그의 교리서에서 말한다.[47]

　이렇게 이콘은 우리에게 성인의 영화된 상태, 변모된 영원한 그의 얼굴을 보여준다. 그러나 이콘은 우리를 위해서 만들어진다. 그러므로 앞에서 말한 모든 것들에도 불구하고 해석된 그 언어 안에서 이콘은, 마치 우리가 인용한 교부 성인들의 글들처럼, 성령의 은총을 획득하는 것이 단지 수도사들의 금욕적 실천에만 관련되지 않고 모든 신자들에게 관련되는 바, 교회의 모든 지체들에게 주어진 과제라는 것을 알려주고자 한다는 사실을 잊지 말아야한다. 정교회의 금욕적 경험의 회화적 표상으로서의 이콘은 대단한 교육적 중요성을 가지며, 바로 거기에 성스런 예술의 본질적인 목적이 있다. 이 건설적인 목적은 단지 그리스도교 신앙의 진리들을 가르치는 것만이 아니라 인간 전체를 형성하는 데 있다.

　그러므로 이콘의 내용은 그리스도교적인 삶, 특별히 기도에 대한 참된 영적 지도(指導)가 된다. 이콘은 기도할 때 우리가 하느님과 세상을 향해 어떤 태도를 취해야 하는지를 보여준다. 기도는 하느님과의 대화이다. 그러므로 기도를 위해서는 욕망이 없어야 하고, 세상의 외적인 자극들을 듣지 않고 받아들이지 않아야 한다. 신학자 그레고리오스 성인은 말한다. "이렇게 해서, 형제들이여, 거룩한 것을 불순한 방식으로 행하지 맙시다. 숭고한 것을 천박하게 행하지 맙시다. 영예로운 것을 불명예롭게 행

---

[47] Catéchèse attribuée à saint Syméon le Nouveau Théologien, éd. russe, Oraison, 15, Moscou, 1892, p. 143.

하지 맙시다. 간단히 말해, 영적인 것을 세상적인 방식으로 행하지 맙시다. … 우리들에게는 모든 것이 영적입니다. 활동, 운동, 바램, 말, 보행, 의복과 몸짓까지도 영적입니다. 왜냐하면 지성(intellect)은 모든 것에 미치고 모든 것을 통해서 하느님께 합당하도록 인간을 형성시키기 때문입니다. 그래서 우리의 흥겨움 또한 영적이고 엄숙한 것입니다."[48] 정확히 바로 여기에 이콘이 우리에게 보여주고자 하는 것이 있다. 우리의 감각들에 대한 이성적인 지도(指導)는 불가피하다. 왜냐하면 바로 이들 감각을 통해서 황당한 모든 일들이 인간의 영혼으로 스며들기 때문이다. 대 안토니오스 성인은 이렇게 말한다. "정결한 마음은 시각, 청각, 촉각, 미각, 후각 같은 감각을 통해 들고 나는 형상의 무질서한 움직임 때문에 난삽해진다."[49] 교부들은 이 오감을 영혼의 입구로 간주했다. 이사야 성인은 "네 영혼의 모든 입구들, 다시 말해 네 감각을 닫아라. 그리고 정성을 다해 그것들을 감찰해라. 그것들을 통해서 영혼이 밖으로 나가 방황하지 않도록. 또는 세상의 일들이나 말들이 영혼을 익사시키지 못하도록." 이콘 앞에서 기도하거나 단순하게 그것을 바라봄으로써, 우리는 바로 눈앞에서 이사야 성인의 다음과 같은 호소를 만난다. "심판의 날에 자신의 몸이 부활할 것을 믿는 사람은 그것을 모든 흠과 악으로부터 흠 없고 순결하게 간직해야 한다."[50] 이것은 적어도 기

---

48 Or. XI adressé à saint Grégoire de Nysse, P.G. 35, 840 A.
49 *Philokalie*, t. I, *ibid.*, p.122(러시아어).
50 Abbas Isaïe, 15e catéchèse, *Philokalie*, t. I, *ibid.*, p. 33(러시아어).

도 안에서 우리들이 영혼의 문들을 닫고, 또한 마치 이콘에 그려진 성인이 자신의 몸에 대해 그러했던 것처럼, 우리들도 우리의 육이 성령의 은총 안에서 또 그 은총을 통해서 질서 안에 거하는 법을 터득할 수 있게 하기 위해서이다. 즉 우리의 눈이 "순결하게 보고", 우리의 귀가 "평화롭게 듣고", … 우리의 마음이 "사악한 생각으로 살찌지 않도록" 하기 위해서이다. 이렇게 교회는 형상을 통해서 죄로 인해 사악해진 본성을 재창조하도록 우리들을 도와준다.

금욕과 기도의 영역에 있어서 교부들은 정교의 영적 체험을 "생명에 이르는 좁은 문"(마태오 7:14)의 형상으로 특징짓는다. 그것은 마치 허공으로 사라지기는커녕 오히려 무한한 충만을 향해 열려있는 길의 입구에 서있는 것과 같다. 신적 삶을 향해 있는 문은 이렇게 그리스도인들 앞에 열려있다. 다른 많은 금욕 저술가들과 마찬가지로 대(大) 마카리오스 성인도 영적 진보에 대해 다음과 같이 말한다. "문들이 열리고, 사람은 수많은 방으로 들어간다. 그가 문을 열고 방에 들어가면 또 다른 문들이 열리고 … 그는 그만큼 풍요해진다. 또 그가 풍요로워지는 만큼 새로운 놀라운 것들이 그에게 보여진다."[51] 좁은 문이 인도하는 새로운 길에 접어들기만 하면, 사람은 자신 앞에 한없는 가능성들과 전망들이 열려있으며 그 길은 점점 협소해지기는커녕 점점 더 넓어진다는 것을 알게 된다. 그러나 처음에는 그것은 우리 마음

---

51 *Philokalie*, t. I, *ibid.*, p. 230(러시아어).

속의 아주 단순한 한 점이다. 그리고 이 점으로부터 우리의 모든 관점들이 역전되어야만 하는 것이다. 바로 이것이 '메타노이아'(métanoia)라는 단어의 의미이다.

그러므로 이콘은 따라가야 할 하나의 길임과 동시에 하나의 수단이다. 그것은 그 자체로 기도이다. 그것은 교부들이 우리에게 말해 주는 '정념으로부터의 자유'를 직접적이고 가시적으로 드러내준다. 그것은 또한 도로테 성인의 표현처럼 우리에게 "눈으로 금식하는 법"을 가르쳐 준다.[52] 사실, 비구상이건 혹은 주제화이건 간에 다른 종류의 형상 앞에서는 "눈으로 금식하는 것"은 불가능하다. 오직 이콘만이 "눈으로 금식하는 것이 무엇인지"를, 또 그것이 무엇에 도달하게 해 주는지를 지시해 줄 수 있다.

이콘의 목적은 우리에게 어떤 인간의 본성적인 감정을 야기하거나 고양시키는 것이 아니다. 그것은 결코 감정적인 차원에서 "감동"적이지 않다. 그것의 목적은 불건전하고 해로울 수 있는 모든 감격로부터 우리의 모든 감정과 우리의 지성과 우리의 본성의 모든 측면을 탈피시킴으로써 그것들을 변모시키는 방향으로 돌리는 것이다. 이콘이 전달해 주는 신화(déification)와 같이 그것은 심리적 요소나 세상에서 살아가는 인간들의 다양한 특징과 같은 인간적인 것을 어느 하나도 제거하지 않는다. 이렇게 한 성인의 이콘은 지상에서의 그의 행업(行業)을 가리키는 데 조금도 부족함이 없다. 그것이 주교나 수도사들처럼 교회에서의 활약이었

---

52 *Enseignement et messages utiles à l'âme*, 7ᵉ éd., Optina Poustyn, 1895, p. 186(러시아어).

건, 왕자나 군인이나 의사처럼 세상적인 활약이었건 간에, 그 성인은 이 행업을 통해서 영적인 활동을 펼쳤다. 그러나 복음서처럼, 행위와 사상과 지식과 인간적인 감정의 이 짐들은 신적인 세상과의 접촉 안에서 표상되며, 이 접촉은 모든 것을 정화시키고 정화될 수 없는 것은 소멸시켜 버린다. 인간 본성의 각각의 발현과 우리들의 삶의 각각의 현상은 조명되고, 밝혀지고, 그것의 진정한 의미와 자리를 얻게 된다.

인간이 되신 하느님(하느님-인간)을 죄를 제외하고는 모든 면에서 우리와 유사하게 표상하는 것처럼, 우리는 또한 성인을 죄로부터 해방된 한 인격으로 표상한다. 고백자 막심 성인에 따르면, "그리스도의 육체처럼 우리의 육체도 죄의 부패로부터 해방된다. 왜냐하면 그리스도는 인간으로서 육체와 영혼으로 죄를 짓지 않으신 것처럼, 그리스도를 믿고 성령에 의해 그분을 덧입은 우리들도 우리 자신의 의지를 통해서 그리스도 안에서 죄 없는 사람이 될 수 있기 때문이다."[53] 이콘이 우리에게 보여주는 것은 바로 "그리스도의 영광스러운 몸과 같은"(필립비 3:21) 성인의 몸이다. 그 몸은 죄의 부패로부터 해방된 몸이요 "어느 정도는 의인들이 부활할 때 부여받게 될 영적인 몸의 속성에 참여한" 몸이다.

정교의 성스런 예술은 변모 교리(dogme de la transfiguration)의 가시적 표현이다. 여기서 인간의 변모는 정교의 가르침과 잘 들어맞는, 잘 정의된 하나의 객관적 현실로 이해되고 전달된다. 즉 우

---

53 *Chapitres actifs et contemplatifs*, chap. LXVII, *Philokalie*, t Ⅲ, *ibid.*, p. 263(러시아어).

리에게 보여진 것은 어떤 개인에 대한 표상이나 어떤 추상적인, 다소간 왜곡된 개념이 아니라 교회가 가르친 진리이다.

이콘은 인체의 색깔을 표현하지만, 그것은 육체의 자연스런 살색이 아니다. 그렇지 않다면 그것은 우리가 이미 살펴본 바의 정교 이콘의 의미와 조금도 부합하지 않게 될 것이다. 그것은 또한 "마음속의 내적이고도 은밀한 단장, 즉 하느님 앞에 값비싼 온유하고 평화스런 영의 썩지 않을 순결함"이라고 한 베드로 성인의 말처럼, 인간 육체의 물리적 아름다움을 보여주는 것 이상이다. 그것은 지상과 천상의 교제에서 우러나는 아름다움이다. 이콘이 보여주는 것은 성령께서 그 원천이 되시는 아름다운 거룩함, 즉 인간이 획득한 하느님과의 닮음(ressemblance)이다. 이콘은 자신의 고유한 언어를 통해서 은총의 역사를 표현해 준다. 그레고리오스 팔라마스 성인은 이를 두고, "하느님의 형상에, 즉 우리 안에 하느님과의 닮음을 그려넣어 주소서. 그래서 … 우리가 그분과 닮은 모습으로 변모될 수 있게 하소서."[54]

이콘의 존재 이유와 그 가치는 하나의 대상으로서의 이콘 자체의 아름다움에 있는 것이 아니라 반대로 그것이 표현하고자 하는 원형 자체의 아름다움에 있다. 다시 말해 이콘은 하느님과의 닮음이 주는 아름다움을 표현한 하나의 형상이다.

그러므로 이콘이 우리를 조명해 주는 빛은 색깔로 표현된 얼굴의 자연적인 밝음에 있지 않다. 이콘의 빛은 바로 하느님의 은총

---

[54] *Philokalie*, t. V, Moscou, 1889, pp. 300-301, "A la moniale Xénia, sur les vertus et les passions", p. 38(러시아어).

그림 19. 아기 예수를 안고 있는 성모 마리아, 목판 템페라, 2002년, 서미경 따띠안나 作 성 니콜라스 주교좌 대성당, 서울

그림 20. 대공의 성모자상(Madonna del Granduca), 1504년, 라파엘로
팔라티나 미술관, 피렌체

동일한 주제의 성화, 동일한 자세, 동일한 몸짓, 겉옷의 주름까지도 동일하다. 두 그림 모두에서 동일한 인간의 감정, 부드러움과 모성애가 표현된다. 정교 이콘에는 신적 모성과 하느님의 성육신에 대한 정교의 가르침이 드러나 있고, 라파엘로의 『대공의 성모자상』에는 동일한 주제에 대한 예술가의 개인적 해석이 강하게 나타난다.

9장 이콘의 의미와 내용 259

으로부터 오는, 정화되고 죄 없는 육체로부터 나오는 빛이다. 성화된 육체의 빛은 하나의 영적인 현상이거나 혹은 하나의 물리적인 현상이 아니다. 오히려 그것은 이 두 가지를 다 포함하는, 다가올 영적인 몸의 한 발현으로 이해되어야 한다.[55]

옷은 그 특징과 함께 아주 정상적인 방식으로 인체를 감싸면서 동시에 성인의 영화(榮化)된 상태를 훼손시키지 않게끔 표현한다. 그것은 그 사람의 업적을 강조하고 어떤 의미에서는 그의 영광스런 옷, 즉 "썩지 않을 옷"의 형상이 된다. 금욕적 체험과 그 체험의 결과는 여기서도 종종 기하학적인 형태의 엄격함과 빛의 형태와 주름의 선 속에서 외적인 표현을 발견한다. 이것들은 더 이상 무질서하지 않으며 일변하여 형상의 일반적인 조화에 이바지하는 운율과 질서를 획득한다. 인체의 성화는 실제로 그 옷에도 부여된다. 우리는 그리스도와 동정녀와 사도들과 성인들의 옷을 만지는 것 자체가 신자들에게 치유의 결과를 가져다주었음을 잘 알고 있다. 복음서의 혈루병 환자나 바울로 성인의 옷을 통해서

---

[55] 그래서 인간의 육체를 표상하는 것과 관련된 문제는 정교회에서 단 한번도 제기되지 않았다. 반면 로마 가톨릭 교회에서는 트렌트 공의회(Concile de Trente, 25번째 회의)의 결정을 계기로 이 문제가 제기된 바 있다. "거룩한 공의회는 사람들이 모든 불순결함을 피하고 또 형상에 선정적인 모습들을 가미하지 않기를 원한다." 피해야할 이 '불순결'은 바로 인간의 육체였다. 그로부터 로마 교회의 권력이 첫 번째로 한 일은 종교 예술에 벌거벗은 육체를 표상하지 못하도록 하는 것이었다. 벌거벗은 몸의 추방은 이렇게 시작되었다. 교황 바오로 4세의 훈령으로 미켈란젤로의 최후 심판에 나오는 인물들은 가려졌다. 절충조차 거부한 교황 클레멘트 8세는 벽화 전체를 지워버리려고 했고, 그것은 성 루가 아카데미(Académie Saint-Luc)의 호소로 비로소 중단되었다. 트렌트 공의회의 정신을 대변하는 샤를르 보로메(Charles Borromée)는 벌거벗은 몸을 발견하는 곳마다 제거해 버렸다. 그래서 결코 수치스럽다고 할 수 없는 많은 그림과 조각상이 파괴되었다.(참고 E. Male, *L'art religieux après le Concile de Trente*, Paris, 1932, p. 32) 화가들마저도 자신의 작품을 불살랐다. 그러나 정교회에서는 예술의 성격 그 자체가 그와 같은 상황을 배제해 왔다.

그림 21. 복되신 바실리오스 성인, 목판 템페라, 17세기
성 바실리오스 대성당, 모스크바

일어났던 치유(사도행전 19:12)를 상기하는 것만으로 충분하다.

이콘에 표상된 인간의 내적 질서는 자연스럽게 그의 태도와 움직임에 반영된다. 성인들은 몸짓을 하지 않는다. 그들은 하느님의 면전에서 기도하며 서있다. 그들의 신체 각각의 움직임과 태도는 성사적 혹은 사제적 특징을 지닌다. 일반적으로 성인들은 관객을 정면으로 혹은 사분의 삼 방향으로 향해 있다. 이 점은 그리스도교 예술의 초기부터 특징이었다. 성인은 여기 우리 앞에 존재하지, 다른 공간 어디에 존재하는 것이 아니다. 성인에게 기도를 드리려면 우리는 그의 얼굴을 마주 보아야 한다. 성인들이 절대로 옆모습으로 표상되지 않는 이유가 바로 여기에 있다. 이에 대한 몇몇 예외적인 경우는 성인들이 이콘의 중심부를 향해 있는 복잡한 구성에서 나타난다. 옆모습 그림은 어떤 의미에서 직접적인 접촉을 끊어버린다. 그것은 결핍의 단계 같은 것이다. 그러므로 거룩함을 획득하지 못한 사람들, 예를 들어 그리스도 탄생 이콘에서 동방 박사들, 목자들과 같은 사람들에 한해서만 옆모습으로 표현한다.

거룩함의 특징은 주위에 있는 것들을 성화하는 데 있다. 한 사람의 신화(神化)는 그를 둘러싸고 있는 것들에 전달된다. 그것은 세상의 변모를 알리는 만물이다. 피조물은 인간 안에서, 인간을 통해서 하느님의 영원한 생명에 참여한다. 피조물 모두가 인간의 타락으로 인해 쇠락한 것처럼, 피조물이 구원받는 것 또한 인간의 신화를 통해서이다. "피조물이 헛된 것에 굴복하게 되었습니다. 그러나 그것은 피조물의 자의로 그런 것이 아니라, 그것

그림 22. 마마스 성인, 목판 템페라, 15세기, 성 마마스 성당, 코라쿠, 키프로스

을 그렇게 만든 사람 때문에 그렇게 되었습니다. 그러나 피조물 또한 하느님 자녀들의 영광스런 자유에 참여하기 위해 부패의 종으로부터 해방될 것이라는 희망을 가지고 있습니다."(로마 8:20-23) 우리는 타락한 피조물이 회복되어, 하나가 되어 가는 일이 시작되었음을 알려주는 한 지표를 가지고 있다. 그것은 그리스도께서 사막에 머무신 일이다. "그 동안 예수께서는 들짐승들과 함께 지내셨는데 천사들이 그분의 시중을 들었다."(마르코 1:13) 새로운 피조물이 되도록 부름 받은 천상과 지상의 모든 피조물이 인간이 되신 하느님(하느님-인간) 예수 그리스도 안에서 함께 모인다. 피조물 전체가 평화롭게 하나가 될 것이라는 사상은 정교 이콘기법에 그대로 관철되고 연결된다.[56] 일반화된 분쟁과 세상의 왕국과 대립되는 것으로 이콘이 표현하고자 하는 이 미래의 갱신된 우주는 천사들로부터 가장 낮은 피조물들에 이르기까지 모든 피조물이 하느님 안에서 하나되는 연합에 다름 아니다. 회복된 조화와 평화, 세상 전체를 감싸안는 교회, 거기에 바로 정교의 거룩한 예술의 중심 사상이 있다. 그리고 이 사상이 건축과 그림을 지배한다.[57] 이런 이유로 우리는 이콘에서 한 성인을 둘러싸고 있는 모든 것이 그 면모를 바꾸게 됨을 보게 된다. 이콘에서 표현된 바, 하느님 계시의 담지자요 선포자인 인간을 둘러싸고 있는

---

56 예를 들어 "모든 호흡이 주를 찬미하며 … " 혹은 "오 충만하신 은총이여, 모든 피조물이 당신 안에서 기뻐합니다" 같은 사상이 거룩한 형상의 우주적 의미를 드러내 주는 몇몇 이콘에서 아주 강조된다.
57 E. Troubetskoy, *Le sens de la vie*, Berlin, 1922, pp. 71-72(러시아어).

이 세상은 변모되고 갱신될 다가올 세상의 형상이 된다. 사람, 풍경, 동물, 건물, 이 모든 것이 평소의 무질서한 면모를 떨쳐버리고 대신 조화로운 질서를 획득한다. 성인을 둘러싸고 있는 모든 것은 성인과 함께 운율 있는 질서에 순응하고, 하느님께 다가감으로써, 또 우리를 하느님께 이끌어 감으로써 하느님의 현존을 비추어준다. 땅, 식물, 동물이 이콘에 표현되는 것은 부패, 타락한 세상으로 우리를 이끌기 위해서가 아니라 반대로 이 세상 또한 인간의 신화에 참여함을 보여주기 위해서이다. 창조된 세계 전체, 특별히 들짐승조차 영향을 받는 거룩함은 종종 성인들의 삶을 특징짓는 요소이다.[58] 라돈네즈의 세르기오스 성인의 제자이자 전기 작가인 에피파니오스는 사나운 들짐승들이 성인에게 보여준 태도에 대해 이렇게 평가한다. "홀로 광야에 살던 타락 이전의 아담에게 그러했듯이, 하느님께서 한 인간 안에 거하시고 성령께서 그 안에 임재하시면, 모든 것이 그에게 복종한다는 사실은 조금도 놀랄 일이 아니다." 시리아의 이삭 성인에 대한 이야기에 의하면, 성인에게 다가온 동물들은 그에게서 타락 전의 아담에게서 풍겨나던 냄새를 맡았다고 한다. 이런 이유로 동물들은 좀 특이한 모습으로 이콘에 표현된다. 각 동물들의 종(種)적 특징은 사라지지 않지만 흔히 생각되는 평소의 특징은 사라진다. 만약 우리가 지금은 접근할 수조차 없게 된 에덴 낙원의

---

[58] 예를 들면, 시리아의 이삭 성인, 이집트의 마리아 성녀, 헌신자 사바스(Savvas le Consacré) 성인, 라돈네즈의 세르기오스 성인, 사로브의 세라핌 성인, 옵노르스크의 바울로(Paul d'Obnorsk) 성인 등등.

신비를 암시하려는 이콘화가들의 이 언어를 이해하지 못한다면, 이것은 아마도 엉뚱하고 조잡한 것으로 보일 것이다.

이콘에 표현된 건축물은 전체 조화에 종속되면서도 조금은 별도의 역할을 한다. 배경과 함께 그것은 사건이 전개된 무대, 즉 교회, 집, 도시 등을 적시해 준다. 그러나 건물은 (그리스도 탄생이나 부활 축일 이콘의 동굴도 마찬가지로) 절대로 사건의 장면을 둘러싸서 막아버리는 일이 없다. 그것은 장면의 배경으로만 기능한다. 그렇게 해서 사건은 건물 '안'이 아니라 '앞'에서 전개된다. 그것은, 이콘이 보여주는 사건의 의미가 그것이 일어난 역사적인 시간과 장소를 초월하기 때문이다. 이콘화가들이 서방 예술의 영향으로 사건을 건물 안에 배치하기 시작한 것은 단지 17세기 이후의 일이다. 건축물은 일반적 의미와 구성에 의해서 인물들의 형상과 연결된다. 그러나 자주 논리적 상관성은 크게 고려되지 않는다. 만약 이콘에서 인체와 건축물을 표현하는 방식을 서로 비교해 본다면, 우리는 아주 커다란 차이점을 보게 될 것이다. 인체는 비록 사실주의적이지는 않지만 그럼에도 불구하고 거의 드문 예외를 제외하곤 완전히 논리적이다. 모든 것이 제자리에 있다. 의복도 마찬가지이다. 그것이 다루어진 방식, 주름 넣은 방식 등이 모두 전적으로 논리적이다. 그러나 건축물은 너무나 자주 그 형태에 있어서뿐만 아니라 그 세부에 이르기까지 인간의 논리에 도전한다. 건축물의 형태에서 비례는 절대적으로 무시된다. 문과 창문은 제자리에 있지 않고 더구나 등장 인물과 관련하여 볼 때 완전히 무용지물이다. 이콘에 표현된 건물 형태는 비잔틴적이고 고대적인 형태의 흔적이며, 그러한 표현기법은 지금으로서는 이해할 수 없는 어떤 형식에 이콘화가들이 아무 생각 없이 얽매인 결과라는 것이 통상적인 견해이다. 고대적이건 비잔틴적이건 러시아적이건 간에 건축물은 이콘을 보다 더 나은 방식으로 보여주는 하나의 요소이다. 그것은 "그리스도 안에서의 어리석음"(folie en Christ)이라는 정신을 회화적으로 표현, 배치한 것이며, 따라서 "무거운 정신"(esprit de pesanteur)과는 전적으로 모순된다. 건축물 표현을 통한 이런 발랄한 상상은 이성을 통째로 뒤흔들었다가 다시 참다운 제자리에 돌려 놓는다. 이렇게 해서 이콘은 신앙의 초논리적인(métalogique) 성격을 부각시킨다.[59]

이콘의 낯설고 엉뚱한 특성은 복음의 특징과 맥을 같이한다. 왜냐하면 복음은 세상의 모든 질서와 지혜에 대한 진정한 도발이기 때문이다. 사도 바울로도 고린토인들에게 보낸 첫째 편지 1장 19절에서 인용했듯이, 주님께서는 예언자들의 입을 빌어서 "나는 지혜롭다는 자들의 지혜를 없애버리고 똑똑하다는 자들의 식견을 물리치리라"라고 말씀하셨다. 복음은 그리스도에 속한 삶으로 우리를 부르고, 이콘은 그러한 삶을 표상한다. 그래서 복음은 때때로 비정상적이고 충격적인 형태를 이용한다. 그것은, '그리스도에 미친 사람들'(fols en Christ)의 경우처럼, 거룩함이 세상의 눈으로 보기엔 미친 짓으로 밖에 안 보일 어떤 극단적인 형태를

---

59 건축물의 비논리적인 특징들은 이콘 언어에 대한 이해가 사라지기 시작했던 16세기 말에서 17세기에 걸치는 이콘의 쇠퇴기 직전까지 존속했었다. 바로 이 시기부터 건축물은 논리적이고 비례적인 것이 되었다. 의아스러운 것은 정확히 이 시대에 정말로 환상적인 건축 형태들의 광범위한 흔적들을 만날 수 있다는 것이다.

그림 23. 성모 희보, 목판 템페라, 2003년, 서미경 따띠안나 作
성 니콜라스 주교좌 대성당, 서울

그림 24. 성모 희보, 모자이크, 14세기
바토페디 수도원, 아토스 성산, 그리스

요구하는 것과 같다. '그리스도에 미친 사람들' 중의 어떤 한 성인은 이렇게 말한다. "사람들은 내가 미쳤다고 말한다. 그러나 미치지 않고는 하느님 나라에 들어가지 못한다. … 복음을 따라 살려면 미쳐야만 한다. 사람들이 합리적이고 굳어버린 감각을 가진 채로 있는 한, 하느님 나라는 이 땅에 임하지 않는다."[60] 그리스도에 미치는 것과 이콘의 별난 형식은 동일한 복음적 현실을 표현한다. 이러한 복음적 관점은 세상의 관점을 뒤집는다. 이콘이 우리에게 보여주는 우주는 이성의 범주나 인간의 도덕이 아니라 하느님의 은총이 지배하는 곳이다. 그로부터 이콘의 엄숙성, 단순성, 위엄, 고요가 나오고, 또 그로부터 선(線)은 리듬을 얻고 색깔은 기쁨을 담는다. 이콘은 금욕적 노력과 승리의 기쁨을 반영한다. 그것은 바로 "살아 계신 하느님의 기쁨"으로 변화된 고통이다. 그것은 새 창조의 새로운 질서이다.

그러므로 우리가 이콘에서 보는 세상은 평범한 일상과는 다르다. 신적인 빛은 도처에 관통한다. 그래서 등장 인물과 대상들은 빛에 의해 어떤 쪽이 특별히 조명되거나 하지 않는다. 또 그림자도 없다. 모든 것이 빛 속에 잠겨 버리게 될 하느님 나라에 그림자는 존재하지 않을 것이기 때문이다. 이콘 언어에서 "빛"은 이콘의 토대라고 불린다. 우리는 이에 대해 추후에 좀 더 언급해 보겠다.

---

60 Archimandrite Spiridon, *Mes missions en Sibérie*, trad. P. Pascal; éd du Cerf, Paris, 1950, pp. 39-40.

우리는 이 글에서 초기 몇 세기 동안의 그리스도교 상징주의가 모든 교회에 공통된 언어였던 것처럼, 이콘 역시 정교의 공통된 가르침과 금욕적 체험과 전례를 표현한다는 점에서 교회 전체의 공통된 언어라는 것을 보여주고자 노력했다. 거룩한 형상은 언제나 교회의 계시를 표현하며, 그것들을 가시적인 형태로 신자들에게 전달한다. 이콘은 그 계시들을 마치 그들의 질문에 대한 대답처럼, 혹은 가르침과 지침처럼, 혹은 성취해야 할 하나의 과업처럼, 혹은 하느님 나라의 예시와 맏물처럼 신자들의 눈앞에 제시한다. 하느님의 계시와 그것에 대한 인간의 수용은 말하자면 두 방향을 가진 동일한 행위이다. 계시(l'apocalypse)와 영지(la gnose), 계시의 길과 지식의 길, 이 둘은 서로 서로 조응한다. 하느님은 스스로를 낮추셔서 인간에게 자신을 드러내시고, 인간은 스스로를 고양시키고 계시에 합당한 삶으로 하느님께 응답한다. 형상 안에서 인간은 계시를 받으며 이 계시에 참여하는 만큼 그것에 응답한다. 달리 말하면, 이콘은 인간을 향한 하느님의 낮추심과 더불어 그 못지않게 하느님을 향한 인간의 도약을 가시적으로 증언해 준다. 교회의 말씀과 찬양이 청각(聽覺)을 통해서 우리의 영혼을 성화시킨다면, 형상은 교부들이 모든 감각 중에서 첫째가는 것으로 여긴 시각(視覺)을 통해서 영혼을 성화시킨다. 주님께서는 "눈은 몸의 등불이다. 그러므로 네 눈이 성하면 온몸이 밝을 것이다"(마태오 6:22)라고 말씀하신다. 말씀과 형상을 통해서 전례는 우리의 감각을 성화시킨다. 인간 안에 회복된 하느님의 형상(l'image)과 닮음(la ressemblance)의 표현인 이콘은 전례의 역동적이고 구성적인 요소이다.[61] 바로 이 때문에 교회는 제7차 세계 공의회의 결정을 통해서, "생명을 주는 거룩한 십자가와 마찬가지로, … 귀중한 이콘들이, … 성물(聖物)과 성의(聖衣)에, 벽면과 나무판자 위에 그려져 하느님의 거룩한 교회 안에, 그리고 집안과 거리에 놓여져야 한다"고 지시한다. 왜냐하면 교회는 우리들의 소명을 실현시키도록, 즉 우리들의 원형이 되시는 하느님과의 닮음을 얻도록 해 주고, 인간이 되신 하느님(하느님-인간)께서 우리에게 계시해 주시고 전해 주신 것을 우리의 삶을 통해 완성하도록 해 줄 수단 중의 하나를 이콘에서 발견하기 때문이다. 성인들은 많지 않다. 그러나 거룩함은 모든 사람들에게 주어진 과제이며, 그러하기에 이콘은 이 거룩함의 한 모델로, 다가올 세상의 거룩함에 대한 계시로, 다가올 우주의 변모에 대한 설계와 계획으로 도처에 존재하게 되는 것이다. 다른 한편, 생애를 통해서 성인들이 획득했던 은총은 없어지지 않고 그들의 형상 안에 남아 있기에,[62] 이 형상들은 이 은총을 통해서 세상을 성화시키기 위해 도처에 존재하는 것이다. 이콘들은, 바울로 성인의 말처럼, 주님의 영광을 봄으로써 우리도 그와 같은 형상으로 변모되기 위해서(고린토 3:18) 우리가 걸어가야 할, 새로운 창조를 향한 여정의 표지판과 같다.

성화(聖化)를 체험해 알게 된 사람들은 그 성화(聖化) 체험에 부

---

61 외부의 관찰자들이 생각하듯이, 단지 보수적인 요소이고 또 수동적인 역할만 담당한다고 하는 견해는 이콘과 거리가 멀다.
62 Saint Jean Damascène, Ier Traité à la défense des icônes, chap. XIX, P.G., 94, I, 1249 CD.

합하며, 다마스커스의 요한 성인의 말처럼, 진정으로 "감추어진 것의 계시와 증거"인 형상을 창조했다. 그것은 옛날 모세의 지시에 따라 건축된 성막이 산 정상에서 모세에게 보여지고 체험된 것들이 어떤지를 드러내 주는 것과 같다. 이 형상들은 변모된 우주를 보여줄 뿐만 아니라, 또한 그것에 참여할 수 있도록 해 준다. 이콘은 자연 그대로, 하지만 상징의 도움을 받아서 그려진다고 말할 수 있다. 왜냐하면 이콘이 표상하고자 하는 자연은 직접적으로는 표상할 수 없는 것이기 때문이다. 그것은 주님께서 다시 오시는 그날에 가서야 충만하게 드러날 세상이다.

지금까지 우리는 이콘의 내용을 교회 역사의 그리스도론 논쟁 시기 동안에 있었던 교리의 표현이자 정교의 영적 체험의 산물로 제시했다. 이 내용들은 교부들과 공의회에 의해서, 특별히 이콘들에 대한 공경(vénération) 교리를 통해서 빛을 보게 되었다.

이제 간략한 방식으로 이콘의 내용이 그것의 고전적인 회화 언어를 통해서 어떻게 발전되고 구체화되었는지, 또 이콘이 오늘날에 이르기까지 수세기 동안 어떤 역할을 감당했는지를 살펴보고자 한다.

10장

이콘반대주의 이후 시기

  형상을 위한 투쟁이 교회 역사에서 성육신 교리의 다른 측면들을 정식화하는 두 시기의 경계에 위치해 있다는 사실은 의미심장하다. 이콘 공경 교리는 두 쪽으로 향해 있고 또 이 두 시기의 가르침을 연합시키는 경계이다.
  세계공의회들이 열렸던 몇 세기는 본질적으로 그리스도론의 시대이다. 이 시기는 하느님이자 인간이신 그리스도의 위격에 대한 정교회의 가르침을 구체화한다. 이 모든 시기에 그리스도론 신학 전체와 일체를 이루는 이콘은 무엇보다 먼저 성육신의 사건을 증언한다. 그리고 교회는 이 성육신에 대한 가르침을 말씀과 형상을 통해서 동시에 확인한다.
  이어지는 시기, 즉 약 11세기에서 16세기에 걸친 시기는 성령론의 시대이다. 이단들과 교회의 가르침이 집중한 중심 문제는 성령, 인간 안에서 그분의 활동, 즉 성육신의 결과에 관한 것이었다. 이 시기를 거치면서 교회는 특별히, "하느님이 인간이 되셨다"면 그것은 "인간이 신이 되도록 하기 위함"이라는 것을 증언했고, 이콘은 신학과 전례를 완벽히 수렴해서 더욱 특별하게 성육신의 열매인 인간의 신화(神化)를 증언한다. 이콘은 점차적으로 구체성을 획득해 갔고, 은총에 의해 신이 된 인간의 형상을 세상에 보여주게 된다. 이렇게 해서 거룩한 예술의 고전적인 형식이 발전되었고, 첫 몇 세기의 그리스도교 예술이 약속했던 바가 완성된다. 그것은 거룩함, 특히 수도원적 거룩함의 커다란 비약과 신학의 놀랄 만한 발전이 결합되어 나타난 교회 예술의 만개(滿開)였다. 교회의 장식은 규정된 형식을 채택하고, 11세기부터 그것은 정확하고 구체적인 교리적 체계가 된다.

특별히 슬라브 민족을 비롯한 새로운 민족들이 그리스도교로 개종해 이 고전적인 이콘 언어의 정립에 나름대로 이바지하였으며, 또한 각각 거룩함의 고유한 유형과 그에 따른 특수한 유형의 이콘을 창조했다. 이렇게 해서 교회 예술은 그 고전적인 형태에서도 매우 커다란 다양성과 놀라운 풍요를 누린다.

843년 공의회에서 '이콘반대주의에 대한 승리'를 '정교 승리'로 선포한 것은 이단들이 사라졌다는 것을 의미하지 않는다. 이단들은 여전히 아주 적극적으로 활약하고 있었다. "확신을 가진 이콘반대주의자들은 마지막 이콘반대주의 황제의 사후에도 여전히 그 확신을 굽히지 않았고, 종교적인 형상에 대한 공식적인 회복이 이루어진 이후에도 거의 반세기 동안 적지 않게 존재했던 것

같다."[01] 이 기간에 콘스탄티노플 교회의 상황은 매우 어려웠다. 그것은 이콘반대주의자들뿐만 아니라 이들에 대한 정교주의자들 사이의 불일치적인 태도에도 기인한다. 총대주교 메토디오스 성인은 선량하고 관용이 많은 사람이었다. 그러나 많은 정교주의자들은 그와는 달리 매우 비타협적인 태도를 가지고 있었다. 총대주교는 이들에게 중요한 직책을 맡기려 하지 않았다. 왜냐하면 이들은 이콘반대주의자들을 격분시켜서 결국 "고백자"라는 영예를 줄 뿐만 아니라 이렇게 해서 사태를 더욱 악화시킬 위험이 있었기 때문이다. 이 때문에 극단주의자들, 특히 스투디오스의 수도사들은 그를 격렬하게 비난했다. 이들의 반대는 너무나도 거세서 총대주교는 그들을 출교(excommunier)하지 않으면 안 되었다. 이 출교 처분으로 야기된 충돌은 너무나도 심각한 난관을 조성했다. 메토디오스 사후(847년 6월 14일), 황후 테오도라는 지역 공의회를 통해서 정상적으로 새로운 총대주교를 선출하는 대신에 독단적으로 황제 미카엘 1세의 아들인 니키타스(수도원에서는 이그나티오스로 불림)를 총대주교로 임명했다. 그가 총대주교로 있는 동안, 주요 직책은 모두 극단주의자들이 장악하였고, 스투디오스 수도사들에 대한 출교 처분은 철회되었으며 반대로 몇몇 온건파들이 출교되었다. 이런 과정을 거치면서 이콘반대주의자들도 다시금 세력을 가지게 되었다. 그럼에도 불구하고, 뒤이은 사건들은 이단들에 대항한 교회의 투쟁의 형세를 변화시켰다. 황

---

01 A. Grabar, *L'iconoclasme byzantin*, Paris, 1957, p. 13.

후 테오도라는 한 수도원으로 귀향 보내졌고, 미카엘 3세가 황제가 되었다. 이그나티오스 성인은 총대주교직을 포기했다. 새로운 총대주교로 포티오스 성인이 선출되었다.[02] 두 총대주교 모두 두 번씩 총대주교직을 담당했었다.[03] 교회 내부의 충돌로 총대주교들이 이렇게 자주 교체됨으로써 교회적 삶의 정상적인 흐름은 심각하게 위협받았다.

말씀의 성육신 사건과 관련된 교리를 정식화한 세계공의회 시대가 종결될 즈음, 포티오스 성인은 교회의 참된 교리를 위한 투쟁의 새로운 시대를 열었다. 이후 이 투쟁은 특별히 오순절 성령 강림의 신비와 관련된 진리들, 즉 성령과 은총과 교회의 본질 등에 집중될 것이었다. 달리 말해서, 세계공의회 시대를 거치면서 성 삼위일체 제2위격의 경륜이 확연하게 드러났다면, 새로운 시대에는 신학적 사유와 예술이 특히 하느님의 제3위격의 경륜을 드러내는 것에 집중된다. 이 전환은 여러 가지 점에서 교회와 교회의 예술이 따라야 할 길을 선택함에 있어서 아주 결정적이었다. 그리고 이 전환의 한 가운데 위대한 사제요 고백자인 포티오스 성인이 존재했다.[04] 이 총대주교의 아주 예외적인 인간적 면모와 활동은 시대를 넘어 그 이후에도 교회의 삶과 사상과 예술에

---

02 이 시기에 대한 탁월한 일반적 묘사를 보여주는 글로는 다음을 참고하라. F. Dvornik, "The Patriarch Photius and Iconoclasme", Dumbarton Oaks Papers, Cambridge, Mass., 1953, nº 7, pp. 67-98.
03 이그나티오스 성인은 847-858년, 867-877년, 포티오스 성인은 858-867년, 877-886년.
04 서방에서는 오랫동안 포티오스 성인의 인격과 저작을 철저하게 부정적으로 소개하였다. 우리 시대에 와서야 드보르닉(F. Dvornik)의 저작들을 통해서 진실이 회복되었다. 특별히 다음의 저작이 대표적이다. Le schisme de Photius, histoire et légende, Paris, 1950.

그림 25. 성 대 포티오스 콘스탄티노플 총대주교, 목판 템페라, 1996년, 성 멜레티오스 수도원, 그리스

큰 영향을 주었다. 그는 "말하자면 9세기 후반기의 문학적, 지적 운동의 중심이었다. … 그가 받은 교육은 다양했고, 신학뿐만 아니라 문법, 철학, 자연과학, 법률, 의학 등에 대한 그의 지식은 상당했다."[05] 이콘반대주의를 결정적으로 패퇴시킨 가장 주된 공은 바로 "11세기의 '재부흥'(renaissance)을 불러일으킨 인문주의자 포티오스"[06] 총대주교에게 돌려진다.

이단과의 투쟁에 있어서 포티오스 성인은 아주 예외적인 수완들을 가지고 있었다. 그는 먼저 자신뿐만 아니라 그의 부친과 삼촌도 이콘반대주의자들에 의해 파문되었었던 것에서 볼 수 있듯이, 정교 고백자 가족 출신이다. 또한 탄탄한 이론적 훈련과 부드럽고 흠잡을 데 없는 전략을 겸비했던 그는 이단에 대한 승리로 인도해 줄 수 있는 길이 무엇인지를 볼 수 있었다. 이콘반대주의자들과 투쟁하기 위해서, 그는 아카데미(académie)를 재조직했다. 이그나티오스 성인이 총대주교로 있는 기간 동안 일종의 몽매주의가 팽배했었고, 그 결과 전력을 다해 학문적 논리와 근거로 무장하려 했던 이콘반대주의자들과는 달리, 그 외의 사람들에게는 학문을 경건보다 못한 것으로 여기고 무시하는 풍조가 만연했다. 반대로 포티오스 총대주교는 경건만으로는 불충분한 것으로 생각했고, 학문의 습득이 이단과의 투쟁에서 하나의 중요한 수단이라고 보았다. 아카데미의 학장에는 총대주교의 절친

---

05 A.A.Vasiliev, *Histoire de l'Empire byzantin*, Paris, 1932, vol. I, p. 390 ; F. Dvornik, Le schisme de Photius …, ibid., p. 31.

06 A. Grabar, *L'Art religieux et l'Empire byzantin à l'époque des Macédoniens*, Ecole pratique des Hautes Etudes, Annuaire 1939-1940, p. 19.

한 친구이자 장차 슬라브 민족의 사도가 될 콘스탄티노스(끼릴로스)가 임명되었다. 총대주교가 된 초기부터 포티오스 성인은 학자들과 예술가들을 불러모았고 교회의 성화들을 복구하기 시작했다. 9세기의 예술 재부흥[07]이 그의 이름과 연결되며, 특히 그것은 두 번째 임직 기간 동안 폭발적으로 고양되었다.

이콘반대주의에 대한 포티오스 성인의 입장은 절대적인 비타협 그 자체였다. 제7차 세계공의회의 교부들과 마찬가지로, 그는 이 이단에게서 그리스도교 중심 교리에 대한 부정을 보았다. 불가리아의 왕인 미카엘에게 보낸 편지에서, 그는 이콘반대주의자들을 "유대인들보다 더욱 악독한 그리스도 반대자(christo-maque)"[08]라고 불렀다. 다른 데서 그는 이렇게 말한다. "당신들(이콘반대주의자들)은 머리 속에서 그리스도에 대항해 하나의 화해할 수 없는 전쟁을 저지르고 있다. 직접적인 방식이 아니라 이콘에 대한 태도를 통해서 당신들은 이를 입증하고 있다."[09] 제7차 공의회의 교부들처럼, 그는 이콘 안에서 성경에 비견할 만한 것을 보았고, 이러한 생각을 구체화하고 발전시켰다. 그는 청각보다 시각이 더 우선적임을 주목하고 (교부들의 글들이 전통적으로 강조했던 것처럼) 이콘에 의거한 가르침의 중요성을 역설했다. 이콘을 거부하는 사람은 이미 성경의 가르침을 거부하는 것이다. 반면 이콘을 공경하는 것은 성경을 바르게 이해하는 것을 의미하고 그 역

---

07 F. Dvornik, *The Patriarch Photius and Iconoclasm*, *ibid.*, pp. 89-91.
08 P.G., 102, 659 D.
09 P.G., 101, 949 D.

도 마찬가지이다.[10]

이콘반대주의에 대항한 포티오스 성인의 사상과 활약은 직간접적으로 9세기 여러 공의회가 다루었던 주제와 판단과 결정뿐만 아니라 신학 사상의 일반적인 흐름에도 영향을 주었다. 그래서 로마 교회의 특사들이 참석한 가운데 그의 총대주교직 기간에 소집된 제1-2차 공의회(le Concile Premier-Second, 861)는 새롭고도 결정적으로 이단을 정죄하기 위한 것이었다.[11] 이 공의회 의사록은 869/870년에 열린 공의회의 결정으로 소각되었다. 그래서 우리는 불행하게도 이콘반대주의에 대하여 이 공의회에서 어떤 의견이 오갔는지 알지 못한다.

이그나티오스 성인 총대주교 임직 기간에 열린 869/870년 공의회는 포티오스 성인에 반대해서 열렸는데, 여기서 다시 한번 이콘반대주의가 의제로 대두되었다. 이 의제는 바실리오스 1세 황제의 주도로 제기되었다. 이단은 다시 한번 정죄되었고, 테오도로스 크리티나스를 중심으로 한 당대의 이콘반대주의 대변자들은 파문되었다. 공의회에서 교황 니콜라우스 1세의 전언(傳言)이 낭독되었고, 전언의 여섯 번째 문단이 이콘반대주의를 겨냥했다. "우리 주님과 항상 동정녀이신 그분의 어머니와 아벨로부터 시작되는 모든 성인들의 거룩하고 공경 받는 형상과 관련해서, 거룩한 교회가 항상 모든 곳에서 받아들인 것과 교황들이 이

---

10 *Hom.*, 73, éd. grecque d'Aristarque, Constantinople, 1901, vol. 2. pp. 304-305.
11 교황 니콜라우스 1세(Nicolas Ier)와 황제 미카엘 3세 사이의 서신이 이를 증언한다.(Mansi XV, 161, 261, 243) 또 다음의 저작을 참고할 수 있다. F. Dvornik, The Patriarch Photius and Iconoclasme, ibid., p. 77 과 Ch. Héfélé, Histoire des Conciles, IV, 1, Paris, p. 272.

주제에 대해 명하고 권고한 것을 변함없이 보존하는 것이 합당하다. 우리는 이콘을 파괴하고 그것을 발로 짓밟아야 한다고 말하는 콘스탄티노플의 옛 총대주교 요한과 그 지지자들을 파문한다."[12] 보다시피 이 본문은 신학적 관점에 입각한 관심을 보여주지 않는다.

869/870년의 공의회(여기서 특별히 로마 교회는 정교 승리(Triomphe de l'Orthodoxie)를 선언한 843년의 공의회를 인정했다)는 교황 그레고리우스의 개혁 이후 줄곧 로마에 의해 제8차 세계공의회로 간주되어왔다. 반대로 정교회는 포티오스 성인을 정죄한 이 공의회를 인정하지 않으며 그것의 결정들 또한 어떠한 공식적 가치도 가지지 못한다. 그렇지만 이 공의회는 이론적으로는 정통이었고 거룩한 예술을 다루는 공의회의 세 번째 까논은 특히 우리에게 많은 관심을 불러일으킨다. 우리는 여기에 잠깐 주의를 기울이고자 한다. 왜냐하면 이 규범은 이콘반대주의 이후 시대의 일반적인 맥락에서 형상과 관련된 신학적 사유의 방향을 잘 표현해 주고 있기 때문이다. 이 규범의 본문 내용은 다음과 같다. "우리는 우리 주님 예수 그리스도의 거룩한 형상을 복음서와 같은 자격으로 공경하도록 명한다. 실제로 복음서를 구성하는 각각의 음절을 통해서 모두가 구원을 얻는 것처럼, 마찬가지로 이콘의 색깔을 통해서 현명한 자나 무지한 자나 모두가 그것이 포함하고 있는 것으로부터 유익을 얻는다. 왜냐하면 그림의 색깔은 음절을 통해

---

12 Ch. J. Héfélé, Histoire des Conciles, ibid., p. 329.

서 선포된 말씀을 [눈에] 보여주기 때문이다. 만약 어떤 자가 구세주 그리스도의 이콘을 공경하지 않는다면, 그는 주님이 두 번째 강림하실 때 그분의 얼굴을 보지 못할 것이다. 마찬가지로 우리는, 성경이 말로 묘사한 것과 마찬가지로 그림으로 그려진 주님의 매우 순전(純全)하신 어머니와 거룩한 천사들과 더 나아가 모든 성인들의 이콘들을 향해서도 공경과 영예를 돌려드린다. 그러므로 이것을 행하지 않는 사람은 파문되어 마땅하다."[13] 보다시피 이 규범은 사실상 제7차 세계공의회 결정의 본질적인 원리에 대한 간략한 반복이다. 그럼에도 불구하고 두 가지 특별한 점을 주지할 필요가 있다. 먼저 형상은 현명한 자나 무지한 자 모두에게 유익하다는 것, 그러므로 이콘의 중요성은 문화적 수준과는 무관하게 교회의 모든 지체들에게 동일하다는 공의회의 확언이다. 서방에서 그토록 중시되는 이 공의회가 이 같이 선언한 것은, 이콘을 단지 "문맹자를 위한 성경"처럼 간주해 온 [전통적인 서방의] 개념을 극복하려는 시도로 볼 수 있다. 이미 살펴보아 알고 있듯이, "성경이 글을 읽을 줄 아는 사람들을 위한 것처럼, 형상은 문맹자들에게 그런 역할을 한다"는 대(大) 그레고리우스 성인의 사상은 서방에서 크게 유행했었다. 로마 교회가 869/870년의 공의회를 제8차 세계공의회로 인정했지만 이 사상은 흔들리지 않았고 현재까지도 부분적으로 용인되고 있다.[14] 동방 정교

---

13 Mansi XVI, 400 ; Héfélé, ibid., pp. 869-870

14 확실히, 오늘날 마티스(Matisse)나 샤갈(Chagall) 혹은 다른 비구상 화가들에 의해 제작된 교회의 장식들이 "문맹인들을 위한 성경"을 표상한다고 주장할 수 없다. 이러한 경우 형상(형상이 있는 곳)은 영적인 교훈보다는 순전히 미적인 감상을 위한 것이다.

회는 그러한 형상 개념을 결코 충분한 것으로 여기지 않았다. 스투디오스 테오도로스 성인은 다음과 같이 서술한다. "모든 사람에게 복음서가 필요한 것처럼, 그에 조응하는 형상 또한 모든 사람에게 필요하다."[15]

세 번째 규범은 다음과 같이 역설한다. "만약 어떤 자가 구세주 그리스도의 이콘을 공경하지 않는다면, 그는 주님이 두 번째 강림하실 때 그분의 얼굴을 보지 못할 것이다." 이 문장은, 제7차 세계공의회의 결정이 "이콘을 공경하는 사람은 그것이 표상하는 분의 휘포스타시스를 공경한다"[16]라고 다르게 표현한 바의, 이콘 공경의 근본적인 진리를 본질적으로 잘 전해 준다는 점에서 매우 흥미롭다. 그러나 여기서 이 진리는 보다 구체적이고 정언적인 방식으로 표현된다. 그래서 이 문장의 반(反) 이콘반대주의적인 특징은 분명한 종말론적인 방향성을 획득한다. 이 점에서 그것은, 비록 덜 부각되긴 했지만 스바니야 3장을 인용하면서 이콘의 종말론적 측면을 강조한 제7차 세계공의회의 결정과 부합한다. 두 번째 강림시 그리스도를 보는 것은 그분의 첫 번째 강림에 대한 고백과 이것에 대한 증언, 즉 그 위격의 형상에 대한 공경을 전제한다. 그리고 이 형상에 대한 공경은 그리스도의 영광스런 재림시 그분을 볼 수 있게 해 주는 담보요 조건이라는 그 역도 또한 마찬가지다. 달리 말해, "이콘 의식(儀式)은 어떤 의미에서는 하느님

---

15 P.G. 99, 1537 D.
16 Mansi XIII, 377-380.

을 보는 것의 시발점"[17], 즉 '얼굴과 얼굴을 마주 보는 것'의 시작이라 할 것이다. 여기서 거룩한 얼굴 축일(8월 16일) 까논의 네 번째 오디(Ode)의 두 번째 뜨로빠리온(tropaire)을 상기해 보자. "옛적 모세는 하느님을 보고 싶다고 아뢰었고, 당신의 뒷모습을 봄으로써 희미하게나마 하느님 당신의 영광을 관상할 수 있었습니다. 그러나 지금 새 이스라엘이 된 우리는 해방자이신 당신을 명확하게 얼굴과 얼굴을 맞대고 봅니다." 이콘은 하느님에 관한 것을 가르쳐줄 뿐만 아니라 하느님 자신을 알게 해 준다. 우리는 다시 오실 때의 영광으로 계시는 그리스도의 신적인 위격, 즉 변모되고 영화롭게 된 그분의 얼굴을 그분의 이콘 안에서 관상한다.

공의회의 세 번째 규범은 또 이콘에 성모님과 천사들과 모든 성인들을 표상한다고 결정한다. 공의회는 그리스도의 형상과 마찬가지로 한 성인의 형상, 무엇보다도 먼저 성모님의 형상도 미래 즉 그리스도의 종말론적 왕국과 인간을 통해 드러날 그분의 영광의 가시적 예형(préfiguration)에 대한 표상이라고 본다. "아버지께서 내게 주신 영광을 나도 그들에게 주었습니다."(요한 17:22) "그리스도께서 나타나시면 우리도 그리스도와 같은 사람이 되리라는 것을 우리는 알고 있습니다. 그 때에는 우리가 그리스도의 참모습을 뵙겠기 때문입니다."(요한 3:2) "우리들 각각을 향하신 하느님의 빛나는 얼굴을 보는 것은 결국 변모된 그리스도를 보는 것인 바, 그것에 대한 신학적 다듬질은 그레고리오스 팔라

---

17 V. Lossky, *Vision de Dieu*, Neuchâtel, 1962, p. 140.

마스 성인의 교리와 더불어 본질과 은총에 대한 14세기 공의회들의 정의(定義)에서 발견된다."[18] 우리가 또한 살펴보게 되겠지만, 그것은 이콘의 내용에 대한 신학적 다듬질이기도하다. 19세기의 모스크바 대주교 필라렛 성인은 바울로 성인의 다음과 같은 말을 그리스도의 이콘에 적용한다. "우리는 모두 얼굴의 너울을 벗어버리고 거울처럼 주님의 영광을 비추어줍니다. 동시에 우리는 주님과 같은 모습으로 변화하여 영광스러운 상태에서 더욱 영광스러운 상태로 옮아가고 있습니다. 이것이 성령이신 주님께서 이루시는 일입니다."(고린토후 3:18) 그리고 나서 이 구절을 다음과 같이 주석한다. "바울로 성인이 자신만이 아니라 우리 모두에 대해서 이야기하고 있음을 주목하라. 따라서 그는 하느님의 영감으로 가득 찬 어떤 사람의 특권이 아니라 많은 사람들에게, 어떤 수준에서는 모두에게 가능한 하나의 행위와 상태에 대해서 말하고 있다. 우리 모두는 숨김없이 주님의 영광을 관상한다. 다시 말해, 우리는 예수 그리스도의 얼굴만이 아니라 그분의 영광까지 관상한다. … 우리는 소극적인 관객처럼 관상하는 것이 아니라 반대로 그분의 빛을 받아들이기 위해 마치 거울을 갖다 대듯 우리의 영혼을 예수 그리스도의 광채 나는 얼굴 앞에 대어 드린다. … 예수 그리스도의 형상을 닮아 성장하려고 쉬지 않고 노력함으로써 우리 자신도 그분과 같은 형상으로 변모된다."[19]

---

18 V. Lossky, *ibid.*, p. 140.

19 거룩한 얼굴에 봉헌된 한 교회의 축성식을 위한 설교.(1855년 11월 17일) Sermons, t. III, Paris, 1866, p. 232. 19세기에 필라렛 대주교는, 보다시피, 다마스커스의 요한 성인과 같은 맥락 안에서 신자들에게 미치는 형상의 중요성과 역사(役事)를 설명한다.

869/870년의 공의회는 포티오스 총대주교를 쫓아내는 것에 그치지 않았다. 거룩한 예술을 복원하고 보급하려고 그가 착수했던 모든 것들을 저지하기 위해 여러 장애물이 놓여졌다. 실제로, 포티오스 성인이 이를 위해 불러모았던 일꾼들은 이콘 작업을 지속할 수 없게 되었다. 사실, 이콘은 그 자체로 파문 당해 교회 안에서 가르칠 권리를 박탈당한 사람들에 의해서 그려질 수는 없다는 의미를 가지고 있지 않는가?[20]

이콘반대주의에 대항한 포티오스 성인의 투쟁은 879/880년 공의회에서 제2차 니케아 공의회(787년)를 제7차 세계공의회로 승인하는 것에서 그 절정에 이르렀다. 이미 867년과 869/870년의 공의회가 그것을 공식 공의회로 인정한 바 있다. 그러나 로마 교회는 여섯 번의 세계공의회만을 인정하고 있었다.[21] 그럼에도 불구하고 879/880년에 포티오스 성인의 주장 앞에서, 교황의 특사들은 예외 없이 이 승인을 받아들였고 이 공의회를 제7차 세계공의회로 인정치 않으려는 모든 사람들을 파문하겠다고 으름장을 놓았다.[22] 드보르닉(F. Dvornik)에 의하면, 이 공의회에서 로마

---

20 이 공의회의 규범 7항은 이렇게 말한다. "거룩하고 귀중한 이콘을 제작하는 것은 주위 사람들에게 신적이고 인간적인 지혜의 계명들을 가르치는 것과 마찬가지로 매우 유용하다. 그러므로 이것이 합당치 않은 사람들에 의해 이루어지는 것은 좋지 않다. 그래서 우리는 어떤 경우에도 파문당한 사람들이 그들의 오류로부터 되돌아서기 전까지는 거룩한 교회 안에 이콘을 그리는 것과 교회에서 가르치는 것을 허용하지 않는다. 만약 우리가 파문결정을 내린 이후에 그 사람이 교회 안에 거룩한 이콘을 그리려고 시도한다면, 사제는 해임될 것이요, 평신도는 거룩한 하느님의 신비들(성례전)로부터 제외될 것이다."(Mansi XVI, 402)

21 F. Dvornik, The Partiarch Photius and Iconoclasm, ibid., p. 96.

22 "나(수석 특사, 앙콘Ancôn의 주교 바울로)는 존경하는 포티오스를 교회법에 합당하게 선출된 총대주교로 인정한다. 그리고 교황의 서신들과 비망록(Commonitorium)에 따라, 나는 그와 교제 안에 있음을 선언한다. 동시에 나는 콘스탄티노플에서 그에 대항해 열렸던 공의회(나중에 서방에서 8차 세계공의회로 인정된)와 아드리아누스 시대에 그에 대해 이루어진 모

교회를 정교회와의 일치에로 인도한 것은 정확히 포티오스 총대주교였다.[23]

포티오스 성인의 신앙 고백에서 가장 본질을 이루고 있는 영역은 '필리오케'(Filioque)의 오류에 대항한 그의 투쟁이다. 우리가 알다시피 필리오케는 서방에서 오래전에 니케아 콘스탄티노플 신조에 삽입되었는데, 바로 포티오스의 시대에 필리오케가 삽입된 신조가 서방의 곳곳에서 도입되었다. 따라서 라틴 선교사들은 새롭게 개종된 불가리아에서 이 신조의 수용을 주장했다. 879/880년 공의회에 의해 제기된 교리 문제들 중의 하나는 정확히 이 삽입과 관련되었다. (867년에 포티오스 성인에 의해 소집된 공의회 또한 벌써부터 이 문제를 다루었다.) 이 공의회는 필리오케가 삽입되기 전의 원래 니케아-콘스탄티노플 신조는 변경될 수 없음을 선언했다. "만약 불경의 극치에 이르러 어떤 다른 신앙 신조를 감히 정식화하려하거나 … 또는 니케아의 거룩한 세계공의회의 교부들이 우리에게 전해준 신조에서 어떤 것을 첨가하거나 삭제한다면, … 그는 파문 당할 것이다." 교황 특사들은 공의회의 이 결정에 어떠한 반대도 하지 않았고 모든 총대주교들과 함께 그것에

든 것을 정죄하고 파문한다. 그와 갈라서는 자는 누구든지 교회로부터 분리될 것이다. 더 나아가 나는 제2차 니케아 공의회(787년)를 제7차 세계공의회로 인정하는 바이다."(Héfélé, *Histoire des Conciles, ibid.*, p. 601) 제7차 세계공의회의 인정은 사실상 로마 교회에 제한된 것임을 주목하자. 당시 서방교회 전체로 볼 때, 상황은 그리 간단하지 않다. 그래서 서방의 주교들은 기회가 될 때마다 세계공의회들에 대해 다양한 의견을 제시했다. 그래서 혹자는 여섯 번, 혹자는 네 번, 혹자는 단지 두 번의 세계공의회를 셈에 넣는다. 제7차 세계공의회에 대해서는 거부하거나 간단히 무시하기 일쑤였다.(F. Dvornik, *Le Schisme de Photius, ibid.*, pp. 424-428) 이렇게 해서 보다시피 이콘반대주의 공의회들의 결정들에 대한 소홀과 무지는 이전 공의회들에서 정죄된 다른 이단 운동들에 대해서도 동일하게 나타난다.

23 F. Dvornik, *The Patriarch Photius and Iconoclasm, ibid.*, p. 96.

서명했다.[24]

　이콘반대주의와의 투쟁에서 제2차 니케아 공의회를 제7차 세계공의회로 받아들인 것은 중요한 형식적 행위일 뿐만 아니라 또한 이콘반대주의에 가해진 결정적 타격이기도 했다. 이후로 이콘반대주의는 결정적으로 그리고 불가역적으로 교회 전체에 의해 이단으로 정죄되었다. 이콘에 대한 공경의 교리는 이렇게 해서 그리스도교 근본 진리의 하나로 인정되었고, 형상 그 자체는 성육신에 대한 증언으로 또한 하느님을 알고 교제할 수 있게 해주는 수단으로 승인되었다.

　우리는 이미 이콘반대주의와 관련된 비잔틴 세계의 위기에 대한 서방교회의 반응에 대해서 말했다. 그럼에도 불구하고 이 문제와 관련해서 우리 시대의 여러 견해에 비추어 약간 더 보충할 필요가 있어보인다.

　이콘반대주의 시기와 마찬가지로 서방 교회는 교회 수장들을 통해 동방 교회의 정통성 있는 입장을 늘 지지해왔다. 그럼에도 불구하고, 이콘에 대한 공경도, 그것의 의미도 서방 교회의 의식 깊이 침투하지는 못했다. 우리 시대의 어느 로마 가톨릭 신학자에 의하면, 비잔틴에서 그것은 "교리의 심화와 결정에로 이끄는 교리적 투쟁이었고, 교리 발전의 진정한 한 단계였었던 반면, 이러한 투쟁을 알지 못했던 서방은 여기에 크게 주목하지 못했고, 또한 여기서 하나의 진정한 교리적 발전을 보지 못했고, 교리적

24　Ch. J. Héfélé, *Histoire des Conciles, ibid.*, 이 선언 본문은 pp. 602-603에 실려있다. 또한 다음을 참고하라. A. Vasiliev, *Histoire de l'Empire byzantin*, vol. I, *ibid.*, p. 438.

함축에 대한 진정한 파악 없이 단지 규율에 관한 문제, 형상에 대한 예식의 승인만을 보다."[25] 이콘에서 서방은 비잔틴 세계가 보았던 것을 경험하지 못했고, 그 내용을 이해하지 못했다는 것은 사실이다. 논쟁에 가담하게 되었지만, "서방은 신학적 주장에 있어서 한번도 동방을 따르지 않았고, 이콘에 대한 비잔틴 신학이 이콘과 관련된 여타의 것들과 이어지는 함축을 느끼지 못했다."[26] 그런데, 실상은 많은 것들이 여기에 관련되었다. 서방에서 이콘에 대한 태도가 바뀌어 가고 있는 우리 시대에 와서야 우리는 비잔틴에서 벌어졌던 논쟁과 그 결과의 중요성을 조금씩 의식해 가고 있다. 다니엘 로(Daniel-Rops)는 이것을 매우 잘 묘사해 주고 있다. "이콘은, 수십 년 동안 동방의 비잔틴 세계에서는 피를 부르는 투쟁의 문제였지만 서방 사람들에게는 쓸데없어 보였고 혼란스럽기만 했던 '형상 논쟁'이 결국 무엇에 관한 것이었는지를 서방 사람들이 이해할 수 있도록 해 준다. 하느님과 성인들을 표상할 수 있는지 없는지를 알아보기 위해 서로를 죽이는 것이 과연 있을 수 있는 일인가? 그러나 진실로 그것은 단지 이러한 문제에 관련된 것이 아니라, 신앙의 가장 고귀한 것들에 대한 논쟁과 관련된 것이었다. 만약 이콘이 변하지 않고 부패하지 않는 것이며, 형언할 수 없는 실재에 대한 하나의 '유형'(type, 표본)이라면, 이콘을 거부하는 것은 단숨에 이 실재를 거부하는 것이 되

---

25 M.J. Le Guillou, *L'Esprit de l'Orthodoxie grecque et russe*, Paris, 1961, p. 45.
26 F. Florovsky, Origen, *Eusebius and the Iconoclastic Controversy*, Church History vol. XIX, n° 2, June 1950, p. 3.

지 않겠는가?"²⁷

이콘반대주의와의 투쟁과 이 이단에 대한 승리는 교회 예술에 있어서 결정적인 중요성을 띠게 되었다. "바로 이 갈등이 모든 우연적이고 장식적인 요소로부터 그림을 해방시켜서 그것을 본질적인 가치를 지니는 것에 대한 표현으로 환원시키는 데 기여하였다."²⁸ 그럼에도 불구하고 본질적인 것으로의 이 회귀는 이 갈등의 직접적인 결과도, 이 갈등으로 야기된 형상의 의미에 대한 이해도 아닌 것 같다. 오히려 이 갈등은 그리스도교로 하여금 형상에 대한 그리스도론적 토대를 확인하고 정립해서, 그것의 신학적 바탕을 정식화하도록 자극했다고 말하는 것이 더 정확할 것이다. 결과적으로 교회의 회화적 언어를 정화하고 구체화하도록 해준 것은 바로 이 신학적 토대에 대한 의식이다. 이콘의 그리스도론적 토대가 잘 확립되자, 현재와 과거의 영적 체험에 기초해서 명료하게 이콘의 내용과 본질 자체를 보여주는 의식적이고 단호한 하나의 경향이 나타났다. 이렇게 해서 구심점은 지금까지 지배적이었던 이콘의 그리스도론적 측면으로부터 성령론적이고 종말론적인 측면으로 이동한다. 그 신학적 표현은 정교 승리 주일 전례, 특별히 이 축일의 콘타키온에서 발견된다. (위의 해당 부분을 참

---

27 Daniel-Rops, "Devant les icônes", *Ecclesia* n° 34, janvier 1952, p.10. 다니엘 로는 올바른 하나의 결론에 이른다. 하지만 로마 가톨릭 교인으로 형상에 대한 빗나간 개념에서 성장했기 때문에, 그는 "하느님과 성인들을 표상할 수 있는 권리"에 중요성을 두지 않음으로써 하나의 중대한 오류를 범한다. 왜냐하면 이 권리야말로 "신앙의 가장 고귀한 것들" 중의 하나요 "형언할 수 없는 실재"이기 때문이다. 또 그가 말한 "형언할 수 없는 실재"는 정확히 다른 방식이 아니라 역사적 실재를 통해서 드러나기 때문이다.

28 O. Demus, *L'art byzantin dans le cadre européen*, Catalogue L'art byzantin, Athènes, 1964, pp. 93-94.

고하라) 예술의 역사는 이러한 과정을 '영화'(靈化, spiritualisation)라고 부르는데, 이는 11세기 후반기에 거룩한 예술의 모든 장르와 심지어는 세속 예술까지 지배하게 됨으로써 그 절정을 맞이한다. 달리 말해서 이콘반대주의 이전의 예술에 이미 구체적으로 드러나 있었고 퀴니섹스트 공의회의 까논 제82항에서 그 원리가 표현되었던, 이 흐름은 지속되어 결국 지배적인 것이 되었다.

이콘반대주의에 대한 투쟁이 전체 모든 교회에 똑같이 중요했던 것과 마찬가지로, 이 시대의 교회 예술에서 확립된 여러 규정과 구상은 교회에 일반적인 영향력을 가지게 되었고 모든 정교 예술의 발전에 있어서 지도적인 원리로 사용되었다. 이렇게 해서 이콘반대주의 시기에 뒤이은 이 시대는 거룩한 예술에 대한 까논이 형성되는 것을 보게 된다. 또한 전례 전체의 일반적 형식의 확립도 바로 이 시대로 소급됨을 주목하자. 소위 '비잔틴 전례'(rite byzantin)라 불리는 결정적인 형식이 콘스탄티노플에서 확립된 것은 바로 정교 승리 직후이다. 건축, 시, 회화, 성가 등을 포괄하면서 그것들을 정교의 본질을 표현하기 위한 목적으로 향하게 하는 하나의 조화로운 전체가 정립되었다.

이콘반대주의에 대한 승리 이후에도 이콘 공경이 재빨리 도처에서 회복된 것도 아니고 또 이콘이 금방 광범위하게 보급된 것도 아닌 것 같다. 정교 승리 이후 메토디오스 성인과 이그나티오스 성인이 총대주교로 있을 동안에, 콘스탄티노플의 성 소피아 성당 후진에 있었던 보좌에 앉은 동정녀의 벽화(843-845)[29]와 황제의 궁전 입구 위에 있었던 그리스도의 이콘이 즉각적으로 복구되었다. 그러나 성 소피아 성당에도 고유한 의미에서의 이콘은 아직 존재하지 않았던 것 같다. 이것은 867년 이곳에서 거행된 어떤 이콘에 대한 엄숙한 축성식에서 포티오스 성인이 했던 설교로부터 추측된다.[30]

이콘반대주의 이후 거룩한 예술의 복구에 있어서 수많은 지역적인 흐름들이 큰 역할을 했다. 일반적으로 이 예술은 스타일과 기교가 다양하다는 점에서 9세기의 것과 구별된다.[31] 표상된 주제로 보면, 이 다양성 안에서 주요한 두 흐름이 부각된다. 첫 번째는 교리적인 차원에서 정교의 가르침을 보여준다.[32] 구체적으로 이 흐름 속에서 우리는 보다 발전된 이콘 형식을 향한, 즉 엄숙하고 종교적이며 영적인 이콘을 향한 하나의 경향을 발견한다. 두 번째 흐름은 이콘화법에 있어서 이미 패퇴한 이단과의 투

---

29 이 벽화는 이콘반대주의 기간 동안에 정교를 고백한 이콘 화가 라자로스 성인(후에 고백자로 시성되었고, 축일은 11월 17일이다)의 것으로 말해진다. A. Grabar, *Iconoclasme byzantin, ibid.*, pp.190-191을 보라

30 *Hom.* 73, éd. d'Aristarque, *ibid.*, vol. 2, pp.294-300. A. Grabar는 이 설교 연대를 858-865년으로 본다. "*Iconoclasme byzantin*", *ibid.*, p.191.

31 A. Grabar, *ibid.*, p.192.

32 특징적인 예가 고백자 '날인 받은' 테오파니스(Théophane le Marqué) 성인(10월 11일 축일)의 주교 재임시 니케아의 성모 안식 대성당에 복구된 모자이크를 통해 제공된다. 성당 후진의 십자가는 아기와 함께 있는 성모 형상으로 대체되었다. 성모 위로 상징적으로 표현된 하늘로부터 내려오는 세 빛줄기와 하나의 손이 있다. 성당 후진의 둥근 천장에는 보좌와 복음서와 비둘기로 된 삼위일체 하느님의 상징적인 형상이 위치해 있다. 그리고 하늘의 가장자리를 따라 "새벽별 이전에 내가 너를 낳았다"(시편 109)라는 문구가 적혀있다. 성탄 축일 전례에서처럼, 우리는 여기서, 시간 밖에서 이루어진 헤아릴 수도 표현할 수도 없는, 그래서 단지 성경 구절을 통해서만 지시되는 구세주의 성부로부터 출생하심과, 구세주의 동정녀로부터의 인간적 출생이라는 두 출생과 마주친다. 라자레프는 이 모자이크를 8세기 말엽(787년 직후)의 것으로 추정한다. V. Lazarev, *Histoire de la peinture byzantine*, vol. I, Moscou, p. 69(러시아어). ; 그라바르(A. Grabar)와 프롤로프(Frolov)는 이것을 843년 이후의 것으로 추정한다.

쟁을 반영한다.[33] 이 흐름은 특별히 시편(Psautier)의 삽화 속에서 드러나는데, 때때로 그것은 풍자화로까지 나아간다.[34]

그러나, 이 논쟁이 삽화 속에 나타나기는 하지만, 그것은 절대로 전례 예술에는 반영되지 않는다. 보다 정확히 말하자면, 전례 예술에서는 이단에 대한 투쟁이 논쟁과는 전혀 다른 차원에서 드러난다. 전례 예술은 고유한 의미로 보면 절대로 논쟁적이지 않았으며, 또 그 목적이 다르기 때문에 그럴 수도 없었다. 교회는 전례 속에서는 긍정적인 방식으로 자신의 신앙을 오류에 대립시키는 것으로 충분하다고 간주한다. 그래서 여기서 정교회의 대응은 참된 신앙에 대한 하나의 확언일 수밖에 없었다. 그것은 논쟁적인 이콘 화법을 전례 예술에 도입함으로써가 아니라, 몇몇 세부 사항에 대한 구체화와 가르침의 심화[35]를 통해서 드러날 수 있었다. 이 때문에 우리들은 로마 교회와의 단절과 같은 중대한 사건들에 대한 어떤 암시도 전례 예술 안에서는 만나지 못한다.[36]

9세기의 세속 예술은 거룩한 예술과 아주 가까워졌다는 것이 특징이다.[37] 이콘반대주의 황제들의 황제교황주의(césaropapisme)로

---

33 이콘의 수호자인 네 명의 정교회 총대주교가 성 소피아 성당과 접한 하나의 방에 사도들과 함께 그려져 있다.
34 예를 들자면, 아토스 성산(Mont Athos)의 클루도프(Khloudov) 시편서(Pantorator, n° 61)나 영국 박물관의 시편서가 있다. A. *Grabar, Iconoclasme byzantin, ibid.*, pp. 61, 196, 202 ; illustr. 141, 143, 144, 146, 152, 155, 157.
35 이것 또한 니케아 성모 안식 성당의 모자이크(주 32 참고)에서 그 예를 볼 수 있다. 좀 더 후에 13-14세기의 '주님의 변모' 이콘 화법에서도 예가 나타나는데, 여기서는 의심의 여지없이 이 사건과 함께 산의 상징적 의미를 살려주기 위해 그리스도께서 세 제자들과 함께 산을 올라가고 내려가는 두 장면이 이콘에 도입된다.
36 A. Grabar, *Byzance*, Paris, 1963, pp. 51-52.
37 A. Grabar, *L'empereur dans l'art byzantin*, Paris, 1936, p.173.

부터 해방된 교회는 이제 세속 예술에 자신의 인장을 표시한다. 이콘반대주의 시기에 황제들은 이단의 선두에 있었고 정교주의자들의 박해를 주도했었다면, 이제 비잔틴 황제는 교회에 그 정교성을 승인해 주지 않으면 안 되었다. 이것은 예술에서도 반영된다. 황제의 신앙심이 제국의 공적 예술의 주된 주제들 중의 하나가 된 것은 정확히 이콘반대주의 이후이다. 새로운 이콘 주제가 출현했는데, 그리스도 앞에 선 황제, 또 성모님 혹은 어떤 성인이나 십자가 앞에 선 황제가 바로 그것이다.[38]

교회의 장식 체계에 변화가 이루어진 것은 포티오스 성인의 총대주교좌 재임 기간 동안이다. 그는 이 시기 콘스탄티노플에서 정립된 이콘 화법과 그 배열에 영감을 준 사람이었다.[39] 그때까지는 교회 장식에 있어서 역사적 원칙에 따른 주제 선택이 지배적이었다면 이제는 교리적 원칙이 이 자리를 차지했다.[40] 이 새

---

38 A. Grabar, L'empereur …, ibid., p. 100. 그래서 케누르귀온(kénourguion)의 모자이크(9세기)에는 부인과 자식들을 동반한 황제 바실리오스 1세가 십자가를 향해 손을 뻗치고 있다. 황제가 들어서기 전에 먼저 입장 기도를 경청하고 세 번 절해야만 했던 성 소피아 대성당의 입구(9세기) 위쪽에는 보좌에 좌정하신 그리스도와 그 앞에 무릎 꿇고 있는 황제(Léon VI ?)가 표상되어 있다.(A. Grabar, ibid., p. 101) 그리스도께서 손에 들고 있는 복음서에는 "너에게 평화"와 "나는 세상의 빛이다"(요한 8:12)라는 말씀이 적혀 있다. 이 말씀들에 근거해서 그라바르는 여기서 사람들은 '평화의 수여자'와 '로마의 빛을 담지한 자'라는 황제의 두 가지 본질적인 특징을 그리스도에게 귀속시켰다는 결론을 이끌어 낸다. 왜냐하면 황제실록(panegyrique)에서 황제들은 3, 4세기 이래로 이렇게 불리었기 때문이다. 그러나 불행하게도 우리는 그라바르의 주장이 일리 있는 것이라고 말할 수 없다. 사실, 그리스도의 말씀을 포함하는 복음서들은 황제실록보다 시기적으로 앞서기 때문에, 비록 황제실록이 그리스도가 빛이신 것처럼 황제도 빛이라고 칭했을 수는 있다해도, 그 반대 즉 황제가 빛인 것처럼 그리스도도 빛이라고 하는 것은 아무런 근거가 없기 때문이다.

39 Manolis Chadzidakis. A. Grabar, La peinture byzantine du haut moyen âge, Paris, 1965, p. 22.

40 V. N. Lazarev, Les mosaïques de Sainte-Sophie de Kiev, Moscou, 1960, p. 36(러시아어) ; M. Alpatov, Histoire générale des arts, T. I. p. 229(러시아어) ; Ch. Diehl, Manuel d'art byzantin, Paris, 1926, pp. 486, 496 ; P. Lemerle, Le style byzantin, Paris, 1943, p. 83.

로운 체계는 둥근 천장의 십자형 교회 형식이 광범위하게 확산되는 것과 거의 동시에 채택되었다. 이러한 양식의 교회 건축은 하나의 둥근 천장을 얹고 있는 입방체를 원리로 한다.[41] 그와 같은 건축은 정교회의 전례적 사고의 원리들을 건축 안에서 가장 완벽하게 표현해 준다.[42] 외부에서 출발해서 내부를 향해 나아감으로써 형식에 내용을 부여해 주는 고전적인 건축과는 반대로 정교회의 건축은 내부에서 외부로 향해 나아감으로써 내용에서 출발해서 그 내용에 형식을 부여해 준다.[43] 둥근 천장의 십자형 교회는 그것의 장식과 함께 그것의 상징적인 의미를, 또 가능한 범위 안에서 교회의 정교 교리를 보다 명확하고 돋보이는 방식으로 나타내게 해 준다. 이 건축은 모든 정교 세계에서 기본적인 것으로 채택되었다. 그것은 지역적 취향에 따라 수정되고 더욱 정교해졌고 새로운 미적 표현들을 받아들였다. 구성의 다양성, 건축과 장식의 새로운 발전은 다양한 지역에서 이루어졌고, 이어서 비잔틴 건축에 반영되었다.[44]

장식의 변화에 대한 처음 가는 예들 중의 하나는 황제 미카엘 3세에 의해 건축된 콘스탄티노플의 교회였던 것 같다. 우리는 이

---

41 비잔틴에서 이러한 유형의 교회들은 5, 6세기부터 존재해 왔다. 데살로니끼에서는 5세기의 것, 또 에데사에서는 6세기의 것으로 추정되는 그런 유형의 교회를 볼 수 있다. 8세기 것인 로마의 성 제논 성당도 둥근 천장이 위에 얹혀진 입방체 모양을 띄고 있다. A. Grabar, *Byzance, ibid.*, pp. 90-92.

42 K. Onasch, *Ikonen*, Berlin, 1961, p. 85.

43 P. Michelis, *Esthétique de l'art byzantin*, Paris, 1959, p. 62.

44 R.A. Katznelson, "La question des rapports entre l'architecture des Slaves de l'Orient et du Midi", *Vizantiisky Vrémennik* XIII, Moscou, 1957, pp. 242-262(러시아어), 동반 저자인 N. Mavrodinov, "L'Architecture byzantine", *Vizantiisky Vrémennik* XIV, Moscou, 1958, pp. 277-283(러시아어).

장식을 이 교회의 봉헌식(864년)에 행해진 포티오스 성인의 설교를 통해서 알고 있다.[45] 천장에는 있는 그리스도 이콘[46]은 "땅을 감독하는 것처럼 보이며 땅의 배열과 통치를 계획하신다. 화가는 이렇게 형식과 색깔을 통해서 우리를 향하신 창조주의 배려를 표현하고자 원했다. 샹들리에는 수많은 천사들이 왕의 호위대를 형성한다. 제단 위의 성당 후진에는 우리의 보호자로서 그 순결하신 손을 들고 계시는 성모님이 빛난다. 사도들과 순교자들과 예언자들과 신앙 선조들의 합창대가 그들의 형상으로 교회 전체를 가득 채우고 장식한다."[47] 유사한 장식 체계가 성당 봉헌식에 즈음한 황제 레온 4세(Léon IV, 886-912)의 두 연설문에서도 언급

---

45 이 교회가 어느 교회였는지 우리는 정확히 알지 못한다. 라자레프(V. Lazarev, *Mosaiques de Sainte Sophie de Kiev, ibid.*, p. 35)와 젠킨스, 망고(Jenkins et Mango, *Dumbarton Oaks Papers* 8, 1965) 같은 사람은 그것이 파로스(Pharos)의 성모 성당이었다고 생각한다. 그러나 그라바르(A. Grabar, *L'iconoclasme byzantin, ibid.*, pp. 183-184)는 그것이 오디공(Odigon)의 교회였다고 본다.

46 이콘반대주의 이전에 그리스도는 성당 후진에 표상되었다. 그 예로 로마의 '성 코스마스와 다미아누스' 성당(l'église des saint Côme et Damien)과 라벤느(Ravenne)의 '성 비탈' 성당(l'église de st. Vital)이 있다. 6-7세기의 이집트와 아르메니아의 여러 성당과 소성당이 이러한 이콘화법의 다양한 예를 제공한다. 서방에서는 이러한 용례가 중세를 거쳐 오늘날까지 유지되어왔다. 아시아의 그리스도교인들도 사정은 마찬가지였음에 틀림없다. 비잔틴의 지배하에 있었던 지역 중에서 소아시아(Cappadocia와 Smyrne 근처의 Latmos)에서는 계속해서 그리스도를 성당 후진에 표상했다. 사람들은 또 이 후진에 하느님에 대한 다양한 예언적 환상을 표상함으로써 묵시적 동기들을 추가했다. 소아시아에서는 그러한 구성이 11세기까지 반복되었다. 9세기 콘스탄티노플에서는 바실리오스 1세가 건축한 성모 성당과 성 소피아 대성당, 또 10세기의 여러 성당에서 후진은 성모의 형상으로 채워졌고, 대신 그리스도의 형상은 천장으로 옮겨졌다. 그러나 바우이(Baouit)와 사크라(Saccra) 같은 곳에서는 이미 6세기에 동정녀의 이콘이 후진에 나타남을 볼 수 있다.(A. Grabar, "Sur les images de la visions théophaniques dans le narthex", *Cahiers archéologiques*, Paris, 1962) 우리는 또한 문서 자료들을 통해서 11세기에 비잔틴뿐만 아니라 러시아와 발칸 지역과 코카서스에 이르기까지 모든 성당에서 성모는 규칙적으로 후진에 표상되었고, 그리스도는 천장에 표상되었음을 알 수 있다.(A. Grabar, "Sur les images de la visions théophaniques dans le narthex", *ibid.*, pp. 374, 375.)

47 P.G., 102, 293 D.

된다.[48]

새로운 장식 체계와 결합된 둥근 천장의 십자형 교회 건축은 성전에 대한 그리스도교적 개념과 그것의 전례적 의미를 가장 충만하게 표현해 준다. 한 서방 저자는 "그것은 이콘 교리의 가장 빛나는 창조"라고 말한다.[49] 이런 형식의 교회에서 건축상 중심은 그 의미의 중심과 조응하며 장식의 모든 주제들은 바로 [건축과 의미] 이 유일한 중심을 둘러싸고 배열된다. 여기서 모든 것은 교회의 공번성(Catholicité)을 보여주는 일반적 계획에 복무하며, 모든 것이 이 광범위한 통일성 안에 속하게 된다. 둥근 천장의 그리스도와 후진의 성모를 중심으로 해서, 인간이 되신 하느님(하느님-인간)이신 그리스도 안에서 새로운 피조물이 되도록 부름 받은 천상과 지상의 모든 피조물이 집결된다. 천사들의 권세, 인간, 동물, 새, 식물과 천체 등 우주 전체가 하느님의 유일한 성전을 형성하기 위해 연합된다. 전체 세계가 교회의 지붕 아래서 평안을 누린다. 이 세계의 통일성은 인간의 타락으로 인해 파괴되었지만 그것은 다시 회복될 것이고, 교회는 바로 이 회복된 통일성의 형상이다. 그것이 바로 교회가 가지는 우주적 의미이다. 왜냐하면 우주 전체는 그리스도의 몸인 교회에 속하며, 이 우주는 그리스도의 부활 이후 그의 영광에 참여하고 그의 권능 아래 놓여있기 때문이다. "나는 하늘과 땅의 모든 권한을 받았다."(마태오 28:18) 저주받은 땅(창세기 3:17)은 축복 받은 땅이 되고, 새 하

---

[48] A. Grabar, *L'iconoclasme byzantin, ibid.*, p. 186.
[49] H.J. Schulz, *Die byzantinische Liturgie*, Freiburg I, Breisgau, 1964, S. 22.

늘 아래 있는 새 땅의 만물로 변한다. 교회의 우주적 의미는 단지 건축이나 예배당 장식뿐만 아니라 몇몇 이콘의 주제에서도 표현된다.("은총으로 충만한 당신 안에서 모든 피조물이 즐거워합니다.", "모든 호흡이여, 주님을 경배할지어다.") 하느님 안에서의 만물의 연합, 그리스도 안에서 갱신되고 변모될 다가올 우주는 피조 세계를 안으로부터 황폐화시켜온 적대성과 투쟁에 대립한다.[50] 벽면 장식(이콘에서처럼)에 표상된 동식물 세계(예를 들어 기하학적인 식물 장식)는 단지 보충적인 장식일 뿐만 아니라 피조 세계가 인간을 통해서 하느님 왕국에 참여함을 표현해 준다. 이렇게 그림은 현실 그 자체와 조응하는데, 왜냐하면 인간은 단순 봉헌물에서 성찬 희생 제물에 이르기까지 피조 세계의 만물을 교회에 가져오기 때문이다.("당신의 것인 이 세상의 모든 것 중에서 특히 이 예물을 우리에게 베푸신 모든 은혜에 대한 감사로서, 모든 곳에서 당신께 바치나이다.") 그리스도교 교회의 의미는 전례 안에서 충만하게 실현된다. 그리스도의 살과 피를 나누는 살아있는 교제를 통해 사랑의 영으로 모든 지체들을 재연합시키는 한 인격체 안에서 천상 교회와 지상 교회가 연합을 이룩할 때, 교회의 건축과 장식은 충만한 의미를 획득한다.[51] 만물의 연합이 실현되는 것은 그리스도의 살과 피 안에서, 오직 그리스도를 통해서 가능하며, 바로 이 충만한 연합 안에서 성전은 이콘반대주의 이전의 전례 신학 교부들이 보았던 바의 충만한 의미를 획득한다. 그것은 종말론적 성취를 향한 도약으로 부름 받

---

50 E. Troubetskoy, *Une théologie en images*, Paris, 1965, p. 43(러시아어).
51 E. Troubetskoy, *ibid*.

은 교회의 형상이다. 실재로나 형상으로나, 교회는 다가올 하느님 나라의 일부이다.[52]

여기서 모든 것은 인간에 중심을 두는데, 그것은 하느님 인식과 그분과의 교제를 향해 올라가는데 가장 유익한 조건들 속에 인간을 정위시키기 위해서다. 정교회에서는 "내적 반성, 고독한 명상, 자신의 비밀과의 오랜 대면"[53]을 위한 어떤 장소를 창출해내기 위해 노력하는 대신, 오히려 인간을 교회의 공변된 일치 안에 포함시키는 것을 목표로 한다. 천상과 지상의 모든 교회가 "한 입과 한 마음으로" 하느님을 고백하고 영광 돌릴 수 있도록 말이다.

로마 가톨릭 교회에서는 교회 건축과 그 장식이 다양하게 구별되며, 또 영성의 흐름에 따라 건축 양식이 종종 근본적인 변화를 겪어왔다면, 정교회에서는 반대로 성전을 교회와 우주의 상징적 형상으로 이해해 왔고, 따라서 이 의미를 가장 잘 전달해 줄 수 있는 건축과 회화적 표현을 끊임없는 탐구해 왔다. 반대로, 풍요롭고 다양한 건축을 가지고 있다 하더라도 가톨릭 교회에서는, 하나의 적절한 표현이 발견되면 적어도 그 주요한 특징은 결정적으로 채택된다. 정교회에서는, 주교좌 대성당이든, 수도원 교회 혹은 교구 교회든, 또 장례식을 위한 소성당이든 간에 교회의 유형이나 그 용도와 상관없이, 교회 장식 계획은 교회의 의미를 최

---

52 교회와 장식의 상징주의에 대해서는 다음을 보라. L. Ouspensky, "Symbolik des orthodoxen Kirchengebäudes und der Ikone", *Symbolik der Religionen*, Stuttgart, 1962, pp. 56-68.

53 R. Cogniat, "Architectures de la foi", *Le Figaro*, 10 sept. 1964.

대한 살리고자 한다는 원칙에 있어서 늘 동일하다.⁵⁴ 이 장식 체계는 건물의 용도나 기능에 크게 좌우되지 않는다. 반대로 그것의 불변성은 모든 그리스도교의 교회는 본질적으로 전례를 위한 장소라는 점에 근거한다. 확실히, 벽화는 이상적인 균형을 벗어날 수도 있고, 장식의 완벽성도 정도의 차이가 있을 수 있다. 그러나 강조점이 어떠하든 간에, (그리스도론적이건, 마리아론적이건, 혹은 성인이나 여타의 측면을 강조하건 간에) 그 바탕은 언제나 동일하다. 이것은 이 바탕을 구성하는 주제들이 변하지 않는다는 것을 의미하지는 않는다. 그것들 또한 당연히 계속 발전해 왔고, 그 다양한 측면에서 구체화되어 왔다. 그러나 이콘반대주의 시기 이후에 확립된 장식의 고전적 체계는 정교회에서 적어도 17세기까지는 일반적인 규범으로 남아있었다.

포티오스 성인 시대에 그의 주도로 "불가리아, 샤자르(Chazars), 러시아, 모라비아의 슬라브족, 게다가 이미 분파가 된 아르메니아 그리스도교인들 (그들을 정교로 이끌기 위해) 속에 새롭게 선교가 이루어졌다. 또한 그의 동료 신학자들은 아랍인들에게 그리스도교 선교 활동을 시도했었다."⁵⁵ 이 시대의 벽화와 삽화에는 선교

---

54 A. Grabar, *Byzance, ibid.*, p. 52.
55 A. Grabar, *L'iconoclasme byzantin, ibid.*, p. 223. 863년에 콘스탄티노스와 메토디오스 성인 형제는 모라비아로 출발했다. 그들 사후, 독일 사제들에 의해 핍박을 받은 그 제자들은 보헤미아로, 또 세르비아를 거쳐 불가리아로 피신했다.(Archim. Pierre L'Huillier, *Les relations bulgaro-byzantines aux IX-Xe siècles*, Théssalonique, 1966, pp. 222-223) 867년 동방의 총대주교들에게 보낸 편지에서 포티오스 성인은 러시아 민족이 개종했고 이들을 위해 주교 한 명을 파견했다고 말한다. 그레고리(Grégoire, "Etudes sur le IXe siècle", *Byzantin* VIII, 1933, pp. 553, 538)는 포티오스가 말하고 있는 이 주교가 크림이나 코카서스가 아니라 키에프로 보내졌다고 생각한다.

의 비약에 맞추어 사도적 설교의 계승과 성령의 구원 경륜을 표현하는 주제들이 나타났다. 그리스도께서 사도들을 설교자로 파견하는 장면, 다양한 민족에게 사도들이 설교하는 장면, 여러 민족의 경배를 받으시는 그리스도의 모습 등이 그 예이다. 또한 오순절 성령 강림 이콘에 군중의 모습이 도입되는데 그들은 사도들이 복음을 설교했던 다양한 민족을 표상한다.(사도행전 2:9-11)

비잔틴 교회의 이러한 선교는 일반적으로 제국의 확장과 강화에 따른 예술, 문화, 정치의 전파로 설명된다.[56] 교회는 문화, 정치와 연결되어 있었기에, 정교의 선포와 함께 문화의 영향력과 제국의 이해(利害)가 널리 추구되었다는 것은 분명하다. 이것은 또한 문화 그 자체가 신앙에 의해 조건 지워졌기에 더욱 그렇기도 하다. 문화는 교리적 전제들과 밀접하게 연결되어 있었고, 그 영향을 받았으며 그 역 또한 사실이다. 선교는 종종 국가적 이해관계와 일치했다. 국가는 자신의 고유한 목적을 위해 가능한 한 선교를 독려했다.[57] 그럼에도 불구하고 선교의 중심은 본질적으로 정교의 선포였다. 그것은 교회의 선교였고, 포티오스 총대주교의 정책은 카이사르의 왕국을 전파하고자 하는 바람이 아니라 정교의 본질적 특징인 교회의 공번성에 의해 인도되

---

56 9-10세기에 소아시아, 시리아, 이탈리아 남부 지역이 재정복되었다.

57 "그리스도교 설교자들은 일반적으로 종교적 가르침을 가장한 정치적 목적을 추구했다"거나 또 "교회가 안전을 보장해 주는 자격으로 하느님께서 확립하신 제도라면서 봉건적 체계를 백성들에게 쉽게 부가할 수 있었다"고 확신 있게 말하기는 어렵다.(O. Dombrovsky, *ibid*., p. 6) 이러한 종류의 과감한 주장들은 확인된 역사적 사실로부터 나온다기보다는 오히려 과학적 틀뿐만 아니라 최소한의 관례조차도 무시하게 만드는 저자 자신의 기질에서 연유하곤 한다.(예로 *ibid*., p. 101을 보라)

었다. 이렇게 해서 '수출'된 거룩한 예술은 정확히 정교의 선포를 위한 것이었지 그리스도교적인 문화 혹은 제국 문화의 확산을 의미하는 소위 '문명화'를 위한 것은 아니었다. 확실히, 교회 예술이 지배적인 것이 되자 문화도 거룩한 예술의 형식과 매우 흡사한 세속적인 예술을 가지게 된다. 그러나 정교의 회화적 언어의 통일성은 비잔틴 제국의 문화적, 예술적 영향에 기인한 것이 아니라 교리와 영적 삶의 통일성의 결과요 발현이다. 이 예술로부터 나온 작품들은 정치적인 면에서나 종족적인 면에서 어떠한 공통점도 찾아볼 수 없는 다양한 국가들에 흩어져 보존되어 왔다. 몇몇 세부적인 차이들에도 불구하고, 국가간의 본질적인 차이는 거룩한 예술에서 거의 발견되지 않는다.[58]

정교 선포에 있어서 예술은, 다시 한 번 반복하지만, 문화의 전달 수단이 아니라 신앙의 전달 수단이었고, 신앙의 본질적이고 유기적인 요소들 중의 하나를 구성하는 것이었다. 그리스도교를 수용한 민족들은 그리스도교 세계의 심장부에서 정립된 교회의 회화적 언어도 받아들였다. 민족들은 예술적인 형식에 각인된 진리의 살아있는 표현으로 이 언어를 받아들였다. 교회 안에 새롭게 들어 온 민족들은 교회의 과거 현재 미래를 통합적으로 받아들였다. 아리우스와 네스토리우스, 이콘반대주의 이단들은 그들에게 낯설기는커녕 오히려 그들의 신앙과 진리에 관련된 것이었다. 그래서 교회가 이 이단들에게 던진 응답은, 어떤 형

---

58 A. Grabar, *Byzance, ibid.*, p. 122. 그렇지만 신앙이 다르다면 그 차이는 종족적으로 인접해 있고 정치적으로 연합된 민족들의 예술 안에서조차 분명하게 반영된다.

태로든 재발할 가능성이 있는 이 오류들에 대한 해독제로 여겨졌다. 또한 새로운 민족들은 교회에 다양한 민족적 특징을 가져왔고 교회에 합당한 방식으로 자신들의 고유한 성덕(sainteté)과 그 표현으로서의 거룩한 예술을 꽃피웠다. 민족들은 수동적이지 않았고, 지역의 예술적 전통을 [교회 예술에] 결합하는 등 창조적인 방식으로 교회의 회화적 언어를 받아들였다. 이렇게 해서, 공통의 바탕 위에서 각각의 민족은 자신의 예술적 언어를 정리했으며 통일성 안에서 다양성을 발전시켰다. 정교 국가들의 예술적 독창성은, 정교회에서는 신앙과 성사의 통일성이 민족 문화적 특수성을 띤 전례, 예술, 그 밖의 교회적 삶의 다양한 발현 형태를 배제하지 않을 뿐만 아니라 오히려 이 통일성은 항상 새롭고 갱신된 그래서 독창적이고 창조적일 수밖에 없는 전통(Tradition)의 생생한 체험을 함축하는 것이기에 가능했다. 로마 가톨릭과는 반대로, 정교회는 항상 각각의 민족 안에서 교회의 민족적 특징을 발전시켰다.[59] 정교 선교사들은 그들의 언어를 강요하지 않았을 뿐만 아니라 반대로 성경과 전례서를 그들 지역 언어로 번역하기 위해서 알파벳과 문법을 필요에 따라 만들어냈다. 교회 예술 언어의 바탕은 변함없었고, 또 이 바탕 위에서 각 민족들은 진리에 대한 직접적이고 생생한 체험을 통해서 거룩한 회화 언

---

59 G. Moravscik, "Byzantinische Mission im Kreise der Türkvölker an der Nordiküste des Schwarzen Meeres", *Main Papers*, 13 th Byzant. Congress, Oxford, 1966, p. 14. ; I. Dujcev, "Les centres de contact et de collaboration byzantino-slaves", *Troudy Otdéla drévnérousskoï literatoury* XIX, 1963, pp. 107-108(러시아어).

어를 정립했다.[60] 성덕과 형상은 모두에 의해 받아들여진 하나의 바탕 위에서 재창조된다. 성덕과 형상은 또한, 생생한 체험의 결과이기에, 민족적 형태와 특징을 받아들인다. 이렇게 해서 러시아, 세르비아, 불가리아의 전형적인 성덕의 유형과 그것에 조응하는 고유한 이콘 유형이 나타나게 되었다.

선교와 거룩한 예술 영역에서의 포티오스 성인의 활약은 한편으로는 슬라브 민족들의 개종을, 다른 한편으로는 11세기 예술의 부흥을 가져왔다. 이 활짝 개화된 예술은 슬라브 민족들에 의해 폭넓게 그리고 재빠르게 수용되었다.

"11세기 후반기부터 콘스탄티노플의 역할은 예외적일 정도로 놀라운 것이었다. … 그 영향력은 모든 방면으로 퍼져나갔다. 카파도키아, 라트모스, 코카서스, 러시아, 세르비아, 불가리아, 아토스 성산, 이탈리아에서 그것을 확인할 수 있다. 그 영향력은 거의 모든 동방 그리스도교 민족들의 노력에 깊이 각인되어 그들 모두를 하나의 동일한 전체로 결합시켰다."[61]

11-12세기는 비잔틴에 있어서 정치 영역에서나 교회의 영역에서나 아주 활발한 시대였다. 비록 정치 영역에서는 결국 "1204년의 재앙을 계기로 치명적인 쇠락으로 접어들 조짐들이 서서히 나타나는 국면"[62]으로 들어서게 되었지만, 반대로 문화와 신학의

---

60 내용은 다 같은 하나이지만 민족적으로 다양한 형태를 취하는 사회주의적 문화라는 20세기의 마르크스주의 개념은 사실 정교회의 이 근본적 개념에 대한 하나의 변종이라 할 수 있다.

61 V. Lazarev, *L'Histoire de la peinture byzantine, ibid.*, p. 105(러시아어).

62 H. Evert-Kappesova, *Supplément au rapport de N. Svoronos*, 13ᵉ Congrès byzantin, Oxford, 1966, Supplementary papers p. 121.

영역에서 이 두 세기는 개화의 시기였다고 할 수 있다.

이미 10세기는 신신학자 시메온(Syméon le Nouveau Théologien, 949-1022) 성인을 정점으로 하는 영적 삶의 재부흥을 보게 된다. 시리아의 이삭(Issac le Syrien) 성인의 저작들이 그리스어로 번역되었고, 시나이산의 필로테오스(Philothée le Sinaïte)의 '예수의 기도'에 관한 저작들과 엑디코스의 엘리야(Elie Ecdicos, 사실, 우리는 그의 생애를 정확하게 연대 추정할 수 없다)의 글들이 출현했다.[63] 신신학자 시메온 성인의 글들은 콘스탄티노플의 종교, 문화에 깊숙이 침투했고, 그가 살아있을 동안뿐 아니라 특별히 그의 사후, 제자들에 의해 널리 보급되었다.[64] 콘스탄티노플과 함께 여러 정교 국가들과 밀접하게 연결되어 있는 아토스 성산이 영적 삶에 있어서 아주 특별한 중요성을 갖게 된다. 발칸 지역과 러시아에서 영적 저작의 번역 등 활발한 활동이 전개되었고, 아토스 성산이나 콘스탄티노플과 연결된 여러 수도원이 세워졌다. 이들 나라에서 영적 삶은 성덕에 있어서 큰 빛을 보여주는 민족적 특성을 획득하기 시작한다. 이 위대한 영적 개화는 거룩한 예술이 피어나게 할 기름진 토양이었다.

다른 한편, 11세기는 교회 역사에서 오늘날까지도 극복하지 못한 끔찍한 재앙을 보게 되는데, 그것은 그리스도교 세계의 서

---

63 Syméon le Nouveau Théologien, *Catéchèses*, Introduction, texte critique et notes par Mgr Basile Krivochéine, t. I, Paris, 1963, p. 41, note 2.

64 Syméon le Nouveau Théologien, *ibid.*, p. 61. 이미 그가 살아있는 동안에 붙여진 '신신학자'라는 이름은 "신비적 삶의 혁신자"(*ibid.*, p. 53, note 1)를 의미한다.

방이 분리된 것이다. 서방 교회뿐 아니라 보고밀(bogomile)과 카타르(cathare) 이단과의 논쟁, 게다가 교회 내부에서의 오류들과의 투쟁은 역설적으로 신학적 사유의 도약에 공헌하였다.

우리가 보아왔듯이, 지금까지 서방과 동방이 항상 합의에 도달했던 것은 아니며, 매우 종종 그들 사이의 공동 행동은 심각한 오해와 결합되어 있기도 했다. 그럼에도 불구하고 그것은 진정 동일한 한 교회의 두 구성원 사이의 공동 행동이었다. 로마의 총대주교는 교회의 한 부분이었고, 그래서 작지 않은 또 심각하다고도 할 수 있는 모든 오해들은 어느 정도 희미하게 가려졌으며 따라서 로마 총대주교좌와 다른 교회와의 일치, 공통의 성사적 삶에의 참여를 방해하는 데까지 이르지는 않았다. 그것은 다른 지역 교회들과 같은 잔을 마시고 같은 빵을 나누어 먹는 그리스도의 몸의 한 지체였다. 그래서 로마 교회에 부족한 모든 것은 공통의 유산에 의해서 채워질 가능성이 있었고, 또 역으로 서방의 영적 풍요는 하나인 교회의 공통 보고(寶庫)로 들어갔다. 그러나 11세기 로마는 교회의 나머지 부분과 갈라섰다. 성사에 있어서의 상호 교제는 단절되었고, 로마 교회는 이 성령론의 시대에 교회의 공통의 삶으로부터 스스로를 잘라내었다. 그래서 동방의 형식을 받아들여 사용했던 로마네스크 시대의 놀라운 창조적 약동도 오래가지 못할 모닥불에 불과했던 것이다. 나중에 로마네스크 시대의 말기에 가면, 서방의 거룩한 예술은 그 의미와 용도와 존재 이유를 배반함으로써 점차적으로 세속화의 길에 들어서게 된다.

1053-1054년의 로마 교회와의 논쟁은 무교병(azyme) 문제에 집

중되었다. 거의 동일한 시기에 중심적인 교리 문제에 관한 갈등이 악화되었는데, 그것은 니케아-콘스탄티노플 신조에 필리오케(Filioque)라는 문구를 삽입한 문제와 관련된 것이었다.[65] "11세기 말엽, 필리오케 논쟁은 더욱 가열되었다. 그것은 비잔틴의 논쟁적인 거의 모든 문헌에서 제기되었다. 12세기에 오면 이 문제는 그것에 할애된 문헌의 양으로 보거나 적어도 그 중요성에 있어서 거의 지배적이었다. 1098년의 바리(Bari), 1112년의 콘스탄티노플 주교회의(synode)에서 희랍 세계와 라틴 세계 신학자들 간의 논쟁은 주로 성령의 발출(la procession du Saint-Esprit) 문제와 관련되었다."[66] 1062년 공의회는 요한 이탈로스와 그가 대표하는 헬레니즘 철학의 흐름을 단죄하였다. 이탈로스가 이콘 공경을 반대했다는 점이 그를 정죄한 이유 중의 하나임을 주목하자.[67] 12세기에는 "희생 제사를 드리는 분도, 희생 제물이 되신 분도 바로 당신이십니다"라는 전례 문구와 관련하여, 또한 감사의 성만찬 희생제사가 성부 하느님께 드려지는 것인지 아니면 삼위일체 하느님께 드려지는 것인지에 관해서 라틴 신학에 경도된 신학자들과의 논쟁이 일어났다.[68] 1156년과 1157년의 공의회는 성만찬

---

65 A. Poppe, "Le traité des azymes", *Byzantinion*, t. XXXV, 1965, p. 507.
66 *Ibid.*, p. 508.
67 A. Vasiliev, *Histoire de l'Empire byzantin*, Paris, 1952, p. 126.
68 P. Tchéremouhine, "Le concile de Constantinople de l'année 1157 et Nicolas évêque de Méthone", *Bogoslovskiyé Troudy* I, Moscou, 1959, pp.157-158(러시아어). "La doctrine de l'économie du salut dans la théologie byzantine" *Bogoslovskiyé Troudy* III, Moscou, 1964, pp.154-156(러시아어). Archevêque Basile, "Les textes symboliques dans l'Eglise orthodoxe", *Messager de l'Exarchat du patriarche russe en Europe Occidentale*, n° 48, 1964, p. 211.

에 대해 이단적 개념을 가진 사람들을 "새롭고 낯선 교리의 발명자"[69]로 정죄한다.

    11, 12세기의 교리 투쟁은 정교회의 주요한 과제였다. 이단들과 오류에 맞선 신학적 논쟁과 영적 삶에 있어서의 발전은 거룩한 예술에서 소위 '영화'(靈化)라고 말해지는 것을 통해서 명확하게 반영된다. 라자레프에 의하면 이 예술은 전무후무하게 "이념적 포화 단계"에 이르렀다.[70] 12세기의 놀라운 개화는 이런 점에서 "다가올 세기에 하나의 규범, 교회법의 양식으로 확립된"[71] 11세기 예술의 연장에 다름 아니다. 이 예술은 가장 충만하게 정교의 영적 경험을 반영하는 형식을 얻는다. 이 시기 형상은 명증성과 명확함을 획득함으로써 가장 적합한 표현의 정점에 이르렀다. 이 예술은 영적 체험의 실재 그 자체와 불가분하게 연결된다. 형식은 여기서 그 내용의 가장 완벽하고 가장 설득력 있는 전달, 즉 신자들의 관심을 원형으로 인도하고 고정시켜 주며, 그 원형과의 닮음을 획득하도록 도와주는 형식으로서 인식되고 실현되었다. 바로 이 점에서 이 예술이 신신학자 시메온 성인이 대표하는 영성의 유형과 조응한다는 사실이 역력하게 드러난다. 시메온 성인에게는 "고통 받고 멸시 받는 그리스도는 항상, 동시에, 무엇보다도 영광 안에서 부활하시고 변모되신 그리

---

69 P. Tchéremouhine, *Bogosl. Troudy* I, ibid., p. 96.
70 13e Congrès byzantin, Oxford, 1966, 바이츠만(K. Weitzmann)의 발표에 대한 구두 응답에서.
71 K. Weitzmann, "Byzantine miniature and icon painting in the eleventh century", 13e Congrès byzantin, Oxford, 1966, Main papers VII, p. 18.

스도이다."[72] 예술은 시메온 성인과 그 제자들이 누린 영적 관상의 이 특징적인 아름다움을 표현하도록 허용해 주는 수단들을 발견한다. 이렇게 발견된 회화적 언어는 변화하는 것(왜냐하면 그 형식은 살아있는 체험에 관련되기에, 시대에 따라 다양해지고 수정되기 때문이다.)임과 동시에, 영적 체험 그 자체가 그 본질에 있어서는 여전한 것이기에, 또한 안정적이다.

12세기 말엽에 이르러, 내외적 원인들이 비잔틴 국가를 총체적인 해체로 몰아갔다. 제국은 유럽의 영토를 잃었고, 동방에서는 봉건체제의 발전으로 인한 국가 내부의 사회적 투쟁에 직면해야 했다. 대중적이지는 않았어도 그리스인들 사이에 라틴 세계의 영향을 받은 사람들이 증대했지만 더불어 로마 교회가 제국의 정교로부터 분리된 이후 라틴 세계를 향한 적대 감정은 증대일로에 있었다. 이러한 상황에서 정치적인 이익을 위해 교회의 일치 문제를 해결하고자 했던 꼼네누스(Comnène) 황제들의 거듭된 시도는 불씨에 기름을 붓는 격이었다. 이 모든 것이 제국의 역량을 갉아먹었고, 13세기 초의 재앙으로 이끌었다. 1204년 부활절 후 월요일, 제4차 십자군 기사들이 콘스탄티노플에 쇄도했다. 예술의 세계적 수도는 약탈당했다. "고전 예술의 거대한 유산과 사도시대의 거룩한 성유해가 파괴되거나 유럽 전역으로 흩어져 버렸다."[73] "콘스탄티노플은 라틴 세계에 의해 저질러진 황폐화로

---

72 Syméon le Nouveau Théologien, *ibid.*, p. 247, note.
73 Th. I. Ouspensky, *Histoire de l'Empire byzantin* III, Moscou-Léningrad, 1948, p. 339(러시아어).

부터 결코 복구되지 못했다. 쇠약해진 제국은 4-5세기부터 축적해 온, 비교할 수 없는 천년의 풍요를 되찾을 기력이 없었다."[74] 콘스탄티노플의 함락은 정신적인 면에서나 물질적인 면에서 비잔틴 제국에 결정적인 재앙이었다. 그 이상 거룩할 수 없는 것들에 대한 유린은 그리스 민족의 영혼에 깊게 각인되었고 정교 세계 전체에 반향을 불러 일으켰다. 콘스탄티노플의 약탈은 12세기 예술의 찬란한 재부흥에 종지부를 찍었다. 비잔틴의 화가들은 대규모로 발칸 지역으로, 동방과 서방으로 피난해야만 했다.

그럼에도 불구하고, 비잔틴은 영적으로나 문화적으로 정복되지 않았다. 그것의 역할은 정치적 민족적인 차원에서는 종말을 맞이했을지언정, 문화적인 관점에서 또 종교적인 차원에서 그것은 여전히 할 말이 있었다. 이것은 14-15세기 팔레올로그(Paléologue) 시대에 이루어졌다.

---

74 *Ibid.*

11장

헤지카즘과 인본주의 : 팔레올로그 시대의 재부흥

1261년 그리스인들이 콘스탄티노플로 복귀했을 때, 국가는 붕괴 일보직전이었고, 가난과 전염병이 횡행했으며, 한 세대 동안 세 번이나 일어난 내전은 제국을 황폐화시켰다. 반면 미카엘 팔레올로그(Michel Paléologue) 황제는 로마와의 일치(1274년의 리옹의 일치 공의회)를 위해 계속해서 협상을 지속해 나갔다. 이러한 상황에서, 비잔틴에서는 마지막이 될 소위 "팔레올로그의 재부흥"[01]이라고 일컬어지는 거룩한 예술의 재부흥이 일어났다.

오늘날 대부분의 사람들은 이 발전을 니케아 제국 기간 동안

---

01 얼마전까지만 해도 "팔레올로그의 재부흥"은 거의 수수께끼처럼 여겨졌다. 경제 정치적 상황과 극적으로 비교되는 이 재부흥이 도대체 어떤 영향 아래서 일어날 수 있었는지 사람들은 자문했다. "사람들은 그것을 이탈리아 트레첸토(Trecento)의 영향으로 설명하고 싶어했다. 그러나 이 가정은 거의 설득력이 없는데, 왜냐하면 몇몇 고립된 예외를 제외하면 오히려 이 당시 이탈리아의 예술에 영향을 준 것은 바로 그리스 예술이기 때문이다."(P. Lemerle, *Le style byzantin*, Paris, 1943, p. 35-36 또한 A. Grabar, *Byzance*, Paris, 1963, pp. 171-172를 참고하라.)

일어났던 그리스인들의 민족의식 재고양을 통해 설명한다. 콘스탄티노플의 함락 이후 그리스도인들의 정치적 교회적 독립의 중심이 된 것은 바로 니케아였다. 바로 이곳에 비잔틴 최상의 민족적, 영적 역량이 집중되었다.[02] 콘스탄티노플로부터 피난할 수 있었던 사제들이 이주했던 곳도, 학식 있는 수도사들이 13세기 정교 학문의 보루였던 '신학과 철학 아카데미'를 세운 곳도 바로 니케아였다.[03] 헬레니즘의 새로운 발전이 시작되고 증진된 것도 이곳에서였다. 이러한 조건들 속에서 "사람들은 의식적으로 고대 전통을 증오스런 라틴 문화에 대립시키고자 했고, 그래서 그러한 고대 전통으로의 복귀는 자연스러울 뿐만 아니라 불가피한 것이기도 했다."[04]

민족의식의 재각성은 확실히 커다란 역할을 담당했고, 그것이 문화적이고 정치적인 차원만큼이나 종교적인 차원까지 포괄했기에 더더욱 그러하다. 제국은 스스로를 정교로 간주했다. 그래서 우리가 이미 보았던 바와 같이, 문화 정치적 삶과 종교적 삶

---

02 "해체된 비잔틴 제국의 영토에 형성된 독립적인 세 중심지였던, 소아시아의 트레비존드(Trébizonde) 제국, 그리스 북부의 제국 분봉지, 니케아 제국 중, 압도적인 역할을 수행한 것은 바로 니케아 제국이었다. '콘스탄티노플 대주교'로서 '에큐메니칼 총대주교'라는 지위를 지니며, 그리스 교회의 유일한 합법적 수장으로 간주되는 총대주교의 거주지가 니케아로 이전되었다. 전과 마찬가지로, 그의 사법적 관할은 예전에 그 관할하에 있었던 모든 지역에 미쳤다. 그래서 당시 총대주교좌 관할에 속했던 러시아의 유일한 키에프 대주교좌(métropole)는 그리스 출신의 대주교들을 계속해서 받아들였으며, 이렇게 해서 니케아와의 관계를 이어나갔다."(M. Levtchenko, *Otcherki po istorii roussko-vizantiiskin otnochénii*, Moscou, 1956, pp. 504-506. 또한 다음을 보라. G. Ostrogorsky, *Histoire de l'Etat byzantin*, Paris, 1956, p. 542.)

03 Th. Ouspensky, *Istoria Vizantiiskoi Impérii*, III, Moscou-Léningrad, 1948, p. 542.

04 N. Lazarev, "Novyi pamiatnik konstantinopolskoi miniatury XIII véka", *Vizantiisky Vrémennik*, V, 1952, p. 188 및 *Istoriya Vizantiiskoi givopissi*, t. I, Moscou, 1847, pp. 158-159.

사이의 분명한 경계는 존재하지 않았다. 그리고 이 종교적 삶은 "비잔틴에서 가장 안정적인 요소였던 정교회"[05]를 통해 담보되었다. 제국이 비극을 맞이한 시기에 제국의 단일한 일치를 지켜낼 수 있었던 것은 바로 교회였다. 라틴주의에 맞선 투쟁은 실제로 민족적인 것에 그치지 않는 문화적인 투쟁이었으며, 무엇보다도 종교적 과업이었다. 특별히 [로마 교회와의] 일치를 위한 시도들은 교회적인 차원에서 서방의 로마 가톨릭에 맞선 비잔틴 정교의 반응을 야기하지 않을 수 없었으며, 그 결과 정교의 영적 보고에 대한 더욱 밀도있는 자각이 이루어졌다.[06] 만약 우리가 "이 투쟁의 모든 짐을 짊어진"[07] 교회의 역할 - 그것은 그리스 민족의 삶에서 일차적이고 본질적인 요소였다 - 과 교회의 내적인 삶을 고려하지 않는다면, 비잔틴이 팔레올로그 시대에 그와 같은 끔찍한 조건 속에서도 사상과 예술에서 그와 같은 엄청난 활동력을 보여줄 수 있었다는 사실에 그저 놀라움을 금치 못할 것이다.[08] 어찌 되었든 한 가지 사실은 분명하다. "구상 예술의 영역에 있어서 팔레올로그 시대의 '재부흥'은 거의 대부분이 종교 회화를 통해 표현되었다."[09] 그러나 정확히 말하자면, 이 시대의 예술에서 원초적인

---

05 G. Ostrogorsky, *Histoire de l'Etat byzantin, ibid.*, p. 509.

06 니케아에서 일했던 역사가(歷史家) 니키타스 아코미나트(Nicétas Acominate)가 『정교의 보물』(*Le Trésor de l'Orthodoxie*)(P.G. 139, 1093-1102)이라는 제목의 27권으로 된 교리적 논쟁적 저작을 저술한 때(1204-1210년)가 바로 교회 일치와 관련된 흥정이 오고가던 시기였다는 점은 매우 특징적이다. 다음을 참고하라. P.A. Tchéremouhine, "Outchéniyé o domostroïtelstvé spasséniya v vizant.bogoslovii", *Bogoslovskiyé Troudy* III, Moscou, 1964, p.159.

07 Th. Ouspensky, *Istoriya vizant. Impérii, ibid.*, p. 622.

08 V. Lazarev, *Istoriya vizant. givopissi, ibid.*, p. 209.

09 A. Grabar, *L'empereur dans l'art byzantin*, Paris, 1936, p. 226.

역할을 담당한 것은 교회의 이러한 내적인 삶이며, 바로 이 점이 곧 이어서 논쟁의 대상으로 달궈지게 된다. 정교와 그 예술의 미래가 결정된 것은, 소위 '인본주의'(humanisme)라 불리는 것에 맞선 헤지카즘(hésychasme)의 투쟁을 통해서였고, 이러한 인본주의의 오류들에 맞서서 정교 교리를 다듬고 확립해야 할 과업이 콘스탄티노플 교회에 주어졌다.

14세기 비잔틴 교회를 뒤흔들어 놓았던 논쟁은 그리스도교 인간학의 본질 그 자체, 즉 인간의 신화(déification, 神化)에 대한 것이었는데, 이를 이해하는 방식에 있어서 그레고리오스 팔라마스(St. Grégoire Palamas)성인을 중심으로 한 헤지카스트들의 전통적인 정교의 관점과 칼라브리아의 발람(Barlaam de Calabrais), 아킨디노스(Acyndinos) 등이 중심이 된 인본주의자들의 헬레니즘 전통의 종교 철학적 관점이 대립해 있었다. 1341년, 1347년, 1351년 세 번에 걸쳐 콘스탄티노플에서 열렸던 소위 '헤지카스트' 공의회는 특별히 이 논쟁을 다루었다. 이 논쟁 이전 시대는, 우리가 보았다시피, 비잔틴에게 외적 위기와 내적 투쟁 그리고 지적 부흥으로 특징지어지는 시대였다. 13세기 말경, 성령의 발출에 관한 논쟁이 재연되었고, 그것은 인간의 신화 교리에 대한 결정적인 표현을 준비했다.[10]

'헤지카즘'이라는 용어는 보통 이 시기 비잔틴에서 벌어진 신학 논쟁과 연결된다. 그러나 이 논쟁들은 단지 교회로 하여금 인

10　J. Meyendorff, *Introduction à l'étude de Grégoire Palamas*, PACaris, 1959, p. 30.

그림 26. 성 그레고리오스 팔라마스, 프레스코, 1400년경
바토페디 수도원, 아토스 성산, 그리스

간의 신화에 대한 교회의 가르침을 구체화하도록, 또한 초기부터 교회 예술의 추진력이자 생명이었으며 그 예술의 형식을 결정하는 원리 그 자체였던 '성령에 의한 인간의 조명'(l'illumination de l'homme par l'Esprit Saint)에 관한 신학적인 골격을 여러 공의회의 결정을 통해 제공하도록 자극했을 뿐이다. 실제 고유한 의미에서의 헤지카즘은 어떤 새로운 교리나 새로운 현상을 말하는 것이 아니다. 그것은 그리스도교의 원류로까지 소급되는 정교 영적 체험의 한 형식이다.[11] 그러므로 결과적으로 헤지카즘을 오직 팔레올로그 시대의 비잔틴에 국한시키는 것은 잘못이다. 그리스도교적 금욕 실천이라는 고유한 의미로서건, 14세기 신학 논쟁의 의미에서건 간에 그것은 범 정교회적 현상과 관련된다.[12] 실

---

11 평정(impassibilité)을 의미할 수 있는 헤지키아(l'hésychia)는 지성(intelligence)과 마음(coeur)의 상호 통제를 통해서 영의 소박, 단순함(sobriété de l'esprit)에 이르게 되는 상태이다. "그것은 활동과 관상이 서로 다른 두 질서의 삶으로 인식되지 않고 반대로 '영적 활동'(praxis noera) 속에 녹아드는 아파테이아(apathéia)에 대한 그리스도교 고유의 표현이다."(V. Lossky, *Vision de Dieu*, Neuchâtel, 1962, p. 118.) 그리스도교 금욕가들에게 적용된 '헤지카스트'(hésychaste)라는 용어는 4세기에 이미 발견된다. 헤지카즘과 관련해서, 수도사 바실리오스(Basile Krivochéine)의 탁월한 글 ("Askétitcheskoyé I bogoslovskoyé outchéniyé sviatogo Grigoriya Palamy, *Seminarium Kondakovianum* VIII, Prague, 1936)과, 존 메이엔도르(J. Meyendorff)의 저작(*Saint Grégoire Palamas et la mystique orthodoxe*, Paris, 1959 (한국어 번역본, 헤지카즘의 신학자 성 그레고리오스 팔라마스, 2019, 정교회출판사), *Introduction à l'étude de Grégoire Palamas*, Paris 1959)이 있으며, 그 밖에도 11장(障)과 관련된 필수적인 원전으로 다음과 같은 것들이 있다. St. Grégoire Palamas, *Défense des saints hésychastes*, J. Meyendorff의 서문, 비평 및 주석, Louvain, 1959. St. Syméon le Nouveau Théologien, *Catéchèses*, Mgr Basile Krivocheine의 서문, 비평 및 주석, 전 3권, Paris, 1963-1964, 1965. *Traité théologiques et éthiques*, J. Darrouzés A.A.의 서문, 비평 및 주석, Paris, 1966.

12 그래서 러시아에서는 영적 '실천'이 거의 그리스도교가 전래된 초기부터 존재해 왔다. 최근의 한 연구(A. Tahiaos, *L'influence de l'hésychasme sur la vie de l'Eglise en Russie en 1328-1406*, Thessalonique, 1962, en grec)는 이런 방향에서 12, 13세기의 구체적인 사례들을 확인해 준다. 1115-1125년 것으로 여겨지는 블라디미르 모노마크(Vladimir Monomaque)의 『교훈』 (*l'Enseignements*)이나 1220년으로 추정되는 키에프의 동굴 수도원(Laure des Cavernes) 수도원장 테오도시오스(Théodose)의 대답 등과 같은 몇몇 본문에 기초해서, 타이아오스는 몽고 침입 이전에 이미 이러한 실천들이 러시아에 존재했다고 결론 내린다. 14세기는 헤지카즘 영

제로 1347년 공의회의 결정에 따르면, "팔라마스와 수도사들의 신앙"은 "그리스도교인들 모두에게 참으로 공통된 진정한 신앙"이다.[13] 교부 전통에 기초하면서 그레고리오스 팔라마스 성인의 저작들과 14세기의 공의회들과 이와 관련된 논쟁들을 통해서 교리적 표현을 부여받은 헤지카즘의 새로운 영적 부흥은 영적 삶과 거룩한 예술의 영역에서 정교 세계 전체에 막대한 영향을 미쳤다. 이 영향은 신학에 국한되지 않고 그 경계를 훨씬 뛰어넘는다. 세속 학문과 문학 등에서의 문화 부흥은, 그 방향에 있어서 영적 부흥을 광범위하게 뒤따르거나 혹은 그것에 대립하거나 하는 방식으로, 신학적 사고의 고양과 밀접하게 연결되어 있었다.

향의 증대를 보게되며, 우리는 14, 15세기와 16세기의 러시아 예술이 직접적으로 헤지카즘에 의존해 있음을 보게 된다. 발칸지역에서 14세기는 "진정한 국제적 헤지카스트들의 시대"를 대표한다.(A. Elian, *Byzance et les Roumains*, 13ᵉ Congrès international d'études byzantines, Oxford, 1966, Supplementary papers, p. 48) 13세기부터 헤지카스트이자 독립 세르비아 교회의 첫 번째 수장이 된 사바스(Sava) 성인(†1237)은 신신학자 시메온 성인의 저작들로부터 영향을 받았으며, 사바스 성인을 통해서 헤지카즘은 세르비아 교회와 수도원과 그 예술을 인도했다. 세르비아에서의 예술의 가장 큰 발전은 실제로 세르비아 교회의 독립과 동시적이며 사바스 성인의 이름과 밀접하게 연결된다. 그를 매개로 해서 세르비아의 교회적 삶 전체가 헤지카즘으로 특징지어졌다. 사바스 성인을 계승하는 아르세니오스 1세, 사바스 2세, 다니엘 1세, 요아니스 1세, 에프스타키오스 1세 등은 헤지카즘의 가장 각성된 수호자였고 가장 열렬한 헤지카즘 승리자들이었다.(M. Vasic, *L'Hesychasme dans l'Eglise et l'art des Serbes au Moyen Age*, Recueil Ouspensky I, 1, Paris, p. 114) 세르비아의 영적 문화적 삶에 미친 사바스 성인의 영향력은 18세기말까지 지속되었다. 시나이 산의 그레고리오스 성인은 발칸지역에 헤지카즘을 확산시키는 데 큰 역할을 하였다. 그는 비잔틴과 불가리아의 국경에 있는 트라스(Thrace)에 정착했다. 불가리아에서 헤지카즘이 널리 보급된 것은 특별히 티르노보의 테오도시오스(Théodose de Tironovo) 성인의 시대였다. 에프티미오스(1375-1393) 총대주교가 불가리아 교회의 수장이 되었을 때 헤지카즘은 커다란 역할을 담당했다.(M. Vasic, *ibid.*) 아토스 성산, 콘스탄티노플과 더불어 불가리아의 수도원들은 14, 15세기 슬라브인들과 그리스인들의 만남의 중심지가 되었다.(D. Lihatchev, *Koultoura Roussi*, Moscou-Léningrad, 1962, p. 39) "불가리아는 14세기에 비잔틴의 영향력이 여기를 거쳐서 세르비아와 러시아로 나아갔던 중심지였다."(D. Lihatchev, *ibid.*) 발라키(Valachie)와 아토스 성산의 밀접한 관계는 헤지카즘이 루마니아에도 보급될 수 있도록 해 주었고, 루마니아에서 헤지카즘은 교회 제도를 크게 강화시켰다.(A. Elian, *Byzance et la Roumanie, ibid.*)

13 Archevêque Basile, "Les textes symboliques dans l'Eglise orthodoxe", *Messager de l'Exarchat du Patriarche russe en Europe occidentale*, n° 48, 1964, p. 214, note 36.

"14세기의 신학 논쟁들은 비잔틴 교회 내부의 다양한 흐름이 충돌한 결과였다."[14] 비잔틴의 지식인 세계는 이미 오래 전부터 일종의 내적 위기를 겪고 있었다. 9세기 이래, 정교에 대한 엄격하고 충실한 흐름 반대편에는 하나의 대립적 경향이 있었다. 그것은 세속적 헬레니즘과 신플라톤주의적 철학 전통의 지지세력으로부터 흘러나오는 하나의 강력한 흐름에 뿌리를 둔다. 그리스도교와 단절되지 않은 채 이 종교 철학은 교회의 교리와 나란히 존재해왔다. 신학에서 이미 극복되고 초월된 낡은 헬레니즘은 다시 한번 이 흐름의 대표자인 인본주의자들에게서 나타났다. "철학 수업을 통해 양성된 이들은 플라톤을 통해서 카파도키아 신학자들을, 프로클로스를 통해서 디오니시오스를, 아리스토텔레스를 통해서 고백자 막심과 다마스커스의 요한을 보고자 했다."[15] 이 헬레니즘 전통의 철학자들이 헬레니즘과 복음에 대한 일종의 종합을 통해서 교부들의 전통을 대체할 수 있으리라고 생각함으로써 넘지 말아야할 선을 넘었을 때, 교회는 그들을 정죄했다. 그래서, 우리가 이미 보았듯이, 11세기의 철학자 요한 이탈로스는 그의 플라톤 철학으로 인해 정죄되었다. 그 후부터 "플라톤의 이데아가 실재적인 존재를 가진다고 생각하고" 또 "단지 지적인 훈련을 위해서만이 아니라 철학자들의 헛된 견해들을 수용하기 위해 세속 학문에 종사하는" 자들에 대한 이 새로운 정죄

---

14 *Ibid.*, p. 216.
15 V. Lossky, *Vision de Dieu, ibid.*, p. 129.

는 정교 승리의 시노디콘에 첨가되었다.[16]

비잔틴 교부들도 마찬가지로 그리스 철학을 교육받았다. 그러나 그들은 그것을 순전히 지적인 교과목, 지성의 훈련, 전적으로 성경에 기초하고 있는 신학에의 입문 정도로 받아들였다.

인본주의자들은 자연 이성을 통해서 신앙의 문제를 밝히고 설명하려 했다. 그들에게 그것은 지식, 영지(gnose)에 관한 것이었다. 발람에 따르면, 하느님 지식은 피조 세계를 매개로 해서만 가능하고 따라서 이 지식은 간접적일 수밖에 없다. 그레고리오스 팔라마스 성인은 이러한 종류의 지식을 부정하지 않는다. 그러나 그는 이러한 지식이 불충분하며, 초자연적인 것을 자연적 수단들을 통해서 직접적으로 아는 것은 불가능하다고 주장한다.

헤지카스트들과 인본주의자들을 대립시켰던 주요 논제 중의 하나는 다볼산의 빛이었다. 논쟁은 이 빛의 본성과 인간의 영적 삶에 미치는 그것의 영향력에 대한 불일치에서 시작되었다. 팔라마스의 적대자들은 다볼산의 빛에서 하나의 자연적이고 창조된 현상을 보았다. "다볼산에서 제자들에게 빛났던 빛과 더불어 그 빛과 흡사한 성화와 은총은 공기를 매개로 해서 보여진 하나의 창조된 신기루이거나 사유보다 열등하고 감각의 상상에서 오

---

16 J. Meyendroff, *Saint Grégoire Palamas et la Mystique orthodoxe*, Paris, 1959. 그레고리오스 팔라마스와의 논쟁에서 발람은 자신의 플라톤 철학을 반박하는 헤지카스트들의 전통에 대항했다. 요한 이탈로스의 제자였던 요한 페트릿시스(Jean Pétritsis, 1050-1130)는 신플라톤주의 철학자로 조지아의 문화에 가장 영향을 많이 행사한 인물 중 한 명인데, 그는 정교 사상의 전통적인 흐름의 대변자들에게 이렇게 불평했다. "만약 내가 그들에게서 사랑과 도움을 발견할 수 있었다면, 나는 조지아 말을 그리스 말과 비슷한 수준으로, 철학적 이론을 아리스토텔레스의 경지까지 고양시킬 수 있었을 것이다."(Ch. Amiranachvili, *La miniature géorgienne*, Moscou, 1966, pp. 11, 18.)

는 것이기에 이성적인 영혼에는 해로울 뿐인 하나의 상상의 산물이다. 간단히 말해 그것은 존재하는 것들이나 어떤 대상을 둘러싸고 관상된 것들에 속한다고 말할 수 없는 하나의 상징이다. 상징은 종종 환상적인 방식으로 나타나지만 그것은 절대로 존재를 가지지 않기 때문에 결코 존재하지 않는다."[17] 그것은 하느님의 현존을 계시해 줄 뿐이다. 반대로 그레고리오스 팔라마스 성인에게 다볼산의 빛은 "그 원형의 변하지 않는 아름다움, 하느님의 영광, 그리스도의 영광, 성령의 영광, 신성의 광선"[18], 즉 삼위일체 하느님의 세 휘포스타시스에 고유한 신적 본성의 에너지이며, 하느님의 외적인 발현이다. 그레고리오스 성인의 적대자들의 눈에는 하느님의 본질(l'essence)이 아닌 것은 하느님이 아니다. 그래서 그분의 본질과 구별되는 하느님의 행위들(les actions)은 이 본질의 한 결과이다. 그러나 그레고리오스 성인의 가르침에 따르면, 본질(l'essence)과 에너지(l'énergie)는 하느님의 두 측면, 두 가지 존재 양식이며 하느님이라는 이름 자체는 본질 못지않게 에너지와도 관계된다.[19] 동일한 하느님이 그 본질에 있어서는 절대 인식할 수 없지만 은총을 통해서 전적으로 자신을 내어주신다. 다볼산의 빛은 하느님께서 세상에 발현하시고 계시하시는 양식

---

17 J. Meyendorff, "Une lettre de saint Grégoire Palamas à Acyndinos, envoyée de Thessalonique avant la condamnation conciliaire de Barlaam et d'Acyndinos", Pravoslavnaya Mysl., n° X, 1953. 이 글의 그리스어 번역은 *Theologia*, Athènes, 1953을 참고하라.

18 Moine Basile(Krivochéine), "Askétitcheskoyé i bogosl. outchéniyé…", *ibid.*, p. 139.

19 1352년 공의회는 정교 승리의 정죄 선언(les anathèmes)에서 하느님의 이름을 단지 하느님의 본질에만 적용시키고 에너지들에는 적용하지 않는 자들을 포함시킨다.(moine Basile, ibid., p. 119)

들 중의 하나이며, 창조되지 않은 분이 창조된 것 안에서 현존하시는 양식이다. 그것은 단지 비유적인 것이 아니라 하느님의 영광과 말로 다할 수 없는 아름다움이 실제적으로 계시된 것이며 성인들을 통해 관상된 것이다. 다시 말하면, 그 본질로는 알 수 없는 하느님께서 인간을 신화시키시고 자신과 닮은 존재로 만들어 주심으로써 하느님 자신의 행위 안에서 인간에게 스스로를 내어주신다.[20] "성인들이 그들 자신의 내면에서 이 하느님의 빛을 관상할 때, … 그들은 바로 신화(神化)의 옷을 보는 것이다."[21] 이 하느님의 은총은 신앙의 대상일 뿐만 아니라 구체적이고 생생한 체험의 대상이기도 하다. 일반적으로 전통적인 정교 신학에서처럼 팔라마스에게도, 신화는 하느님을 보는 것, 그분과의 인격적인 접촉, 신화의 여러 측면들 중의 하나인 얼굴과 얼굴을 마주보는 접촉과 분리되지 않는다.

반대로 이성주의자들은, 하느님은 알 수 없는 분이라는 것과

---

[20] 그레고리오스 팔라마스 성인은 '창조된 은총'이라는 발람의 주장과 '필리오케'라는 라틴 교리 사이의 직접적인 관련성을 간파했다. 그레고리오스 성인은 이렇게 질문한다. "왜 이 사람(발람)은 성령의 신화시키는 은총이 창조된 것임을 증명하기 위해 그렇게도 장황한 적용들을 늘어놓는가? … 실제로 우리는 성령이 성자에 의해 주어졌고 성자를 통하여 우리에게 부어진다고 듣는다. 한편 바실리오스 성인은 '성자 하느님을 통해서 성령이 우리에게 충만하게 부어졌다. 성자는 성령을 부어주셨지 성령을 창조하신 것은 아니다. 성자는 성령을 허락해 주셨지 그를 창조하지는 않았다. 성자는 성령을 주셨지 그를 만들지는 않았다'(*Contra Eunom.* V, P.G. 29, 772 D)고 말한다. 만약 이 모든 것을 듣고도, 우리가 은총은 창조된 것이라고 확신하게 된다면, 그러면 성자를 통해서 주어지고 허락되고 부어진 것은 과연 무엇인가? 은총을 통해서 일하시는 분, 성령 그 자신이 아니겠는가! 그렇지 않다면 우리는, 이 새로운 신학자가 말하는 것처럼, 성령만이 시작이 없으신 분이며 성령으로부터 오는 모든 에너지는 창조된 것이라고 말해야 할 것이다. 바로 여기서 우리는 그런 생각들 때문에 우리 교회의 품에서 쫓겨난 바 있는 라틴 사람들의 생각에 곧장 다다르지 않는가? 성자로부터 보냄받고 또 성자를 통해 부어진 것은 은총이 아니라 성령 그 자신이다."(*Défense des saints hésychastes, ibid.*, Triade III, I, 3 pp. 560-562)

[21] 1re Triade, 5, *Défense des saints hésychastes, ibid.*, p. 114.

동시에 그분은 인간에게 자신을 내어주신다는 것을 함께 주장할 수 있는 가능성을 보지 못하기에, 신화(神化)의 개념까지도 하나의 경건한 은유로만 간주한다. 그들에게, 하느님은 알 수도 없고 그 안에 들어갈 수도 없다. 독립적인 인간 이성은 하느님이 아닌 모든 것을 알게 해 줄 뿐이다. 그래서 그들은 하느님과 인간 사이에 상징(symbole)을 제외한 그 어떤 다리도 허용할 수 없다. 니케포로스 그레고라스(Nicéphore Grégoras)는 이렇게 말한다. "우리는 교회의 도그마를 가지고 있다. 우리는 우리 하느님과 구세주 예수 그리스도와 그 제자들로부터 어떤 사람도 상징과 육체적인 예형을 통하지 않은 다른 방식으로 하느님을 볼 수 없다는 것을 받아들였다."[22] 반대로 헤지카스트들에게는, 상징은 오직 그리스도 중심성을 제거하지 않고 구원의 역사 안에 새겨질 때에만 받아들여질 수 있다. 상징에 대한 헤지카스트들의 태도는 헤지카스트이자 팔라마스 성인의 친구였던 니콜라오스 카바실라스(Nicolas Cabasilas)의 말로 묘사될 수 있다. "만약 구속(救贖, redemption)이 구약의 유월절 어린 양에 의해서 성취되었다면, 우리가 그리스도에게서 무엇을 더 얻겠는가? 만약 그림자와 형상이 구원을 가져다준다면, 진리와 행위들은 쓸데없는 과잉이 되고 말 것이다."[23] 다볼산의 빛이 인본주의자들에 의해 하나의 상징으로 이해된 순간, 우리 주님의 변모 그 자체는 그들의 눈에 하나의 비

---

22 P.G. 149, 357 AB.

23 "La vie en Christ", 1, I. par. 67. A.P. Tchéremouhine, "Outchéniyé o domostroïtelstvé spasséniya v vizantiyskom bogoslovii", *Bogoslovskiyé Troudy*, n° 3, Moscou, 1964.

실제적이고 상징적인 특징을 띠게 되었다. 아킨디노스에게 대답하면서, 그레고리오스 성인은 질문했다. "그래서 어쨌단 말인가? 엘리야도 모세도 단지 상징으로 이용되었기에 거기에 실제적으로 존재하지 않았단 말인가? … 또 산도 덕(vertu)의 고양에 대한 상징이었기에 진짜 산이 아니었단 말인가?" 다른 한편, 그는 계속해서 말한다. "상징주의는 그리스 철학자들에게도 알려져 있다. 그렇다면 그리스도교적인 지식은 그들의 지식과 어떤 점에서 구별되는가?"[24]

다볼산의 빛의 초감각적이고 비물질적인 특징을 부정함으로써, 인본주의자들은 헤지카스트들에 의해서 대표되는 정교의 영적 체험을 이해할 수도 받아들일 수도 없었는데, 왜냐하면 정교의 영적 체험은 인간이 지성과 마음의 정화를 통해서 창조되지 않은 하느님의 빛에 이를 수 있다고 확신하기 때문이다. 결국 14세기에 문제가 되었던 것은 하느님과의 연합에 다름 아닌 그리스도교 자체였으며 그것에 대한 총체적인 표현이 교리적으로 정립되어야만 했던 것이다.

---

[24] "Contre Acyndinos", J. Meyendorff, *Introduction à l'étude de Grégoire Palamas, ibid.*, pp. 270-272. 다볼산의 빛에 대한 헤지카즘적 교리에 대한 표현으로 주님의 변모에 대한 표상이 거룩한 예술 안에 특별하게 파급된 것은 바로 이 시대이다. 더 나아가 이미 말했듯이, 산과 변모에 대한 상징적인 설명에 대한 대답으로, 그리스도에 의해 인도되는 하나의 사도 그룹이 이 축일 이콘에 삽입되었다. 그들은 산을 올라갔다가 내려가는 모습으로 표상된다. 이콘의 아래 부분의 세 사도들은 엎드린 모습으로 표상된다. 마치 그들을 땅에서 앗아갈 폭풍과 같은 놀라운 힘에 의해 완전히 고꾸라진 모습으로 말이다. 다볼산의 빛의 실재와 능력은 사도들의 몸짓을 통해서도 강조된다. 야고보와 요한은 그리스도에게서 흘러나오는 신적인 빛의 광채를 견딜 수 없어서 손으로 눈을 가리고 있다. 다른 한편 주님을 둘러싸고 있는 후광은 특별한 형태를 부여받는다. 그것은 여러 층과 광선으로 구성되며 특히 그중 세 개는 다른 것들과 구별되는데, 이는 그레고리오스 팔라마스 성인이 주장하듯이 다볼산의 빛이 성 삼위일체의 세 위격의 공통된 본질에 속한 에너지라는 것을 지시하기 위함이다.

인간과 하느님의 신에르기아(synergie, 협력)를 통해 이루어지는 이 연합은 인간 전체가 그대로 남아있을 것을 전제한다. 하느님과 연합되는 것은 영-혼-육으로 구성된 인간 전체이다. 이 인간의 본성은 결코 따로 떼어낼 수 없으며 그 전체가 성화와 변모에 참여한다. 헤지카스트들에게 인간 본성의 통합성은 당연한 것이다. 이 본성의 어떤 부분도 하느님을 알게 해 주는 독립적인 수단으로 따로 간주되지 않으며, 어떤 것도 하느님과의 연합에서 배제되지 않는다. 영(l'esprit)뿐만 아니라 영혼(l'âme)과 몸(le corps)도 여기에 참여한다. "영으로부터 오는 영적인 기쁨은 몸 속으로 흘러 들어가는데, 그러나 몸과 교통하면서도 조금도 변질되지 않으며, 오히려 그것을 변모시키고 영적인 것으로 만들어준다. 왜냐하면 그렇게 될 때 몸은 모든 육(肉)적인 탐욕을 거부하게 되고, 영혼을 밑으로 끌어내리기는커녕 오히려 영혼과 함께 고양되어 '성령으로부터 난 것은 영이다'(요한 3:6-8)라는 말씀처럼 인간 전체가 영적인 것으로 변화되기 때문이다."[25] 정교의 영적 체험은 아주 오래된 영(l'esprit)과 물질(la matière)의 대립 개념을 초월한다. 영과 물질은 그 둘을 전부 초월하는 어떤 것에 공통적으로 참여함으로써 연합된다. 그것은 "지성적인 것(l'intelligible)이 감각적인 것으로 혹은 영적인 것이 물질적인 것으로 되는 것이 아니며, 반대로 인간 전체가 '창조되지 않은 것'(l'incréé)과 교제하는 것"[26], 따라서 묘사될 수 없으며 그저 보여줄 수 있을 뿐인 인격적

---

25 *Défense des saints hésychastes*, 2e Triade, 2, 9, ibid., p. 334.
26 V. Lossky, *Vision de Dieu, ibid.*, p. 136.

인 교제이다. 이 생생한 체험은 당연히 모순적이며 철학적 사유의 규칙에 종속되지 않는다. 다볼산의 '창조되지 않은 빛'에 대한 인본주의자들의 부정은 사실상 몸으로 느껴지는 실제적인 변모의 가능성에 대한 부정이다. 그들에게 거침돌이 되는 것은 정확히 사람의 몸이다. 하느님 지식과 변모에 몸이 참여하느냐의 문제는 그들의 사유 능력을 넘는 것이었다. 다볼산의 빛에서 창조된 현상을 보는 것 – 혹은 우리 시대의 용어로, "환상적이고 심리적인" – 으로 요약될 수 있는 발람과 그의 추종자들의 주장은 몸에 대한 가현설적(docétiste) 개념에 이르고, 또한 하느님의 에너지와 인간의 에너지 사이의 단절과 그것들의 독립성을 주장함으로써 결국은 이 양자가 연합될 가능성을 부인하기에 이르렀다.

그레고리오스 팔라마스 성인의 신학은 인간을 아주 놀라운 경지로까지 끌어 올린다. 신학자 그레고리오스 성인과 니싸의 그레고리오스 성인의 인간학으로 소급되는 신학 전통을 이어나감으로써, 그의 신학은 우주의 중심으로서의 인간을 강조한다. 그레고리오스 팔라마스 성인은 이렇게 썼다. "인간, 즉 작은 것에 포함된 이 거대한 우주는 존재하는 모든 것을 자신 안에 집중시키는, 하느님의 모든 피조물의 머리이다."[27] 인간에 대한 이러한 가르침은 참된 그리스도교 인본주의의 확고한 토대를 제공해 준다. 그것은 이 시대에 나타났던 인간에 대한 일반적 관심에 대한 교회의 응답이었다.

---

27 Moine Basile, "Askétitch. i bogoslovskoyé outchéniyé ··· ", *ibid.*, p. 103.

그림 27. 성 사바스, 프레스코, 13세기, 밀리세바 수도원, 프리에폴리에, 세르비아

이 시대의 예술 속에서 인간의 형상에 대한 관심이 증대하는 것을 목도하는 것은 지극히 당연하다. 느낌과 감정에 대한 표상이 이 역사적 시기를 특징짓게 하며, 특별히 주목을 끌게 한다. 사바스 성인의 시대이기도 했던 13세기에 이미 세르비아 예술은 '팔레올로그의 재부흥' 시대를 특징짓게 하는 요소들을 알고 있었다. 그것은 무엇보다도 감정의 세계와 "영혼의 정념적 부분"(la partie passionnée de l'âme)[28]에 대한 매우 분명한 표현들이다. 14세기 이러한 특징은 '기도 실천'에 대한 논쟁과 결부되면서 매우 강렬하게 예술 속에 각인되었다. 그레고리오스 팔라마스 성인을 통해서 교회는 이 특징을 참된 그리스도교적 전망 안에 위치시켰다. 발람은 헤지카스트들을 반박하면서 이렇게 썼다. "영혼의 정념적 부분과 몸에 공통된 활동을 사랑하는 일은 영혼을 몸에 묶어 매고 어둠으로 가득 채워버린다."[29] 그래서 그의 눈에는 영혼의 정념적 부분은 영적 체험 안에서 죽어 마땅한 것일 뿐이다. 그러나 그레고리오스 성인은 이렇게 응답한다. "우리가 물려받은 가르침은 … 평정(l'impassibilité)은 정념적 부분을 죽이는 데 있지 않고, 오히려 그것을 악에서 선으로 옮기는 데 있다 … " 그는 계속해서 말한다. 우리가 육체를 받은 것은 "몸의 모든 활동과 영혼의 모든 능력을 죽여버림으로써 우리 자신조차 죽여버리도록 하기 위함이 아니라, 모든 천박한 욕구와 행위들을 거부하도

---

28 세르비아 교회의 수장이 되었을 때, 사바스 성인은 콘스탄티노플의 이콘화가들을 초대했고, 데살로니끼(Thessalonique) 최고의 화가들에게 이콘을 그려달라고 주문했다. S. Radojcic, "Icônes de Yougoslavie du XIIe à la fin du XVIIe siècle" dans *Icônes*, Paris-Grenoble, 1966, p. LX.

29 J. Meyendorff, *Introduction à l'étude de Grégoire Palamas, ibid.*, p. 205.

록 하기 위함이다. … 평정한 사람(l'homme impassible)은 항상 살아 움직이는 영혼의 정념적 부분을 최선의 것을 위해 간직하며 결코 그것을 죽이지 않는다."[30] 달리 말해서, 하느님의 은총과 교제하는 것은 영혼의 정념적 힘을 죽이지 않으며, 오히려 그것들을 변모시키고 성화시킨다는 것이다. 이 변모된 감정들, 영혼의 가장 내밀한 움직임에 대한 표현은 이 시기 거룩한 예술을 특징짓게 하는 것들 중의 하나이다.[31]

헤지카스트들이나 그들의 적대자들은 이콘반대주의 시대의 경우와는 달리 예술에 대한 특별한 저작을 남기지 않았다. 형상의 문제는 제기되지 않았고 논쟁의 대상이 되지 않았다. 그러나 이 시기의 예술 자체는 정교 전통이 인본주의적 재부흥과 관련된 제 요소와 뒤섞임을 보여준다. 그리고 이 뒤섞임은 인본주의와 헤지카즘 사이의 투쟁을 각각 고대 헬레니즘 전통으로의 복귀와 영적 삶의 만개(滿開)로 특징짓는다. 이 뒤섞임은 예술에 대한 개념뿐만 아니라 그 특징과 주제 속에서도 여실히 나타난다.

고대 예술에서 빌려 쓴 빈도는 13-14세기에 특별히 증대되었고, 이 동기들은 이차적인 보충의 역할에 머물지 않는다. 그것들은 주제 그 자체와 그 특징에까지 침투한다.[32] 그래서 우리는 형

---

30 *Défense des saints hésychastes*, 2ᵉ Triade, 2, 24, *ibid*., p. 370.
31 이것은 이콘화가인 그리스 사람 테오파니스(Théophane le Grec)와 빤셀리노스(Pansélinos)에게서 특별한 예들을 본다. 각 인물에 대해 다음을 참고하라. N. Goléizovsky, "*Zametki o tvortchestvé Feofana Gréka*", *Vizantiisky Vrémennik* XXIV, p. 145 ; A. Procopiou, *La question macédonienne dans la peinture byzantine*, Athènes, 1962, 45.
32 A. Grabar, Byzance, Paris, 1963, p. 70 ; V. Lazarev, *Istoriya vizant. jigopissi*, *ibid*., p. 224.

상에서 심도(la profondeur)를 매개로 해서 입체감(le volume)을 전달하려는 끊임없는 경향들을 관찰하게 된다. 이렇게 해서 뒷모습, 옆모습 표현, 생략법 등 일종의 기교주의가 나타난다. 구약 성경에서 취해진 주제들이 특별히 널리 퍼졌으며 그 중에는 성모님의 예형들(불타는 가시떨기 나무, 기드온의 양털 등)과 그리스도의 예형들(아브라함의 번제, 멜기세덱 등)과 천사의 모습을 한 그리스도에 대한 상징적 표상들이 있다. 교회의 장식은 통일성과 거대한 라코니즘(laconisme)을 상실했다. 그것이 비록 교리적 원칙을 포기하지는 않았지만, 건축 전체와의 유기적 관련성은 점차 약화되기 시작했다. "화가들과 모자이크 작가들은 … 교회 내부 공간의 의미를 드러내는 데에 더 이상 연연하지 않는다. 그들은 수많은 표상들을 병렬시켜 놓는다."[33] 그때까지만 해도 몸짓보다는 자세를, 감정보다는 영적인 상태를 전해 주고자 했으며 본질적으로 공간 전체의 의미를 중시했던 예술에, 이야기와 심리적 반응의 표현 등의 시간적인 요소와 표상이 도입되었다. 표상된 것과 관객의 관계 또한 변화되었다. 이콘이 한 사람 혹은 어떤 장면을 표상할 때, 그것들은 등을 돌리고 돌아서 있거나 이콘 앞에 있는 신자들을 향하지 않게 되었다. 종종 표상은 외부를 향하는 대신 자신 안에 갇혀서 관객과는 독립되어 자족적으로 존재하는 것처럼 이루어졌다.

교회의 중심적인 성사(聖事, sacrement)인 성만찬 감사 전례의 의미

---

33 O. Clément, *Byzance et le christianisme*, Paris, 1964, p. 75.

와 직접적으로 연결되는 주제들에 대한 표상을 제단을 가리는 벽에 제일 많이 그린 시대도 바로 이 때이다. 감사의 성만찬 전례를 형상으로 옮길 때 두 가지 흐름이 구체화되었다. 한편으로는, 그 전체를 통해서 구원의 모든 경륜을 형상으로 드러낼 수 있는 일관된 신학적 체계의 추구가 그것인데, 이 흐름은 15세기에 러시아에서 그 고전적 형식을 부여받게 될 이콘벽(l'iconostase)의 체계로 이어지게 된다.[34] 다른 한편으로는, 그 시대 예술의 특징을 이루는 것인데, 대(大)입당(la Grande Entrée), 거룩한 교부들의 전례(la Liturgie des saints Pères) 등, 전례의 어떤 순간을 묘사함으로써 성사의 의미를 설명하려는 경향이다. 바로 이 후자의 경향에서 표상될 수 있는 것과 없는 것 사이의 경계가 종종 무너졌으며, 이 혼합은 종종 거친 사실주의로까지 나아갔다. 예를 들면, 한 사제가 성반(聖盤, la patène) 위에 누워있는 어린 모습의 그리스도를 희생시키는 장면이 있는데, 이것은 단지 제의적인 살해를 상기시켜줄 뿐이었다.(14세기 세르비아의 마테이스 지역의 한 교회) 성반 위의 어린 예수라는 이 주제는 12세기 전례에 관한 논쟁에 대한 하나의 반응, 더 정확히 말해서 팔레올로그 시대 인본주의자들의 추상적 사고와 이성주의로 기름진 토양을 발견했었던 서방친화주의자들의 진영에서 이루어진 논쟁의 반영이었다는 것은 이론의 여지가 없어 보인다.[35]

---

34 불어로 된 다음의 글을 참고하라. "L'iconostase", *Contacts*, n° 46, Paris, 1964, pp. 83-125.

35 13세기 전례에 대한 표상에서 '성반 위의 그리스도'라는 주제는 특별히 세르비아를 비롯해서 상당히 폭넓게 퍼져 있었다. 우리는 또한 미스트라와 트레비존드, 불가리아, 러시아와 아토스 성산의 그림에서도 이를 만날 수 있다.(V. Lazarev, *Freski Staroi Ladogui*, Moscou, 1960,

전례의 어떤 국면들에 대한 묘사와 더불어서, 일련의 이콘 주제는 상징적인 형상들을 수단으로 해서 성사의 의미를 보여주고자 했다. 지혜(la Sagesse)의 잔치, 지혜가 사도들에게 성체를 나누어 주는 모습 등이 그것이다. 이 주제는 "지혜가 일곱 기둥을 세워 집을 짓고 … "라는 잠언 9장 1-7절의 말씀을 형상으로 옮기고자 한 것인데, 그것은, 한편으론 고대 의인화의 유형을 따라 하느님의 지혜를 의인화한 천사 모습의 소피아(Sopia)와 또 한편으론 대협의(大協議)의 천사(l'Ange du Grand Conceil) 모습을 한 지혜자-그리스도(le Christ-Sagesse)라는, 두 가지 주제를 통해 형상으로 옮겨진다.[36] 지혜 주제는 헤지카스트들과 그 적대자들의 대립 시기에 엄청난 시사성을 가지고 있었음을 잊어서는 안 된다. 바로 이러한 맥락에서 소피아에 대한 상징적인 형상이 팔레올로그 시대에 특별하게 널리 퍼졌다. 확실히, 우리는 이러한 종류의 상징

---

p. 25) 이 주제는 12세기에 나타났는데, 우리가 알고 있는 가장 오래된 예는 세르비아의 쿠르비노보(Kourbinovo)의 성 요르고스 교회에서 발견된다. 또한 네레찌(Nerezi)에서도 볼 수 있다.(Lazarev, *ibid.*, p. 24) 키로포타무(Xyropotamou)에서 기원하는 12세기 혹은 13세기 초반의 성체를 담는 한 쟁반(plat à artos)은 품에 복음서를 안고서 제단 위에서 희생된 어린 그리스도를 보여준다.(Lazarev, *ibid.*) 제단의 양 옆에는 어른 모습의 그리스도가 '대제사장'으로 표상되어 있다. 여기서 우리는 1156-57년 공의회의 중심 논쟁 대상이었던 말, 즉 "당신은 희생을 드리시는 분이시오 또한 희생되신 분이십니다"라는 말에 대한 직접적인 묘사를 보게 된다. 어린 그리스도는 희생되신 분을, 대제사장 그리스도는 희생을 드리시는 분으로 보여준다. 미스트라의 페리블렙트(Périvlepte)에는 성찬탁자(prothèse) 위에 삼위일체 대신 성부 하느님이 표상되어 있다. 이것은 '그리스도의 희생이 누구에게 드려지는가, 성부 하느님인가 아니면 삼위일체 하느님인가?'를 둘러싼 논쟁에 대한 한 반향이 아니겠는가?

36 '지혜의 천사'(l'ange-Sagesse)로 알려진 가장 오래된 표상은 알렉산드리아의 한 카타콤에서 발견되는데 6세기로 소급된다. 이 천사 옆에는 "지혜자 예수 그리스도"라는 문구가 기록되어 있다. 이 형상이 정통에 기인하는지 이단에 기인하는지는 딱 잘라 말하기 어렵다. 지혜의 표상에 대해서는 다음을 보라. G. Florovsky, "O potchitanii Sofii Prémoudrosti Bojijei v Vizantii i na Roussi", *5ᵉ Congrès des organisations académiques russes à l'étranger*, I vol, Sofia, 1932 ; J. Meyendorff, "L'iconographie de la Sagesse divine dans la tradition byzantine", *Cahiers archéologiques*, t. X, Paris, 1959.

주의 발전에서 인본주의의 재부흥의 영향을 보지 않을 수 없다. 그러나 헤지카스트들의 사상과 양립할 수 없는 것임에도 불구하고, 이 상징주의는 헤지카스트들을 지지하는 사람들에게 항상 낯선 것은 아니었으며, 고대로부터의 차용 또한 마찬가지였다는 것을 언급해둘 필요가 있다. 그러므로 우리는 지혜에 대한 이러한 상징적 표상을 인본주의의 영향으로만 볼 것이 아니라, 하느님의 지혜를 철학자들의 지혜와 대립시키고자 하는 헤지카스트 진영의 한 시도로 이해할 수 있다.[37] 화가들이 의식적 혹은 무의식적으로 사용한 이러한 종류의 상징주의는 이콘에 대한 정교의 현실주의적 교리를 침해했고 더 나아가 퀴니섹스트 공의회의 까논 제82항을 어기는 데까지 나가곤 했다. 이 조항은 성육하신 하느님의 말씀에 대한 직접적인 형상을 대체하는 모든 상징을 폐지했다는 점을 상기하자. "교회에 주어진 희미한 윤곽이요 진리의 상징으로서의 이 그림자들, 즉 이 유형들(tupous)을 온전히 공경하지만, 우리는 은총과 진리를 더 선호한다(protimômen). 그리고 이 진리를 율법의 완성으로 받아들인다." 복음적 현실주의를 해치는 이런 '영육 분리'(desincarnation)는 성만찬 주제에서 특별히 역설적이다. 추상적인 사유의 결과인 이 상징주의는 확실히 전통적인 정교 사상에 부합하지 않으며, 그것은 표상될 수 있는 것

---

[37] 우리는 이 시기 정교회 예배당의 나르텍스(narthex)에 고대 철학자들과 신탁을 받은 자(sybille)들이 일종의 그리스도 선포자로 표상되기 시작했다는 사실을 헬레니즘의 지혜를 교회의 것으로 성화시키려는 했던 시도로 이해할 수 있다. 다음을 보라. N.L. Okounev, "Arilje. Pamiatnik serbskogo islousstva XIII véka", Seminarium Kondakovianum VIII, Prague, 1936, pp. 221-258 ; K. Spécieris, Les représentations des philosophes grecs dans les églises, Athènes, 1964, en grec.

과 없는 것에 대한 하나의 혼동에 불과하다.

  직접적인 인간의 형상을 대체하는 이러한 상징적인 표상들, 감정에 대한 매우 분명한 반영들, 헬레니즘적 사실주의의 특징으로 향하는 경향, 새로운 이콘 주제의 큰 다양성, 구약성경에서 취한 예형의 범람 등, 이 모든 것은 새로운 사상의 확산으로 영향을 받은 한 시대, 즉 인본주의와 헤지카즘의 재부흥의 시대가 낳은 산물이었다. 전통적인 화가들이 인본주의의 영향으로부터 항상 보호된 것은 아니었지만, 인본주의를 지지하는 화가들조차도 헤지카즘에 의해 대표되는 정교 예술의 전통적인 형식을 고수하였다. 팔레올로그 시대의 재부흥은 전통적인 형식들을 버리지 않았다. 그럼에도 불구하고 당시의 사조에 영향을 받아서, 그 전 시대와 비교해 볼 때 형상의 영성을 감소시키는 여러 가지 요소들이 전통적인 형식에 도입되었다. 앞에서 본 것처럼, 종종 그것들은 이콘의 개념과 그 의미 그리고 교회 안에서의 역할을 왜곡시키곤 했다. 세상에 대한 자연적 인식에 기초한 하느님에 대한 추상적 개념으로부터 비롯되는 이 요소들과 정교 전통 사이의 관계는 세상에 대한 인본주의적 태도와 전통적인 헤지카즘의 태도 사이의 관계와 동일한 성격을 가진다. 이런 이유로, 영적 삶에서 철학과 세속 학문이 차지하는 역할과 중요성에 대한 인본주의자들과 헤지카스트들의 태도는 이 두 진영이 거룩한 예술의 내용과 과제에 대해 가졌던 개념들에 대한 하나의 간접적인 표지가 될 수 있다. 인본주의자들과의 논쟁에서 그레고리오스 팔라마스 성인은 이렇게 썼다. "이렇게 우리는 어느 누구도, 그가 그것을 원한다면, 적어도 그가 수도원적 삶을 채택하지 않는 한 세속 학문에 입문하는 것을 막지 않는다. 그러나 우리는 누구에게도 끝까지 이것에 헌신하도록 권유하지 않으며, 거기서 하느님과 관련된 올바른 지식을 기대해서는 안 된다고 권면한다. 왜냐하면 그것으로부터 하느님에 대한 어떤 확실한 가르침을 얻어내는 것은 가능하지 않기 때문이다." 좀 더 후에 또 쓰기를, "그러므로 철학자들에게도 몇몇 유용한 것이 있다. 꿀과 독의 혼합물처럼 말이다. 그러나 혼합물로부터 꿀을 분리해 얻길 원하는 사람은 부주의로 치명적인 독 찌꺼기를 취하지 않을까 매우 두려워하지 않으면 안 된다."[38] 그레고리오스 팔라마스 성인은 장황하고도 구체적으로 철학을 비롯한 세속 학문과 하느님 지식의 관계에 대해 숙고한다. 위의 인용처럼 단호하게 부정적인 태도에도 불구하고 그는 세속 학문의 중요성 그 자체를 부정하지 않으며 오히려 그것들의 몇몇 상대적인 유용성을 인정한다. 발람과 마찬가지로, 그는 여기서 하느님에 관한 하나의 간접적이고 상대적인 지식의 길을 본다. 그러나 그는 종교 철학과 세속 학문이 하느님과의 교제의 수단이 될 수 있다거나 직접적인 하느님 지식을 가져다 줄 수 있다는 가능성은 결단코 부정한다. 이 영역에서는 학문이 "하느님과 관련된 올바른 지식"을 결코 주지 못할 뿐더러, 오히려 학문에 낯선 영역에 적용됨으로써 오류로 인도하게 된다. 최악의 경우, 그것은 하느님과의 교제 가능성 자체를 가로막아서 결

---

38 1re Triade, *Défense des saints Hésychastes, ibid.*, pp. 36-37, 56-57.

국은 죽음을 가져오게 될 수도 있다. 보다시피, 그레고리오스 성인은 종교 철학의 혼동과 자연적인 지식에 맞서서 하느님과의 교제 영역을 수호하려고 할뿐이다. 종교 철학을 비롯한 세속 학문이 하느님에 대한 직접적인 지식의 영역과 뒤섞이는 것에 맞선 헤지카즘의 이러한 단호함을 통해서 우리는 헤지카즘이 동일한 전망으로 거룩한 예술과 그 내용과 과제를 위치시켰다고 상정해 볼 수 있다.

비록 우리가 헤지카즘의 '정신-육체적'(psycho-somatique) 방법에서 형상과 관련된 몇몇 이탈을 알아차릴 수 있지만, 이콘 공경과 예배와 기도에서 차지하는 그것의 중요성에 대한 그들의 태도는 매우 엄격하게 정교 교리에 충실한 채로 남아있었음을 인정해야 한다. 그레고리오스 성인이 이콘에 대해서 말할 때, 그는 정교의 고전적인 태도를 표현하는 데 그치지 않고 헤지카즘의 가르침과 정교 예술의 일반적인 경향과 관련해서 몇 가지 주목할 만한 구체화를 제공한다. 그는 이렇게 말한다. "그분에 대한 사랑으로, 우리를 위해 인간이 되신 분의 이콘을 만드십시오. 이콘을 통해서 그분을 기억하십시오. 이콘을 통해 그분을 경배하십시오. 이콘을 통해서, 하늘에 계신 성부 하느님의 오른편 영광 속에 앉아 계신 구세주의 경배 받으실 몸을 향해 당신의 영을 고양시키십시오. 마찬가지로 성인들의 이콘을 만드십시오. … 그리고 그 이콘들을 공경하십시오. 하지만 신들에게 하듯 하지 마십시오. 그것은 금지된 것입니다. 반대로 그분들의 이콘을 통해 당신의 영을 그분들에게로 고양시켜서, 당신이 그분들과 사랑으로 교제하며 또한 그분들을 공경한다는 것을 증언하려는 마음으로 그렇게 하십시오."³⁹ 보다시피, 그레고리오스 성인은 형상에 대한 그의 공경에 있어서나 형상의 토대(성육신)와 그 내용에 대한 그의 이해에 있어서나 전통적인 정교 교리를 잘 표현하고 있다. 그러나, 신학적 맥락에서 볼 때, 이 내용은 성령론 시대에 조응하는 그의 신학적 특징과 일치한다. 그에게 성육신은 성육신의 열매가 어떤 것인지를 지시해 주는 시발점인데, 그 열매란 바로 말씀이신 하느님의 인간적인 몸에 발현된 하느님의 영광에 다름 아니다. 주님의 신화된(déifié) 육체는 영원한 신성의 영광을 얻고 또 그것을 제공한다. 이콘에 표상된 것은 바로 이 육체이며, 이 육체는 그리스도의 신성을 드러내준다는 점에서 경배 받는다.⁴⁰ 그러나 하느님과 성인들은 같은 은총을 소유하기에,⁴¹ 성인들의 표상 또한 "마찬가지의 방식으로" 이루어진다.⁴²

형상과 그 내용에 대한 이러한 개념들에 비추어 볼 때, 헤지카스트들에게는 오직 그들의 가르침에 부합하게 이러한 교제를 반

---

39 *Décalogue de la loi chrétienne*, P.G. 150, 1092.
40 J. Meyendorff, *Introduction à l'étude de Grégoire Palamas, ibid.*, p. 255.
41 예를 들어 고백자 막심 성인을 참고하라 : Maxime le Confesseur, *Opuscula theol. et polem. ad Marianus*, P.G. 91, 12 B, 33 A ; Ambigua, ibid., col. 1076 B.C.
42 헤지카즘과 관련해서 우리는, 이러한 교리는 "교회의 예배나 교리를 따르지 않고 교회적 실천 밖에서" 소위 구원의 길을 찾으려하며, 그래서 필경 동정녀 마리아와 성인들에 대한 예배를 만들어낼 뿐이었다거나, "구세주 그리스도에 대한 신앙과 성사의 은총은 그들(헤지카스트)에게 낯선 것"이었으며, 헤지카즘은 "경건의 모양만 갖춘 기도, 즉 영을 죽이는 기도를 통해서 신화를 얻으려고 노력했고, 그래서 보편적인 교리에 대립했다" 등으로 말하는 몇몇 현대 저술가들의 주장을 듣게된다. 하지만 이 모든 언설들이 헤지카즘과 무슨 관계가 있는가? 이것은 저자들도 해명하지 못하는 하나의 비밀로 남아있다. 그럼에도 불구하고 그것은 늘 마치 충분히 객관적이고 과학적인 것처럼 독자들에게 제시된다.

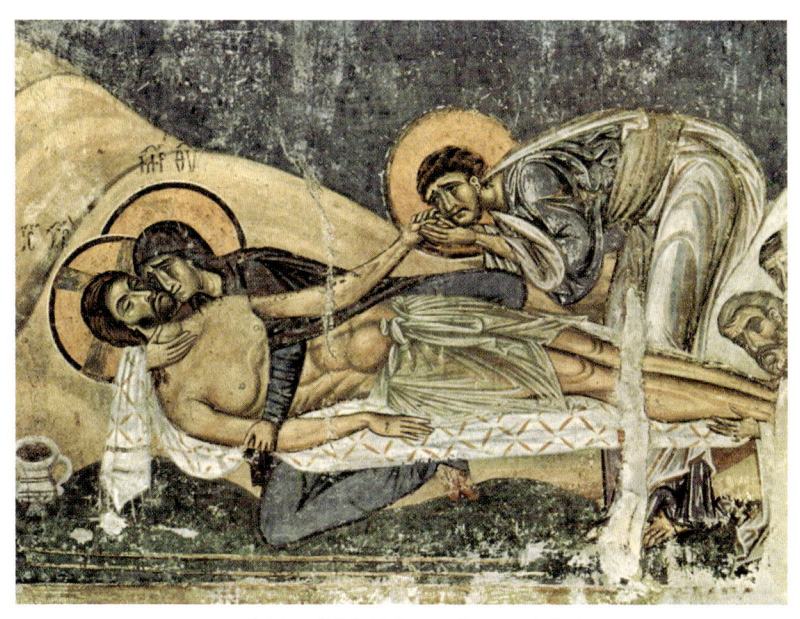

그림 28. 비탄의 장례, 프레스코, 12세기
성 빤델레이몬 수도원, 네레지, 스코페

영하는 형상만이 예술의 영역에서 하느님과의 교제 수단으로 사용될 수 있었다는 점을 우리는 결코 의심할 수 없다. 반대로 추상적인 사고와 세상의 경험적 지식에 기초해 있는 예술의 제 요소는 철학이나 세속 학문들 못지않게 "하느님에 대한 올바른 지식"을 줄 수 없다. 특별히, 신적인 영광을 지니는 분의 인격적 형상을 대체하는 예수 그리스도에 대한 상징적인 표상들은 성육신에 대한 증언이라고 하는 이콘 교리의 기초 자체에 대한 하나의 공격이다. 그러므로 그것들은 "영을 하늘에 계신 성부 하느님의 오른편 영광 속에 앉아 계신 구세주의 경배 받으실 몸을 향해 고양"시키지 못한다. 헤지카즘의 승리와 함께 교회는 그 전례 예술에 있어서 여러 가지 모양으로 그 교리를 침식했던 요소들의 발전에 종지부를 찍을 수 있었다. 그리고 그것은 결과적으로 지극히 자연스러운 일이었다. "이탈리아에서와는 달리 이 최후의 비잔틴 사람들이 자연적인 것에 여지를 주었지만 자연주의에 공들이지는 않았고, 심도를 사용했지만 그것을 원근법의 규칙 안에 가두지는 않았으며, 인간적인 것을 탐구했지만 그것을 신적인 것으로부터 고립시키지 않을 수 있었던 것"[43]은 전적으로 헤지카즘의 덕택이다. 예술은 계시와의 연결 끈을 끊지 않았고 하느님과 인간의 신에르기아(협력)라는 그 특징을 잘 보존했다.

신적인 에너지들을 통한 신적 본질과의 교제에 대한 그레고리오스 팔라마스 성인의 교리는 "이콘반대주의적인 이성주의와 실

---

43 O. Clément, *Byzance et le christianisme*, ibid., pp. 76-77.

증주의의 잔재를 완전히 파괴해 버렸다."[44] 왜냐하면 이 교리는 이콘 공경의 교리에 이미 기초가 마련된 문제들에 대한 하나의 발전이기 때문이다. 이 영역에서 교리적 작업은 영적 체험의 내용 자체를, 또한 그를 통해서 거룩한 예술의 내용을 명백하게 해 주는 방향에서만 전개될 수 있었다. 이콘 공경 교리를 통해서, 교회는 형태, 색깔, 선(線)의 언어가 인간 안에서 행하시는 하느님의 역사의 그 결과들을 번역하고 보여주며 또한 명백히 해 줄 수 있다는 가능성을 인정했다. 다볼산의 빛에 대한 교리에서 교회는 인간을 변모시키는 하느님의 이러한 행위가 창조되지도 사멸하지도 않을 빛, 즉 몸으로 감지되고 관상되는 신성의 에너지를 그 원천으로 가진다는 사실을 인정했다. 이렇게 해서 신적인 에너지들에 관한 교리는 이콘 교리와 결합된다. 왜냐하면 다볼산의 빛에 관한 논쟁에서 정식화된 교리는 바로 인간의 신화에 대한 것이요, 또 그것은 이콘의 내용에 기초가 되는 것이기 때문이다. 바로 이 시기에 비로소 거룩한 예술이 교회의 예술로 남아 있기 위해서 넘어서는 안 될 경계들이 구체화되었다.

팔라마스 교리의 승리는 이후 교회 역사에 결정적인 것이었다. 만약 교회가 인본주의의 압력 앞에 수동적으로 머물러 있었다면, 의심의 여지없이 새로운 사조의 물결이 교회를 위기로 몰아갔을 것이다. 마치 서방 그리스도교에서 르네상스라는 새로운 이교주의, 새로운 철학이 교회를 종교 개혁의 위기로 몰아갔던

---

[44] A.V. Kartachev, *Vsélenskiyé Sobory*, Paris, 1963, p. 709.

것처럼 말이다. 그리고 이 위기는 교회 예술에 대한 근본적인 수정을 초래했을 것이다.[45]

이렇게 헤지카즘 덕분에 거룩한 예술은 정교 교리를 표현함에 있어서 넘어서는 안 될 경계를 넘어서지 않을 수 있었다. 그럼에도 불구하고 팔레올로그의 재부흥을 불러왔던 창조적이고 살아있는 전통은 14세기 후반부터 보수주의에 자리를 내주기 시작한다. 1453년 콘스탄티노플의 몰락과 터키의 발칸 반도 침략 이후 거룩한 예술의 영역에서 중심적인 역할은 러시아로 넘어갔다.[46] 헤지카즘의 살아있는 자극과 팔라마스 사상의 빛 아래서 정교의 인간학을 정식화한 교리들은 러시아의 영적 삶과 예술에서 찬란한 열매를 맺었다. 14-15세기의 재부흥은, 앞으로 살펴보게 되겠지만, 바로 이곳 러시아에서 팔레올로그 시대의 비잔틴적 재부흥을 낳았던 것과는 전혀 다른 하나의 기초를 가지게 될 것이다. 보수주의는 본성상 서방으로부터 밀려오는 외적인 영향에 저항하기에는 너무도 무기력한 것으로 판명될 것이다. 그래서 라도즈씨스(M.S. Radojcic)가 "서방의 영향은 터키가 비잔틴 미술에 가한 것보다 더욱 많은 곤란을 초래했다"고 말한 것은 일리가 있다.[47]

---

45 로마 교회의 교리에서 유익한 토양을 발견했던 인본주의는 인간 활동의 아주 다양한 영역을 산출해 냈다. 그러나 이러한 발전은 교회 밖에서 심지어는 교회에 대항해서 그 노선들을 취했다. 이것은 이러한 인본주의가 교회가 드러내야할 그리스도교적 인간학이 아니었다는 점을 잘 보여준다.

46 그래서 이어질 우리의 글은 근본적으로 러시아의 거룩한 예술에 할애된다. 사실상, 역사적인 제 조건과 또한 러시아 교회 안의 이단들로 인해 거룩한 정교 예술의 운명은 이곳 러시아에서 결판이 나게 된다.

47 S. Radojcic, *Les Icônes de Yougoslavie*, ibid., p. LXXI.

교회가 그레고리오스 팔라마스 성인의 교리를 인정하게 된 가장 장엄한 의사록은 1351년 콘스탄티노플 공의회의 것이다. 14세기, 이 공의회의 결정들은 정교회 전체에 의해 받아들여졌다. 공의회 1년 후, 이 결정들은 정교 승리를 기념하는 전례에 도입되었다. 그레고리오스 팔라마스 성인은 그의 사후 얼마 안 되어 1368년에 시성(諡聖)되었다.(축일 11월 14일) 더 나아가 사순절 두 번째 주일이 "하느님의 빛에 대한 설교자"(저녁 기도 예식, 세 번째 스티히라)인 그를 기념하도록 정해졌다. 그는 여기서 "정교의 횃불, 교회의 박사, 교회의 기둥"(축일 쁘로빠리온)으로 칭[4]송된다. 이와 같이 교회는 정교 승리 주일(사순절 첫 번째 주일)에 곧 이어서 인간의 신화 교리를 기념하며, 그렇게 해서 교회의 그리스도론 시대를 마감했던 843년의 공의회(정교 승리 선포 공의회)는 성령론 시대의 절정(팔라마스 교리를 승인한 1351년 공의회)과 전례적으로 연결된다.